自动驾驶整车在环测试评价理论与方法

赵祥模 王 振 惠 飞 徐志刚 著

科学出版社

北 京

内 容 简 介

本书围绕自动驾驶整车在环测试与评价体系构建这一核心科学问题，详细阐述各种测试评价理论、算法和技术实现，并重点对作者在数字孪生测试场景、多自由度整车在环测试平台、传感器数据虚实融合注入等领域的研究成果进行系统深入的论述，包括系统的原理、算法、关键技术、测试试验分析和应用案例等。全书分三个部分，共 8 章。第一部分(第 1、2 章)对自动驾驶及测试评价技术的发展历程和核心要素进行概要介绍。第二部分(第 3~7 章)为整车在环测试评价技术的核心内容，具体介绍自动驾驶整车在环测试评价技术方法。第三部分(第 8 章)为自动驾驶整车在环测试评价技术的应用案例，详细论述了针对自动驾驶决策、规划与控制能力测试的应用情况。

本书可以为从事整车在环测试平台构建、数字孪生测试场景、虚实融合测试方法研究的学者，尤其是从事自动驾驶整车在环测试评价方面的研究人员和开发人员提供参考，也可供相关专业的研究生阅读。

图书在版编目（CIP）数据

自动驾驶整车在环测试评价理论与方法 / 赵祥模等著. — 北京：科学出版社，2025. 5. -- ISBN 978-7-03-081987-1

Ⅰ. U463.61

中国国家版本馆 CIP 数据核字第 2025KH7792 号

责任编辑：孙伯元　纪四稳 / 责任校对：崔向琳
责任印制：师艳茹 / 封面设计：无极书装

科学出版社 出版

北京东黄城根北街 16 号
邮政编码：100717
http://www.sciencep.com

北京中科印刷有限公司印刷
科学出版社发行　各地新华书店经销

*

2025 年 5 月第 一 版　开本：720×1000　1/16
2025 年 5 月第一次印刷　印张：17 1/4
字数：348 000
定价：160.00 元
（如有印装质量问题，我社负责调换）

前　言

近年来，世界各国加速推进自动驾驶示范及落地应用，自动驾驶已成为汽车产业发展的重要驱动力之一。但是，频繁发生的自动驾驶事故成为制约自动驾驶规模化落地应用的主要因素。目前，国际社会已形成普遍共识：自动驾驶汽车只有经过严密的测试，才能进入规模化应用。

自动驾驶汽车测试评价对象已从传统汽车的人、车二元独立结构转变为"人-车-环境-任务"强耦合的复杂系统。测试对象的变化，显著增加了测试评价的维度和难度。测试场景及测试任务更为复杂且难以穷尽，直接导致面向传统人工驾驶的测试评价技术体系难以满足自动驾驶汽车测试评价需求。针对该问题，联合国世界车辆法规协调论坛自动驾驶与网联车辆工作组提出了"多支柱法"自动驾驶测试体系，即包含审核与认证、虚拟仿真测试、封闭场地测试、开放道路测试等在内的多层次测试体系。但是，该测试体系存在着"百亿里程测试困境"等系列不足，难以满足复杂交通环境下的自动驾驶加速及可信测试需求。因此，如何提高测试效率、降低测试成本、减少测试风险、保证测试可信性，成为当前自动驾驶领域亟待解决的世界性技术难题。

针对该技术难题，国内多部委推出系列重大项目和政策，推进自动驾驶测评技术发展，尤其是在封闭场地测试、整车在环测试、仿真测试等方面开展了一系列的前期工作。其中，整车在环测试以测试效率高、测试成本低、测试风险小、测试可信度高等优点，成为理论研究和产业应用的热点。现有自动驾驶整车在环测试方法存在的主要问题是动态场景重构难、虚实交互控制难、测试评价体系构建难等，目前亟须开展从低维抽象到高维重构、片段测试到连续测评、静态组合测试到动态演进测试、虚拟仿真测试到虚实融合测试的相关研究，构建完整、高效的自动驾驶整车在环分层多维度测试评价体系，支撑自动驾驶大规模落地应用。

本书重点论述作者在数字孪生测试场景、多自由度整车在环测试平台、传感器数据虚实融合注入、测试场景加速生成等领域的研究成果、经典理论与算法。全书共 8 章。第 1 章主要介绍国内外自动驾驶技术与自动驾驶测试技术的发展现状、研究历程、技术瓶颈，以及当前主流的测试方法；第 2 章主要介绍自动驾驶整车在环测试评价体系的核心要素；第 3 章主要介绍基于数字孪生技术的虚拟测试场景构建方法；第 4 章介绍自动驾驶典型传感器建模及物理信息生成方法；第 5 章介绍整车在环一体化测试平台构建方法；第 6 章主要介绍面向整车在环测试的交通流建模方法；第 7 章主要介绍面向整车在环测试的临界测试场景加速生成方法；第 8 章介绍基于整车在环系统对自动驾驶决策、规划与控制能力进行测试的应用案例。希望读者能够通过本书快速入门自动驾驶整车在环测试这一研究领域，并掌握多种测试方法的核心算法与关键技术，为日后开展更加深入的科学研究或解决实际工程问题奠定坚实的基础。为方便阅读，本书提供部分彩图的电子版文件，读者可自行扫描前言二维码查阅。

本书由赵祥模、王振、惠飞和徐志刚共同撰写，赵祥模教授和王振副教授负责全书的统稿工作。陈南峰、王润民、承靖钧、孙朋朋、闵海根参与了本书相关的理论研究、系统设计、安装调试和测试应用等工作。课题组成员彭铖、刘鹏超、李少博、陈建泉、王家平、李亚洲、代博、魏诚、张浩宇、白通等承担了资料整理、版面编排、文字校对、图表绘制、文献核查等辅助工作。

本书的撰写得到了国家重点研发计划项目"自动驾驶仿真及数字孪生测试评价工具链"(2021YFB2501200)、国家自然科学基金项目"车路协同多要素耦合整车在环测试与评价体系研究"(U23A20682)、"考虑驾驶员行为特性的智能网联汽车与人驾车辆协同换道策略研究"(52202488)的支持。

由于相关技术在不断发展，加之作者水平和能力有限，书中难免存在不足之处，望广大读者指正。

部分彩图二维码

目　　录

第1章 绪 论

1.1 自动驾驶发展历程

1.1.1 自动驾驶的概念

自动驾驶是指车辆通过车身搭载的一系列传感器，对车辆周围的环境进行感知并做出决策控制，在不需要人类驾驶员操作的情况下控制车辆安全、可靠地自主行驶。自动驾驶汽车(autonomous vehicle)也称为无人驾驶汽车，是一种通过先进的计算机系统实现自动驾驶的智能汽车，如图 1.1 所示。通常来说，自动驾驶汽车是依靠先进的传感器技术、人工智能技术、计算机视觉技术、自动控制技术和全球定位技术，能够在没有人类驾驶员干预的情况下自主完成驾驶任务的车辆[1]。

图 1.1　自动驾驶汽车示意图[2]

智能汽车和智能网联汽车的定义与自动驾驶汽车有所不同，为方便读者区分，智能汽车和智能网联汽车的定义如下。智能汽车(intelligent vehicle)是智能交通系统(intelligent traffic system，ITS)的重要组成部分，它集环境感知、决策规划和控制执行于一体[3]，是电子计算机、人工智能等最新科技成果与现代汽车工业相结合的产物。根据 Azim[4]的《智能车辆手册(卷Ⅰ)》中智能汽车的定义，智能汽车是指能够自主完成部分驾驶任务或辅助驾驶员更有效地完成驾驶任务，实现更安全、更高效和更环保行驶的车辆。智能汽车利用传感器技术、信号处理技术、通信技术、计算机技术、人工智能技术等，根据不同类型的传感器所获得的相关数据做出分析判断，辨别车辆当前所处的环境和状态，可以向驾驶员发出提示或报警信息，提醒驾驶员注意规避危险；在紧急情况下帮助驾驶员操作车辆，防止事故的发生；或代替驾驶员操作车辆，实现车辆自动驾驶。

智能网联汽车(intelligent connected vehicle, ICV)是指搭载先进的车载传感器、控制器、执行器等装置，并融合现代通信与网络技术，实现车与X(人、车、路、后台等)智能信息交换共享，具备复杂的环境感知、智能决策、协同控制和执行等功能，可实现安全、舒适、节能、高效行驶，并最终可替代人来操作的新一代汽车。智能网联汽车是车联网与智能汽车的有机联合，是一种跨技术、跨产业领域的新兴汽车体系[5]。

综上所述，自动驾驶汽车主要关注的是车辆在没有人为干预的情况下能够自主完成驾驶任务，强调的是车辆的自主驾驶能力；智能汽车侧重于汽车的智能化发展层次，即汽车是否具有先进的环境感知、决策规划和一定层级的自动驾驶能力，并未将联网与信息交互功能作为考虑的重点；而智能网联汽车侧重点在其"网联"特性上。智能网联汽车不仅是智能汽车的进一步发展，更是将车辆与外部环境(包括其他车辆、道路基础设施、云端服务等)通过现代通信与网络技术紧密连接起来，形成了一个复杂的智能网络体系。智能网联汽车综合了自动驾驶和智能汽车的特点，通过网络与其他车辆、基础设施和互联网进行通信，实现信息共享和协同驾驶，从而优化整个交通系统的效率和安全性。

1.1.2　自动驾驶及其测试技术发展现状

1. 自动驾驶发展现状

世界上第一辆自动驾驶汽车可以追溯到 1925 年，当年 Houdina Radio Control 公司通过遥控驾驶的汽车 Linrrican Wonder 出现在美国纽约的街头。

在 1950～1960 年，通用汽车公司投入研发并公开展示了其 Firebirds 系列自动驾驶车辆。这一系列车辆的创新之处在于其集成了车载电子导航系统与自动公路通信技术，共同协作以实现车辆的自行行驶控制。

1960 年，俄亥俄州立大学通信与控制系统实验室率先启动了自动驾驶车辆的研发项目，该项目依赖道路上嵌入的电子设备来引导车辆行驶。与此同时，美国联邦公路局也在考虑构建一条用于测试的电子控制公路，吸引了多个州的竞标。在随后的十年间，Bendix 公司积极投身于无人驾驶技术的研发与测试，其无人驾驶车辆通过路面铺设的电缆接收信号并受之控制，同时利用路边的通信设备接收计算机指令以实现自动驾驶。

美国国防部高级研究计划局(Defense Advanced Research Projects Agency, DARPA)资助了自动驾驶车辆项目,该项目汇聚了包括马里兰大学、卡内基梅隆大学、马丁·玛丽埃塔公司及斯坦福国际咨询研究所在内的多家研究机构的力量。该项目运用了激光雷达、计算机视觉及自动机器人控制等先进技术,使车辆能够以约 30km/h 的速度行驶。1987 年,美国休斯研究实验室在自动陆地车辆上实现了越野地图与传感器导航技术的首次应用,使车辆能在包括陡坡、沟壑、巨石及茂密植被在内的复杂地形中,以约 3km/h 的速度成功行驶了约 610m。这一成就标志着自动驾驶技术在复杂环境中的应用取得了重要进展。

2004~2007 年,DARPA 成功举办了三项标志性的无人驾驶挑战赛[6],其核心目标在于加速并优化无人驾驶技术的研发进程。这一系列挑战赛不仅开创了自动驾驶汽车领域长距离竞赛的先河,更在全球范围内激起了对自动驾驶技术变革的深刻思考与广泛参与。2005 年,第二届无人驾驶挑战赛于沙漠地带举行,此次赛事为参赛队伍提供了关键地点的全球定位系统(global positioning system, GPS)坐标及障碍物分布信息,旨在增强挑战的真实性与复杂性。最终,五支队伍凭借卓越的技术实力与策略布局,成功穿越了既定赛道。2007 年末,DARPA 举办了第三届无人驾驶挑战赛,该挑战赛为城市场景。由卡内基梅隆大学研发的 2007 款雪佛兰 Tahoe(图 1.2)自动驾驶汽车获得了比赛第一名。

图 1.2 2007 款雪佛兰 Tahoe 自动驾驶汽车

2020 年,以色列汽车科技公司 Mobileye 在多个国际城市开展自动驾驶测试,包括慕尼黑、东京和巴黎;同年,Alphabet 旗下的子公司 Waymo 在亚利桑那州推出了第一个商业机器人出租车服务 Waymo One,成为自动驾驶技术商业化的重要里程碑;2021 年,特斯拉正式发布完全自动驾驶系统(full-self driving, FSD)Beta版;2023 年,特斯拉扩展了 FSD Beta 计划,允许更多用户在公共道路上测试其自动驾驶功能;2024 年 3 月,特斯拉向美国部分用户推送 FSD V12(Supervised)版本，如图 1.3 所示。FSD V12(Supervised)是全新的"端到端自动驾驶"，完全采用神经网络进行车辆控制，该神经网络由数百万个视频片段训练而成，车辆从机器视觉到驱动决策都由神经网络进行控制。

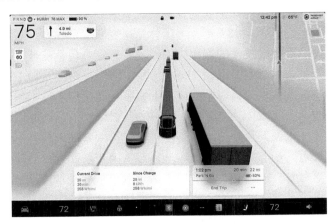

图 1.3　特斯拉完全自动驾驶系统

与欧美发达国家相比，我国有关自动驾驶方面的研究起步较晚，从 20 世纪 80 年代才正式开始。1980 年，"遥控驾驶防核化侦察车"项目立项，该项目由哈尔滨工业大学、中国科学院沈阳自动化研究所及国防科技大学联合研究，并于 1995 年通过鉴定。"八五"计划期间，清华大学、国防科技大学、北京理工大学、浙江大学及南京理工大学五所国内顶尖大学成功研发出我国首台自动驾驶汽车 ATB-1(Autonomous Test Bed 1)。ATB-1 于 1996 年进行演示，该车在直线道路自主行驶速度最高可达 21km/h，弯道速度最高为 12km/h。ATB-1 的问世标志着中国自动驾驶技术的探索正式起步。"九五"期间，第二代自动驾驶汽车 ATB-2 应运而生，在 2001 年的演示中，ATB-2 的最高速度突破了 74km/h，平均速度也稳定在 30.6km/h。2005 年，第三代自动驾驶汽车 ATB-3 成功问世，该车在环境感知、多传感器融合的目标识别与跟踪，以及全天候导航的性能上得到了进一步的提升。

在国家高技术研究发展计划(863 计划)和国防科学技术委员会的资助下，2003 年清华大学成功研制了 THMR-V(Tsinghua Mobile Robot V)智能车(图 1.4)，该车能够实现结构化道路环境下的车道线跟踪和复杂环境下的道路避障等功能。2009 年，由西安交通大学承办的首届中国智能车未来挑战赛在西安举行，湖南大学研制的自动驾驶汽车(图 1.5)获得冠军，该车顺利完成了所有参赛任务。2010 年，由国家自然科学基金委员会主办的 2010 年广汽丰田杯中国智能车未来挑战赛在西安举行，中国科学院合肥物质科学研究院先进制造技术研究所研制的"智能先锋号"自动驾驶汽车(图 1.6)发挥稳定、表现突出，以优异的成绩摘得比赛桂冠。2016 年，同济大学在上海无人驾驶汽车测试基地的开园仪式上展示了自动驾驶电动清扫车, 该车搭载了可区域示范运行的低速自动驾驶汽车环境感知系统、驱动/制动/转向线控系统及北斗高精度定位系统等自动驾驶控制关键技术。2018 年, 由上海交通大学开发的校园无人小巴系统正式开始试运行, 该系统是标准的 L4 级自动驾驶系统, 无方向盘和加速踏板, 通过多传感器融合的方式实现自动驾驶。2022年, 由中国汽车技术研究中心有限公司承办的世界智能驾驶挑战赛在天津举行, 长安大学"信达号"自动驾驶汽车(图 1.7)获得第一名, 该车顺利完成了协同管控与环岛通行、突发性交通事件避让、城市红绿灯路口通行、无信号灯十字路口区、传感器抗干扰测试区、动态规划与定点停车等六大综合场景的比赛测试, 推动了智能网联汽车技术的发展, 也为未来智能交通系统的建设提供了有力支持。

图 1.4 清华大学 THMR-V 智能车[7]

图 1.5 湖南大学自动驾驶汽车[8]

图 1.6 "智能先锋号"自动驾驶汽车[9]

图 1.7 长安大学"信达号"自动驾驶汽车

与此同时, 国内传统汽车制造商、互联网信息技术企业也开始自动驾驶及其相关技术的研究。2015 年, 长安汽车发布了智能化汽车"654战略", 即建立 6 个基础技术体系平台, 开发 5 大核心应用技术, 分 4 个阶段逐步实现车辆从单一智能到全自动驾驶。第一阶段以 2015 年底为节点, 实现具备驾驶辅助功能的产品量产上市; 第二阶段是到 2018 年, 实现半自动驾驶技术开发及产业化; 第三阶段和第四阶段分别以 2020 年和 2025 年为界, 实现全自动驾驶和产业化应用。2016 年,北京汽车集团有限公司在北京车展上展示了基于 EU260 打造的无人驾驶汽车。车辆通过加装毫米波雷达、高清摄像头、激光雷达和 GPS 天线等传感器来识别道路环境，同时配合高精度地图进行路线规划实现无人驾驶。2013 年，百度公司启动了无人驾驶汽车项目，该项目研发的关键成果为"百度汽车大脑"。2016 年，百度无人驾驶汽车在国内首次实现了城市、环路和高速公路混合路况下的全自动驾驶，测试时的最高速度达 100km/h。2018 年，百度 Apollo 与金龙客车自主研发的"百分百国产"无人驾驶小巴"阿波龙"(图 1.8)进行了试运行，并进入运营阶段。2018 年宇通客车在其发布会上宣布已具备面向高速结构化道路和园区开放通勤道路的 L4 级别自动驾驶能力。2020 年疫情期间，新石器慧通(北京)科技有限公司投入了 L4 级的自动驾驶汽车在武汉雷神山、医院和社区参加了防疫、消杀以及无人配送等工作。2021 年，百度发布全新升级的自动驾驶出行服务平台"萝卜快跑"。2024 年 2 月，"萝卜快跑"自动驾驶汽车(图 1.9)驶过武汉杨泗港长江大桥和武汉白沙洲大桥，完成了自动驾驶的万里长江第一次跨越，武汉成为全国首个实现智能网联汽车横跨长江贯通示范运营的城市。

图 1.8　自动驾驶小巴"阿波龙"[10]　　　　图 1.9　"萝卜快跑"自动驾驶汽车[11]

2. 自动驾驶测试技术发展现状

2024 年世界智能网联汽车大会在中国北京召开[12]，工业和信息化部相关负责人表示，目前我国的自动驾驶汽车产业正处于从测试验证与示范应用阶段转向规模化产业发展的关键时期。对自动驾驶汽车进行科学有效的测试与评价，是自动驾驶汽车大规模落地应用的必由之路[13]。

自动驾驶汽车测试方法主要包括模型在环测试、硬件在环测试和整车在环测试[14]。模型在环测试的关键在于多自由度车辆动力学建模、高置信度传感器建模、行驶环境物理特征建模等[15]。Dieter 等[16]对车辆动力学建模与仿真进行了系统的总结；Widner 等[17]提出了一种车辆动力学模型验证框架，实现了测试过程车辆参数的动态估计；Davison 等[18]提出了单目相机建模技术；夏候凯顺等[19]采用卡尔曼滤波作为定位跟踪算法，提出了一种基于双目云台相机的建模方法；Etinger 等[20]提出了一种毫米波雷达建模方法；Espineira 等[21]提出了一种基于光束传播、雨滴分布和大小的激光雷达模型，实现了与视觉渲染实时同步。

硬件在环测试是将真实的硬件嵌入虚拟测试环路中，代替纯虚拟仿真测试中难以建模或重点关注的部分[14]。吉林大学搭建了完整的毫米波雷达在环试验台，通过分析毫米波雷达的噪声机制，测试出包括电磁波多径传播和多雷达干扰在内的雷达误检率、雷达在空间环境中的传播损耗和目标雷达散射截面(radar cross section，RCS)动态变化的雷达漏检率[22]；Zhao 等[23]基于 Carmaker 软件实现了真实测试环境与虚拟测试环境间的等效映射，完成了 Mobileye 及 Maxieye 两款智能相机性能的精确对比；Huang 等[24]搭建的雷达在环试验台通过模拟电波暗室内的射频环境，准确地生成了带宽雷达目标回波，并得到了带宽雷达目标散射中心的高分辨率距离分布。

整车在环测试使用真实物理车辆代替仿真环境中的车辆动力学模型，以虚实结合的方式完成对真实车辆的性能测试[14]。赵祥模等[25]开发了基于整车在环仿真的自动驾驶汽车室内快速测试平台，可动态模拟不同的路面附着系数及车辆俯仰角、侧倾角和航向角；Wang 等[26]围绕自动驾驶整车在环虚拟仿真测试需求，提出了一种基于多自由度转鼓平台的前轮转向随动系统设计方案；唐逸超等[27]对整车在环仿真测试总线数据注入子系统提出了详细设计，并基于此设计搭建了一套整车场地在环仿真测试系统；Fayazi 等[28]通过将真实道路车辆和虚拟交通流模型进行连接，建立了整车在环平台，对交叉路口智能网联汽车队列协调控制策略进行了验证。

1.1.3 自动驾驶及其测试面临的主要问题

综合考虑各方面的发展环境与趋势，我国已初步具备了发展自动驾驶技术的基本条件。但是，自动驾驶领域存在的挑战与难题也不容忽视。作为传统汽车制造业与互联网行业深度融合的新兴产物，自动驾驶汽车正日益成为驱动双方增长的关键引擎，吸引着广泛的社会关注与大量资源投入。然而，在自动驾驶汽车迈向普及与商业化应用的道路上，仍有很多难题亟待解决[29]。

1. 自动驾驶技术面临的主要问题

1) 自动驾驶技术发展尚不成熟

与传统汽车相比，自动驾驶汽车涉及的领域更为广泛，其除了涉及环境感知、智能决策与控制技术，还涉及无线通信、信息融合与大数据处理等一系列技术。由于我国本土企业在技术积累方面尚显不足,我国的自动驾驶汽车行业在传感器、执行系统等核心技术领域仍面临关键性缺失。相比之下，国外企业在高精密传感器和芯片市场已经形成垄断地位。这一现象成为制约我国自动驾驶技术迅速突破与发展的重要障碍。同时，自动驾驶车辆需要准确地感知和理解道路状况，包括识别道路标志和交通信号、判断其他车辆和行人的行为，以及适应不同的道路条件。然而，复杂的交通环境和突发情况经常会对自动驾驶系统造成挑战。尽管自动驾驶技术已经取得了一定的进展，但在复杂的交通条件下，自动驾驶系统往往难以做出准确的决策，对于突发状况的响应速度也有待提高。

2) 自动驾驶相关标准及法规尚不健全

目前，我国出台的自动驾驶法规主要是自动驾驶道路测试类及部分行业标准，相较于产业发展速度，立法稍显滞后。另外，现有的法律法规无法对自动驾驶事故责任进行划分，已有的车辆保险法律法规也无法适用于自动驾驶汽车。由于自动驾驶技术发展不成熟，相关行业和国家标准无法确定。另外，自动驾驶涉及的标准种类繁多，如交通类、出行安全类、通信类、测绘类、标准类等，需要各行业协同推进。我国各个标委之间应充分合作，利用路测数据积累经验，尽快研究和出台车辆安全规范，优化现有法律法规中不适用于自动驾驶汽车的条款。

3) 自动驾驶上下游产业链不完备

自动驾驶要落地，必须体现在所有零部件形成的产业链上。目前，我国智能汽车上下游产业链还不完善。传感器、智能芯片、智能网联、智能计算、智能控制和人工智能技术各个方面都需配套。传感器是自动驾驶规划、决策的基础。目前激光雷达、毫米波雷达及摄像头的组合是业界广泛采用的解决方案，但是激光雷达价格昂贵，不能满足大规模推广使用。计算能力方面，我国汽车芯片产业链不完善，高度依赖进口。如今，汽车芯片是自动驾驶系统中最核心的零部件之一，其是否自主可控关系到国家交通安全、数据安全乃至产业安全。此外，智能化道路设施建设与自动驾驶汽车的发展之间缺少协调，道路本身的智能化水平、道路基础设施和交通标志的发展现状与自动驾驶汽车要求存在差距。

4) 伦理问题

在真实道路场景下失去控制的自动驾驶车辆会面临两个可能的决策：继续前行撞向前方的行人，保证自动驾驶车辆内乘客的安全；避让道路上的行人而撞向路侧的一棵树，造成车内乘客的伤亡。认知学研究认为人都是自私的，他们都希望自动驾驶车辆将他们自身的安全放在首位。如果将这样的选择简单地编入自动驾驶的行为规则中，会引发潜在的社会伦理问题。

2. 自动驾驶测试技术面临的主要问题

1) 驾驶数据收集与处理困难

自动驾驶测试需要大量的数据支持，包括驾驶环境数据、车辆传感器数据、车辆行驶数据等。这些数据的收集成本很高，需要投入大量的人力、物力和时间。同时，在收集数据的过程中，易受到光照、天气等客观因素干扰产生误差，数据难以处理。在进行自动驾驶测试时，需要丰富的场景数据进行算法训练，但边缘场景数据难以获取，且需要大量的行驶里程来积累。在数据处理的过程中，需要处理不同传感器收集到的数据，这些数据格式、类型各不相同，多源数据融合技术发展尚不完善，不能对驾驶环境进行全面、准确的感知。

2) 自动驾驶测试场景的定义尚未统一

目前在自动驾驶测试相关研究中，国内外研究人员结合自身研究领域和研究对象，对自动驾驶测试场景提出了不同的定义，并从测试场景架构、测试场景构建等方面开展了研究。然而，目前国内外对于自动驾驶测试场景定义尚未统一，测试场景组成元素、时空尺度各不相同，测试场景架构和构建方法仍然有待探究，测试场景定义的多样性不利于构建标准化的自动驾驶测试标准规范，也无法保证测试场景的覆盖度。

3) 车辆动力学仿真与真实情况仍有差异

车辆动力学仿真在自动驾驶测试中扮演着至关重要的角色。它不仅可以模拟车辆在不同道路、不同天气条件下的行驶状态，还可以模拟车辆的加速、制动、转向等动态行为。通过仿真，测试人员可以全面评估自动驾驶系统的性能，发现潜在的问题，并进行优化和改进。现有的车辆动力学仿真软件有 CarSim、PreScan、VTD(Virtual Test Drive)等。在仿真中，现有软件的仿真结果与真实情况仍有差异，影响自动驾驶测试的可靠性和准确性。

4) 神经网络的不可解释性

随着人工智能的发展，深度学习贯穿于自动驾驶技术的各个环节，从环境感知、决策规划、执行控制到安全性评估等，都大量运用了深度学习技术。但是，不同的深度学习模型中各神经网络具有复杂的网络结构和非线性特性，其决策过程难以被人类理解，缺乏足够的可解释性[13]，导致自动驾驶中出现的事故难以追溯和复现，难以通过测试的方法解决。

5) 虚拟仿真测试技术发展尚不够完善

自动驾驶的实车场地/道路测试应用较广、成熟度较高，而硬件在环、整车在环等以真实测试对象为基础的测试方法尚处于起步阶段。自动驾驶测试技术的发展，还需要经历不断的技术积累和应用验证，提高仿真测试模型的准确性和真实性，开发性能优良、成本合理的自动驾驶测试装备，完善自动驾驶测试的相关规程和标准，进而推动自动驾驶测试技术逐步走向成熟。

1.2　自动驾驶测试方法

随着自动驾驶技术的飞速发展，自动驾驶等级不断提升，复杂的行驶环境、多样的交通参与者、个性化的驾驶任务等都对自动驾驶测试评价技术提出了新的挑战。自动驾驶测试评价技术是自动驾驶汽车产业链中的重要环节，自动驾驶测试技术的发展将直接影响自动驾驶汽车产业化的进步。近年来，世界各国政府、高校及科研机构等在自动驾驶测试评价领域开展了大量研究。2020 年，国家发展改革委等联合发布的《智能汽车创新发展战略》明确提出重点支持虚拟仿真、软硬件结合仿真、实车道路测试等技术和验证工具。"十四五"期间，科技部支持了"自动驾驶仿真及数字孪生测试评价工具链"等项目，在测试理论、场景构建、模拟及场地测试等方面取得了显著进展。

在自动驾驶汽车发展早期，其测试验证过程主要以道路测试和场地测试为主。2019 年，自动驾驶汽车"三支柱"测试认证方法由国际汽车制造商协会提出，该测试方法得到了汽车行业的广泛认可。"三支柱"测试认证方法由仿真测试、封闭场地测试和开放道路测试组成[30]，如图 1.10 所示。

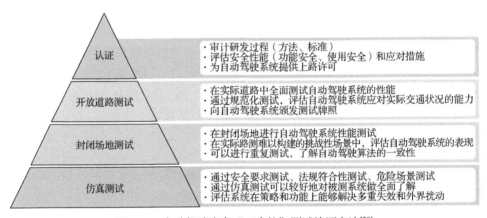

图 1.10　自动驾驶汽车"三支柱"测试认证方法[30]

图 1.10 中展示了"三支柱"测试认证方法以及三种方法的测试目的。仿真测试依赖车辆动力学模型，但是在仿真过程中构建出的车辆动力学模型与真实车辆动力学模型有一定差距；封闭场地测试场景可控，安全性高，但无法覆盖真实道路中混合交通流场景；开放道路测试场景具有多样性，测试结果权威性较高，但测试过程不可控因素较多，有安全风险，且测试效率较低。

封闭场地测试和开放道路测试过程中更多关注的是工程问题，当前学术界的理论研究主要针对模型在环(model in the loop，MIL)测试、软件在环(software in the loop，SIL)测试、硬件在环(hardware in the loop，HIL)测试、整车在环(vehicle in the loop，VIL)测试展开[31]。在自动驾驶仿真测试中，可以用虚拟仿真的系统模型或环境信号模型代替测试闭环中的某些部分。从软件在环、硬件在环、整车在环到封闭场地、开放道路测试，测试链中使用虚拟仿真模型代替的部分越来越少，真实的部分越来越多，相应地，其测试特点和测试侧重点也有所区别。表 1.1 为不同自动驾驶测试方法要素组成对比。不同自动驾驶测试方法对比如表 1.2 所示。

表 1.1　不同自动驾驶测试方法要素组成对比

项目	开放道路	封闭场地	软件在环	硬件在环	整车在环
电子控制单元	真实	真实	虚拟	真实	真实
传感器	真实	真实	虚拟	真实	真实
车辆	真实	真实	虚拟	虚拟	真实
道路	真实	真实	虚拟	虚拟	虚拟
车辆动力学	真实	真实	虚拟	虚拟	真实
驾驶员	虚拟/真实	虚拟/真实	虚拟	虚拟/真实	虚拟/真实
周边环境	真实	虚拟	虚拟	虚拟	虚拟

表 1.2　不同自动驾驶测试方法对比

项目	开放道路	封闭场地	软件在环	硬件在环	整车在环
准备时间	较短	较长	较短	一般	长
测试准确性	高	较高	较低	一般	较高
测试速度	慢	一般	快	较快	一般
测试成本	高	较高	低	较低	较高
反馈速度	慢	较慢	快	较快	一般
场景灵活性	低	一般	高	较高	较高
可重复性	低	一般	高	高	较高

　　虚拟仿真测试是一种只依赖于数字仿真的测试工具，包括模拟场景、车辆动力学模型、传感器模型和规划决策算法等组件。它能够对自动驾驶汽车的各个系统及整车进行仿真测试。通常，这种测试方法在自动驾驶系统功能开发的早期阶段应用，可以在没有实际硬件的情况下验证自动驾驶系统的核心算法[32]。

　　虚拟仿真软件可以实现对自动驾驶汽车的虚拟仿真测试，如今主流虚拟仿真测试软件主要有 PreScan、SiVIC、VTD 等。PreScan 是由 TASS 公司开发用于自动驾驶和高级驾驶辅助系统(advanced driving assistance system，ADAS)开发和测试的一种虚拟仿真工具，它可以模拟各种道路场景、交通参与者和环境条件，以测试和验证车辆的传感器、控制算法和驾驶策略；SiVIC(simulation of vehicles infrastructure and control)是一款高级仿真软件，主要用于车辆、基础设施和控制系统的仿真及测试。与 PreScan 相比，SiVIC 的应用范围更广，还包括智能交通系统和车辆通信等领域；VTD 是由德国 Vires Simulations Technology 公司开发的一种高级驾驶模拟软件，它广泛应用于自动驾驶、ADAS 以及车辆动力学研究。值得一提的是，VTD 能够创建和编辑复杂的驾驶场景，包括城市、高速公路、乡村道路等，同时可以模拟各种天气条件、光照条件和路面状况。

虚拟仿真测试无须依赖真实的测试环境和硬件，能够显著提高测试效率，同时大幅度降低测试成本和风险。然而，这种测试方法存在一些主要问题：一方面，测试结果高度依赖于传感器模型和车辆模型的准确性，如果仿真模型不准确或存在错误，测试结果将不可靠；另一方面，现实场景在仿真环境中的快速还原难以实现。

随着相关研究的不断深入，由模型在环测试、软件在环测试、硬件在环测试、整车在环测试、封闭场地测试以及开放道路测试等多种测试方法融合构建的自动驾驶测试体系目前已得到业界的普遍认可。

1.2.1　开放道路测试

开放道路测试是指在现实道路和真实交通环境下开展自动驾驶汽车测试。该测试方法与其他测试方法都不相同。开放道路可为测试提供完全真实的交通场景，场景中所有的交通参与者、气候条件和道路状况都真实存在且不受人为控制[33]。车辆在道路上行驶的过程就是测试过程，遇到的所有事件都具有随机性，因此对自动驾驶系统提出了更严格的要求。开放道路测试是自动驾驶测试的最后一轮测试，将完全真实的自动驾驶车辆与场景信息相结合，是自动驾驶量产上路前最后的测试环节。虽然开放道路测试能够提供真实的交通环境，满足环境感知系统、决策规划系统的测试需求，且测试结果极具权威性，但该测试方法测试周期长、效率低，测试成本巨大，而且必须考虑安全风险问题以及法律法规的限制。

1.2.2　模型在环测试

模型在环测试是在利用模型驱动进行嵌入式系统的开发时，在开发阶段初期及建模阶段中进行的测试。模型在环的所有工作内容都是依赖模型来理解错综复杂的真实系统。模型在环测试的特点是其被测对象是原型模型，同时测试对象和测试环境完全是虚拟的，没有任何的现实元素。模型在环测试一般开始于项目的早期开发阶段，其测试目的为在项目开发初期将开发产品的缺陷测试出来，以保证项目中模型的正确性和完整性[34]。

在进行模型在环测试时，不需要对项目中具体的软、硬件进行完全开发和编译，只需要搭建一个虚拟的仿真环境，将原型模型作为被测对象嵌入虚拟环境中进行测试。在基于模型在环的自动驾驶汽车测试中，测试模型将会在与真实世界车辆运行环境相似的虚拟测试环境中被测试。根据真实世界中汽车运行环境的改变，虚拟测试环境也会模仿真实世界的环境随之改变，试验人员可以利用测试计算机在虚拟环境中的访问观察点对模型的测试情况进行观察和记录。

模型在环测试的优势在于可以提前测试未完成的产品,在项目的开发过程中,即使有些部分实际上还没有实现,也可以通过模拟来代替这些部分进行测试,从而节省了等待完整产品开发完成的时间和成本。

1.2.3 软件在环测试

软件在环测试是指在计算机上对仿真中生成的代码进行测试评估,以实现对生成代码的早期确认。在自动驾驶汽车测试中,软件在环测试是一种针对自动驾驶系统不同模块算法进行测试的方法,它利用计算机和各种系统工具,对自动驾驶系统的软件模块进行验证。测试的目的是确保自动驾驶系统软件不同模块算法的运行状况、模块功能、集成情况以及资源占用等满足设计要求,并对各种场景进行仿真测试,以发现潜在的问题并进行优化[35]。

在进行软件在环测试时,测试对象为经过编译封装的代码,即自动驾驶算法。由于是对代码进行测试,因此在软件在环测试过程中可以随时暂停虚拟测试,便于试验人员对代码的运行情况实时记录及调试。软件在环测试将自动驾驶算法集成到一个闭环测试环境中,其他部分(如传感器、执行器等)则由仿真模型替代。

软件在环测试的灵活性高、安全性强,同时具有可重复性,有助于提高开发效率和软件质量,还可以降低开发成本和风险。

1.2.4 硬件在环测试

硬件在环测试是面向自动驾驶车辆整车行为的综合性能测试。硬件在环测试将真实的硬件嵌入虚拟仿真系统中,代替虚拟仿真测试中难以建模的部分。仿真系统在实时处理器上运行,并通过输入/输出(input/out put,I/O)、控制器局域网(controller area network,CAN)等接口与硬件进行连接和交互,以此得到准确且高效的测试效果。硬件在环示意图如图 1.11 所示。

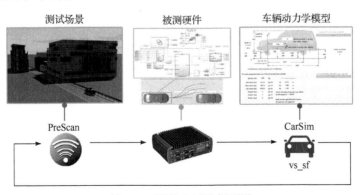

图 1.11 硬件在环示意图[32]

硬件在环测试中，自动驾驶系统的部分部件或系统是真实的，而环境是虚拟的。就自动驾驶汽车测试而言，硬件在环测试主要包括单车感知系统在环、车联万物(vehicle-to-everything，V2X)感知系统在环、决策规划系统在环、控制执行系统在环等。单车感知系统是自动驾驶汽车相比传统汽车的全新子系统，该系统主要由激光雷达、毫米波雷达和摄像头等感知传感器组成，研究者搭建了各类在环测试平台来验证这些传感器的性能；针对 V2X 感知系统在环测试，研究者提出了一种基于真实网络硬件在环的模拟测试和验证平台设计方案，旨在满足车联网的功能和性能测试要求；决策规划系统在环将真实的车辆控制器放入虚拟的整车环境中，通过仿真模型来模拟受控对象的状态，并通过 I/O、CAN 接口等将车辆控制器与仿真模型相连接；控制执行系统在环测试主要包括制动系统在环测试、转向系统在环测试、驱动系统在环测试等。吉林大学的研究者设计了一种电子液压制动与电子机械制动相结合的制动控制系统，并基于 dSPCAE 和 CarSim 搭建了硬件在环平台进行测试与算法验证。

硬件在环测试具有测试精确且效率高的特点，已经成为自动驾驶汽车测试中的重要一环。虚拟仿真场景是硬件在环测试的核心，交互性、实时性和真实性是硬件在环测试的立足点。尽管硬件在环在自动驾驶汽车测试领域取得了一些成就，但现有技术在多个硬件在环测试平台间实现数据实时交互方面仍然存在不足，难以验证多子系统协同工作时的功能及性能，交互性和实时性的问题亟待解决。

1.2.5　整车在环测试

整车在环测试，即整车作为实物接入虚拟测试环路中进行测试。测试时使用真实车辆代替虚拟仿真环境中的车辆动力学模型，通过路面接触模拟、虚拟传感信息注入等方式实现真实车辆与虚拟仿真环境间的闭环，以虚实结合的方法完成对真实车辆的性能测试。整车在环测试是比硬件在环测试更加复杂的测试工具，具有真实的车辆各系统耦合状态，避免了动力学模型与实车系统之间的适配误差。根据自动驾驶车辆行驶环境中道路工况的不同，目前自动驾驶整车在环测试方法主要分为两类，分别是基于封闭场地的整车在环测试方法和基于转鼓的整车在环测试方法。

封闭场地整车在环测试是指车辆在封闭的空旷场地上进行测试。测试场景由虚拟仿真系统生成，由传感器模型和传感器信号模拟软件生成基于虚拟场景的传感器信号并发送给车辆电子控制单元(electronic control unit，ECU)，ECU 根据环境感知数据进行决策规划和任务执行，同时场景模拟软件读取车辆 GPS 及航向信息用于更新参数，并根据新的位置信息给出传感器模拟信号。封闭场地整车在环测试方法可以在真实的交通场景和物理工况下进行自动驾驶测试。相比于虚拟仿真测试和开放道路测试，该方法兼顾了自动驾驶测试的真实性和效率，是自动驾驶研发和测试过程中的关键环节。但是传统的封闭场地整车在环测试搭建场景成本高，且所能支持的场景种类与数量受限于场地范围。因此，将封闭场地整车在环测试与多维数字孪生测试平台相结合，可以为自动驾驶提供更加丰富和逼真的测试场景。

转鼓平台整车在环测试方法是将装备了传感器的车辆置于转鼓平台，被测车辆的位置保持固定，利用机器人运动平台系统，模拟周围交通参与者与被测车辆的相对运动，通过虚拟交通环境的实时交互为自动驾驶提供丰富的测试场景[36]。转鼓平台整车在环示意图如图 1.12 所示，转鼓平台以传统室内滚筒为基础，结合自动驾驶汽车传感器在环和虚拟场景构建自动驾驶汽车测试体系。在转鼓平台整车在环测试中，传感器部件均为真实硬件，整车试验台可以支持车辆的纵/横向运动，并模拟真实的道路工况，极大地提升了测试效果，且保证了测试效果的权威性。

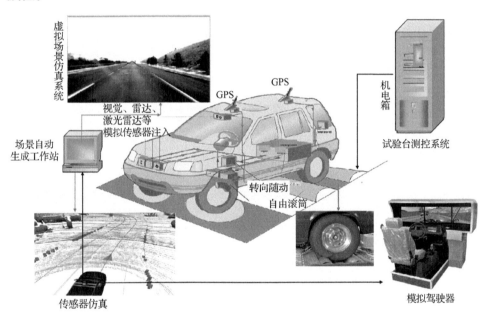

图 1.12　转鼓平台整车在环示意图[25]

1.3　本书主要内容

本书主要围绕自动驾驶汽车转鼓平台的整车在环测试与评价理论方法展开，详细探讨其理论框架、方法体系以及具体实现技术：

第 1 章为绪论，简要介绍了自动驾驶的发展历程和自动驾驶汽车测试方法。

第 2 章为自动驾驶整车在环测试评价体系，介绍自动驾驶整车在环测试评价系统的体系结构，包括组成要素、各要素的作用，以及相互之间的接口。

第3章为基于数字孪生技术的虚拟测试场景构建方法，详细介绍虚拟测试场景的概念、组成及构建方法，从航拍大范围测试场景构建和基于手持设备的精细化场景要素建模两方面对技术细节进行详细阐述。

第4章为自动驾驶典型传感器建模及物理信息生成方法，介绍自动驾驶典型传感器的工作原理，包括建模过程、与虚拟测试场景的结合方法、物理信息生成及映射注入方法并开展"场地—台架"对照试验。

第5章为整车在环一体化测试平台构建方法，重点介绍一体化测试平台的组成、建模理论、控制方法。

第6章为面向整车在环测试的交通流建模方法，重点介绍跟车模型和宏观交通流模型，并对模型的稳定性进行分析和验证。

第7章为面向整车在环测试的临界测试场景加速生成方法，重点介绍测试场景临界度指标设计方法、临界场景全局优化搜索算法和局部自适应搜索算法，并以跟驰场景为例开展验证试验。

第8章为整车在环测试应用案例，详细介绍自动驾驶运动规划与控制系统测试评价的方案设计实施过程与结果分析。

参 考 文 献

[1] 李克强, 殷国栋, 曹东璞, 等. 序言. 机械工程学报, 2024, 60(10): 1-2.

[2] 新华网. AI 向"新"力"车路云一体化"系统——探索自动驾驶汽车的未来之路. http://www.news.cn/fortune/20240620/b0c69d51c2dc4ceaba25c39ef5e14d9e/c.html[2024-6-20].

[3] 中国汽车工程学会. 节能与新能源汽车技术路线图. 北京: 机械工业出版社, 2016.

[4] Azim E. 智能车辆手册(卷 I). 李克强, 译. 北京: 机械工业出版社, 2017.

[5] 李克强, 戴一凡, 李升波, 等. 智能网联汽车(ICV)技术的发展现状及趋势. 汽车安全与节能学报, 2017, 8(1): 1-14.

[6] Behringer R. The DARPA grand challenge—autonomous ground vehicles in the desert. IFAC Proceedings Volumes, 2004, 37: 904-909.

[7] 何克忠. 清华智能车技术研究. 中国新技术新产品, 2012, (2): 2-3.

[8] 湖南大学整车先进设计制造技术全国重点实验室. 首届中国"智能车未来挑战"比赛湖南大学夺冠. https://dmvb.hnu.edu.cn/info/1009/1182.htm[2009-6-6].

[9] 中国科学院合肥物质科学研究院. 先进制造所研制智能汽车摘得"中国智能车未来挑战赛"桂冠. https://www.hf.cas.cn/kxyj/kyjz/202404/t20240429_7142616.html[2010-10-21].

[10] 人民网. 北京首批无人驾驶小巴上路 先空载测试再招募测试志愿者. http://bj.people.com.cn/n2/2022/0511/c82840-35262558.html[2022-5-11].

[11] 新华网"无人驾驶"跑出城市未来——武汉这一自动驾驶之城是如何炼成的? http://www.news.cn/20240612/6178f0a4321541818d7812993ea2ed7c/c.html[2024-6-12].

[12] 世界智能网联汽车大会. 2024 世界智能网联汽车大会在北京开幕. http://www.wicvc.com/art/

2024/10/18/art_2135_11002.html[2024-10-18].

[13] 王飞跃, 周锐, 张凯, 等. 汽车自动驾驶性能测试的智能方法与技术. 北京: 人民交通出版社, 2024.

[14] 朱冰, 张培兴, 赵健, 等. 基于场景的自动驾驶汽车虚拟测试研究进展. 中国公路学报, 2019, 32(6): 1-19.

[15]《中国公路学报》编辑部. 中国汽车工程学术研究综述·2023. 中国公路学报, 2023, 36(11): 1-192.

[16] Dieter S, Manfred H, Roberto B. 车辆动力学建模与仿真. 江发潮, 张霜, 袁文燕, 译. 北京: 化学工业出版社, 2017.

[17] Widner A, Tihanyi V, Tettamanti T. Framework for vehicle dynamics model validation. IEEE Access, 2022, 10: 35422-35436.

[18] Davison A J, Reid I D, Molton N D, et al. MonoSLAM: Real-time single camera SLAM. IEEE Transactions on Pattern Analysis and Machine Intelligence, 2007, 29(6): 1052-1067.

[19] 夏候凯顺, 陈善星, 邹依林. 基于双目云台相机的目标跟踪系统建模与仿真. 系统仿真学报, 2015, 27(2): 362-368.

[20] Etinger A, Litvak B, Pinhasi Y. Multi ray model for near-ground millimeter wave radar. Sensors, 2017, 17(9): 1983.

[21] Espineira J P, Robinson J, Groenewald J, et al. Realistic lidar with noise model for real-time testing of automated vehicles in a virtual environment. IEEE Sensors Journal, 2021, 21(8): 9919-9926.

[22] Li X, Deng W W, Wang J S, et al. Mechanism analysis and simulation study of automobile millimeter wave radar noise. SAE Technical Paper Series, 2018: 1-4.

[23] Zhao S, Zhang L, Shen Y, et al. Research on benchmarking of smart camera based on hardware-in-loop (HIL). The 4th Information Technology, Networking, Electronic and Automation Control Conference ,Chongqing, 2020: 1819-1823.

[24] Huang H, Pan M, Lu Z. Hardware-in-the-loop simulation technology of wide-band radar targets based on scattering center model. Chinese Journal of Aeronautics, 2015, 28(5): 1476-1484.

[25] 赵祥模, 承靖钧, 徐志刚, 等. 基于整车在环仿真的自动驾驶汽车室内快速测试平台. 中国公路学报, 2019, 32(6): 124-136.

[26] Wang W, Zhao X, Wang Z, et al. Research on steering-following system of intelligent vehicle-in-the-loop testbed. IEEE Access, 2020, 8: 31684-31692.

[27] 唐逸超, 宋永雄, 潘登, 等. 场地整车在环仿真测试系统及总线注入研究. 汽车实用技术, 2024, 49(17): 88-94.

[28] Fayazi S A, Vahidi A, Luckow A. A vehicle-in-the-loop (VIL) verification of an all-autonomous intersection control scheme. Transportation Research Part C: Emerging Technologies, 2019, 107: 193-210.

[29] 中国汽车工程学会. 中国智能网联汽车产业发展报告. 北京: 社会科学文献出版社, 2023.

[30] 赵祥模国家重点研发计划(2021YFB2501200)团队. 自动驾驶测试与评价技术研究进展. 交通运输工程学报, 2023, 23(6): 10-77.

[31] 余荣杰, 田野, 孙剑. 高等级自动驾驶汽车虚拟测试: 研究进展与前沿. 中国公路学报, 2020, 33(11): 125-138.

[32] 王润民, 朱宇, 赵祥模, 等. 自动驾驶测试场景研究进展. 交通运输工程学报, 2021, 21(2): 21-37.

[33] 余卓平, 邢星宇, 陈君毅. 自动驾驶汽车测试技术与应用进展. 同济大学学报(自然科学版), 2019, 47(4): 540-547.

[34] 孙剑, 田野, 余荣杰. 自动驾驶虚拟仿真测试评价理论与方法. 北京: 科学出版社, 2022.

[35] 崔胜民. 智能网联汽车自动驾驶仿真技术. 北京: 化学工业出版社, 2020.

[36] 《中国公路学报》编辑部. 中国汽车工程学术研究综述·2017. 中国公路学报, 2017, 30(6): 1-197.

第2章 自动驾驶整车在环测试评价体系

2.1 概　　述

自动驾驶整车在环测试评价体系主要由四个关键组成部分构成：基于数字孪生的虚拟测试场景、传感器模型、传感器物理信息生成平台以及整车在环一体化测试平台。这些要素相互依赖，彼此配合，通过高效的数据交互和精准的模拟，确保测试的高效性、可靠性和测试结果的权威性。

基于数字孪生的虚拟测试场景是整车在环测试评价体系中的基础部分。虚拟测试场景的构建基于数字孪生技术，它能够通过精确的数字化重建，提供与现实世界高度相似的场景细节和行为逻辑。数字孪生技术通过将真实世界的物理属性、变换逻辑以及驾驶环境的交互关系映射到虚拟环境中，确保了虚拟测试场景的真实性和合理性[1]。通过这种方式，被测车辆可以在虚拟环境中获得与现实世界高度一致的感知数据，从而确保测试与评价结果的权威性。

此外，动态交通流建模是虚拟测试场景中的一个重要步骤。通过交通流建模，可以模拟各种不同的交通参与者(如汽车、行人、自行车等)的行为，精确还原不同交通状况下的驾驶环境。交通流模型通过细化不同参与者的驾驶习惯、交通规则遵守程度、相互之间的交互关系等，为虚拟测试场景中的各种场景提供层次化的交互逻辑。这种建模方式有效提升了虚拟测试场景的复杂度和多样性，进而确保了测试的场景覆盖度。

临界场景加速生成方法是虚拟测试场景中的另一个核心技术，它通过对可能出现的危险场景进行快速识别与生成，极大提高了自动驾驶测试的效率。传统的测试方法常常难以迅速生成和评估低概率的危险场景，而临界场景加速生成方法则利用先进的算法，在较短的时间内生成各种具有挑战性的临界场景，帮助测试人员迅速验证车辆在面对这些高风险事件时的应对能力，从而更加精准地评估自动驾驶系统的安全性能和极限表现。

传感器模型和物理信息生成平台作为虚拟测试场景与真实被测车辆之间的桥梁，发挥着至关重要的作用。通过对自动驾驶典型传感器的详细建模，可以将虚拟环境中的信息转化为传感器可以接收的物理信号(如激光、毫米波、超声波等)，从而确保虚拟测试场景中的信息能够有效地输入测试车辆的感知系统。

传感器模型的构建主要通过对传感器的工作原理、探测环境的影响因素进行抽象化和参数化，进而归纳传感器的物理特性。传感器建模的目标不仅是为车辆的感知系统提供必要的输入信号，还为传感器物理信息生成平台的设计提供理论支持。通过对自动驾驶典型传感器的精确建模，可以确保传感器接收到的信号更加接近真实世界的环境信息，进而提高测试的准确性和可靠性。

传感器物理信息生成平台则能够将虚拟测试场景中的复杂环境信息解耦为不同类型的原始感知数据。这些数据主要包括光、毫米波、超声波、全球导航卫星系统(global navigation satellite system，GNSS)信号等，通过将这些物理信号精确生成并传输到自动驾驶系统的传感器硬件中，被测车辆可以获得高保真的环境感知信息。这种方式为自动驾驶系统提供了与现实环境相匹配的传感器物理信息输入，能够更好地验证系统的感知、决策和规划能力。

整车在环一体化测试平台通过与虚拟环境的低延迟通信，能够实时模拟虚拟测试场景中的道路几何信息、路面附着系数等关键路面信息。该平台能够在真实世界中复现被测车辆的行驶过程，提供详细的行驶工况并实时采集车辆运动信息，以确保测试的准确性和可信度。

该平台通常包括高度集成的硬件和软件系统，支持与虚拟测试场景的无缝连接。平台的低延迟通信能力确保了虚拟测试场景中的数据能够及时传递至被测车辆，进一步提升了测试的实时性和有效性。通过整车在环一体化测试平台，能够在虚拟测试场景和模拟路面环境下对自动驾驶车辆的安全性、可靠性和智能性进行全面深入的评估，为后续的系统优化提供坚实的数据基础。

自动驾驶整车在环测试评价体系依赖于多个先进的关键技术，这些技术确保了测试的高效性、精确性及可靠性。

1. 车辆-路面耦合状态重构技术

车辆-路面耦合状态重构技术主要包括轮胎-路面复杂动力学建模和多自由度车辆动力学建模。轮胎-路面复杂动力学建模关注的是轮胎与路面之间的相互作用，尤其是在复杂道路条件下的表现。它需要考虑多种因素，如轮胎动力学、环境条件(如冰雪、沙地等)、路面附着力、负载、滑移及倾斜等，这些因素都会影响车辆的稳定性和控制效果。通过对这些复杂因素的建模，可以更精确地模拟实际驾驶中可能出现的动态行为。

多自由度车辆动力学建模是整车在环测试的基础，它通过精确的物理模型，模拟车辆在各种驾驶条件下的运动表现。平台中的车辆动力学模型涵盖了纵向、横向、垂直方向的运动力学，以及与轮胎相关的力学模型。通过这些模型，平台能够模拟车辆在加速、制动、转弯、行驶等各类情况下的动态响应。无论是湿滑路面、冰雪地面，还是复杂的山路，车辆动力学模型能够确保测试中模拟的环境与真实世界的驾驶条件高度匹配，为自动驾驶系统的验证提供可靠的数据支持。

2. 高风险临界生成技术

在测试中，自动驾驶系统面临的高风险场景常常是测试的难点。通过基于场景语义化的描述、时空混合加速测试方法以及危险场景的自动生成，能够显著提高测试效率。在场景生成过程中，通过深度学习算法优化测试用例，并基于重要性抽样技术，提高了高风险场景的覆盖度与准确性。

3. 传感器高保真建模技术

传感器高保真建模技术能够模拟车辆周围环境的各种传感器反馈信息，如激光雷达、毫米波雷达、摄像头等，这依赖于对传感器工作原理、信号传播机制及其在复杂测试环境中的响应特性进行高保真的建模。通过仿真不同光照、天气、障碍物等条件下的传感器数据，该技术能够为自动驾驶感知系统提供与真实场景一致的传感器输入，进而全面评估自动驾驶系统在多变环境下的感知能力和决策能力。

4. 虚实融合动态交互技术

在自动驾驶整车在环测试中，虚实融合动态交互技术确保了虚拟测试场景和真实被测车辆的紧密协同。通过实时控制和反馈，系统能够在多种模拟环境中执行任务，从而获得关于车辆性能的详细数据。虚拟环境能够根据不同的测试需求，调整道路布局、交通流量、交通信号等因素，提供不同的驾驶场景。物理仿真则确保了车辆与环境之间的动态互动，包括轮胎与地面的摩擦力、车辆的加速度、道路负载等。该技术是支撑测试系统交互实时性与响应一致性的关键。

5. 测试流程生成与优化技术

在测试过程中，缺陷的智能辨识和自动优化测试流程是提高测试效率的重要技术。通过实时监测测试过程中出现的异常行为和缺陷，系统能够自动调整测试流程，并进行反馈式优化，从而确保测试结果的精度和完整性。

综上所述，自动驾驶整车在环测试评价体系(图 2.1)通过虚拟测试场景的精确构建、传感器模型与物理信号生成的有效衔接，以及整车在环一体化测试平台的全面支持，为自动驾驶系统的验证提供了一个高效、真实的测试环境。该体系不仅能够快速生成各类典型测试场景，评估自动驾驶系统在不同交通状况下的表现，还能够借助低概率的危险场景进行快速测试，确保自动驾驶系统在极限情况下的可靠性与安全性。在接下来的部分中，将详细介绍基于数字孪生技术的虚拟测试场景构建方法、面向整车在环测试的交通流建模方法、临界场景加速生成方法、典型自动驾驶传感器建模方法与高保真物理信息生成技术，以及整车在环一体化测试平台的工作原理和实现方法。

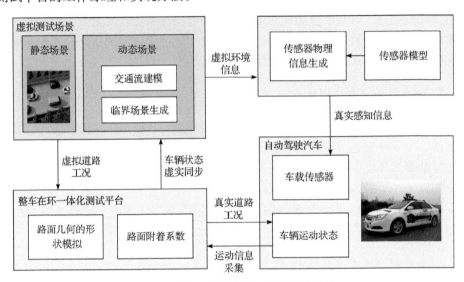

图 2.1　自动驾驶整车在环测试评价体系

2.2　整车在环一体化测试平台

整车在环一体化测试平台作为一种创新性的测试平台，可以在受控的环境下模拟各种复杂路面状态，能够更加高效、精准地评估自动驾驶系统的性能和安全性[2]。与传统道路测试相比，整车在环测试具有更高的测试重复性和更低的成本，并且可以在更短的时间内完成更多的测试内容。整车在环一体化测试平台支持路面几何形状模拟、道路附着系数模拟和被测车辆运动信息采集等功能。

如图 2.2 所示，该平台的核心优势在于其能够精准模拟各种动态路况和复杂交通环境，既保证了测试的高效性，也避免了实际道路测试中可能出现的安全隐患。通过与虚拟环境的结合，整车在环测试能够为自动驾驶技术提供全面的验证和优化，使得自动驾驶系统在真实道路环境中能够更加稳定、可靠地运行。因此，整车在环一体化测试平台的构建不仅是自动驾驶技术验证的关键环节，也为未来自动驾驶技术的商业化应用提供了强有力的支撑。

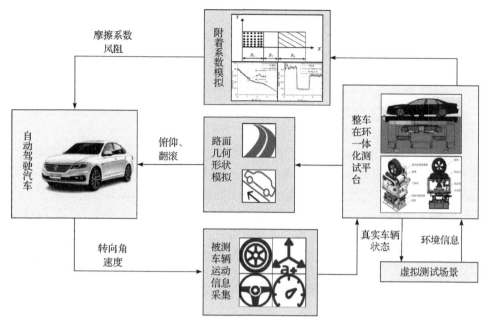

图 2.2 整车在环一体化测试平台系统架构

整车在环一体化测试平台的构成较为复杂，涉及多个子系统的协调工作。平台的各个组件共同作用，确保能够在模拟环境中精准还原真实测试场景。这些子系统包括：九自由度转鼓试验台子系统、道路负载模拟子系统、道路曲率与坡度模拟子系统和前轮转向随动系统。

1. 九自由度转鼓试验台子系统

九自由度转鼓试验台子系统是整车在环一体化测试平台的核心部件之一，其主要功能是通过模拟车辆与路面之间的交互过程，反映车辆在多种路况下的动态响应。与传统的简单转鼓试验台不同，九自由度转鼓试验台子系统能够在多个自由度上精确控制车辆的行为，如俯仰、侧倾、车轮转动、滚动、加速、减速等动态变化。

通过动态控制车辆的俯仰角、侧倾角以及各个滚筒的运动，该系统可以模拟各种驾驶情境。例如，在模拟车辆加速时，系统能够调整转鼓的转动速度，从而真实还原车辆的前后、左右动态；在模拟车辆转弯时，平台能够调整车辆的车轮角度和车身姿态，确保车辆在转弯时的稳定性和操控性。九自由度转鼓试验台的设计提供了高度还原的测试环境，使得自动驾驶系统可以在虚拟的路面上进行全面的验证，不仅能够测试常见的行驶条件，还能够应对复杂的路况和极端的驾驶情境[3]。

2. 道路负载模拟子系统

道路负载模拟子系统是整车在环测试平台的另一个重要组成部分，其核心作用是模拟不同路面情况对车辆的动态影响[4]。车辆在行驶过程中，会与路面发生摩擦，产生滚动阻力和牵引力，尤其是在不同天气条件下，这些因素对车辆的操控和稳定性有着直接影响。因此，道路负载模拟子系统需要根据不同的测试场景，精确调整道路表面的摩擦力、阻力等因素。

例如，在模拟湿滑道路时，系统会自动降低路面的摩擦系数，从而模拟雨天、雪天、冰面等极端天气条件下的驾驶表现；而在模拟冰雪覆盖的道路时，平台则会进一步降低摩擦系数，测试自动驾驶系统在极限情况下的反应能力。该子系统不仅能够模拟静态的路面特性，还能动态调整道路的牵引力和摩擦力，从而真实反映不同路况下车辆的动态表现。通过这种动态调整，平台能够为自动驾驶系统的性能提供全面、精准的验证，确保其在复杂环境中的反应能力和安全性。

3. 道路曲率与坡度模拟子系统

道路曲率与坡度模拟子系统则通过控制转鼓试验台的角度，模拟各种道路的曲线和坡度变化。这一系统的设计尤为关键，因为在测试场景中，车辆经常会遇到不同的道路曲率和坡度，这直接影响到测试多样性和安全性。

通过对道路曲率和坡度的精准控制，平台能够模拟车辆在不同路况下的动态反应。例如，在模拟转弯时，系统会通过调节道路的曲率，测试车辆在不同弯道中的操控性；在模拟上下坡时，系统会调节坡度的高度，测试车辆在陡坡和缓坡上的牵引力表现。平台能够根据不同的测试需求，实时调整道路的曲率和坡度，模拟城市道路、高速公路、山区道路等各种不同地形，确保自动驾驶系统在测试过程中获得与虚拟测试场景一致的路况输入。

4. 前轮转向随动系统

前轮转向随动系统是整车在环测试平台中的关键系统之一，其主要功能是模拟车辆在实际驾驶过程中前轮的转向动作，以确保自动驾驶系统在测试环境中的转向响应与真实驾驶情况一致。前轮转向随动系统不仅能够有效降低控制过程中的干扰数据，还能显著减少启动转动时的反应时延，提高转向随动的精度和响应速度。这使得自动驾驶系统在测试过程中能够获得更加真实和可靠的转向反馈，从而更好地评估其在实际驾驶环境中的性能。

这种高度仿真的测试系统不仅能测试车辆的稳定性，还能够验证自动驾驶系统在转弯、坡道起步、车辆并线等复杂操作中的应对能力，确保系统能够在实际驾驶中准确无误地处理各种复杂的交通情境。

2.3 数字孪生测试场景

数字孪生技术的基本理念是通过创建物理实体的虚拟映射模型，实现两者间的实时数据交互与同步。这一技术已被广泛应用于自动驾驶系统的开发、测试和优化，尤其是在虚拟测试场景的构建方面，具有显著的优势。本节从数字孪生技术概述、静态场景构建方法以及动态场景构建方法三个方面进行详细探讨。

2.3.1 数字孪生技术概述

数字孪生技术通过高保真建模与实时数据同步，使得虚拟世界与物理世界之间可以无缝连接，从而在虚拟环境中重现真实世界的各种情景。如图 2.3 展示的系统框架所示，这一技术的核心在于虚实双向动态映射，即物理实体的传感器数据通过低延迟通信技术(如 5G、V2X)实时传输至虚拟环境，驱动虚拟模型的行为；与此同时，虚拟测试场景中的仿真结果(如极端天气对传感器的影响)也能够反馈至物理实体，形成一个闭环的测试系统。

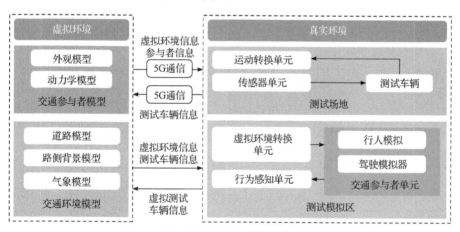

图 2.3 基于数字孪生的虚实结合系统框架

在虚拟环境中，基于高精度地图建立测试道路模型，保持真实道路与道路模型结构相同，地理坐标对齐。同时，通过在虚拟环境建立路侧背景模型，可在虚拟环境中根据测试场景不同建立相应的路侧背景。例如，模拟高速公路环境中，可建立护栏模型、树木模型等；在模拟城市环境中，可建立房屋、路灯等设施模型。真实环境中，雨、雪、雾等恶劣气象环境可能对自动驾驶汽车传感器感知精度、感知距离等性能产生不良影响。通过在虚拟环境中建立气象模型，向传感器中引入恶劣气象环境导致的感知干扰,可部分模拟恶劣气象多传感器的不良影响,有效降低测试成本和测试复杂度。

数字孪生技术不仅为自动驾驶测试提供了高保真度和高效率的场景重现,也大大降低了物理测试的风险和成本。例如,Waymo 利用数字孪生技术,在虚拟环境中模拟亚利桑那州沙尘暴的场景,测试激光雷达在低能见度下的表现,避免了真实测试中的高风险和高成本。

利用数字孪生技术进行自动驾驶整车在环测试的技术优势包括以下方面。

1) 高保真场景模拟

通过高精度的三维建模技术与物理引擎(如 Unity、Unreal Engine 等),能够精确复现现实世界的道路拓扑、天气变化以及交通参与者的行为。这些精确的虚拟测试场景能够为被测自动驾驶系统提供稳定的测试框架。例如,长安大学团队利用激光扫描技术构建了 22 种静态场景,包括自动转向"S"形弯道、隧道等复杂场景,为感知算法的验证提供了理想的测试平台。

2) 实时性与交互性

数字孪生测试场景能够动态响应真实车辆的行驶状态。例如,在整车在环测试中,一体化测试平台可以模拟不同路面附着系数(如冰雪、湿滑路面),而虚拟环境则实时渲染动态交通流,实现车辆姿态与场景的同步调整。这种高度交互的测试方式能够有效检验自动驾驶系统在多变环境下的各项性能。

3) 成本与效率优势

数字孪生测试场景不依赖真实场地,因此可以大幅减少测试成本并提高效率;结合虚实结合技术,融合实物汽车与数字场景,能够实现智能化的仿真测试场景建模及多情景的典型与非典型数据集构建,相比于传统的仿真测试,改善了数据单一、场景真实度低等问题。

2.3.2　静态场景构建方法

静态场景作为数字孪生测试场景的基础框架,主要涉及道路拓扑、基础设施和环境要素的建模。静态场景的构建确保了虚拟环境的真实性,为自动驾驶系统的感知算法和决策系统提供了可靠的测试基础,具体关键技术如下。

1) 道路拓扑建模

道路拓扑建模是静态场景构建的基础,主要依赖高精度地图数据(如北斗卫星导航系统与 3D(三维)地图)来还原车道线、交叉口、交通标志等道路要素。例如,长安大学在封闭试验场中通过数字孪生技术实现了真实场地的虚拟数字化,在数字孪生场景中构建了多个测试场景,包括自动加速、坡道停车、施工区等。通过航拍与激光扫描技术获取真实道路的几何特征,并利用纹理映射技术增强视觉逼真度,可以进一步提高虚拟环境的真实感。

2) 环境要素建模

静态障碍物(如建筑物、植被等)可以通过点云数据和三维建模工具(如 Blender)来构建。这些要素对于传感器信号(如激光雷达的反射、摄像头的遮挡)的仿真精度至关重要。通过使用语义分割技术提取真实场景中的静态交通设施(如红绿灯、限速标志)特征,并将这些特征导入虚拟环境,可以确保自动驾驶系统的感知算法能够准确识别这些元素。

3) 验证与优化

为确保静态场景的精确性和高保真度,需要通过对比真实场景与虚拟测试场景中传感器数据(如毫米波雷达回波、摄像头图像)来验证模型的有效性。例如,吉林大学团队开发的毫米波雷达在环测试系统,能够通过暗箱模拟多径干扰,验证感知算法在复杂环境中的抗噪声能力,进一步优化虚拟测试场景的真实性。

2.3.3　动态场景构建方法

动态场景的构建是提升数字孪生测试场景真实性与复杂性的关键,它通过引入交通参与者的行为模型以及环境的动态变化来模拟更加接近真实的驾驶情境,具体关键技术如下。

1) 交通参与者行为建模

交通参与者行为建模是动态场景构建的核心,主要包括对车辆和行人行为的建模。车辆行为可以通过马尔可夫决策过程模拟,如跟车、变道、紧急制动等行为。例如,使用蒙特卡罗方法生成高速公路合流区的变道切入场景,并通过重要性抽样技术提升高风险事件(如突然切入的车辆)的生成密度。行人行为则可以利用强化学习模型训练,以模拟步行、奔跑、横穿马路等行为。

2) 环境动态变化模拟

环境动态变化模拟通过动态调整天气、光照以及交通信号来提升虚拟测试的复杂性和真实感。例如,气象数据接口可以与气候模型对接,模拟不同的雨雪强度、雾霾浓度和昼夜光照变化,验证自动驾驶系统在极端天气下的表现。此外,交通信号和突发事件(如施工区路障、红绿灯状态切换等)通过事件驱动模型控制,从而模拟真实交通流的随机性和不可预见性。

3) 实时交互机制

动态场景与车辆传感器的实时数据同步是动态测试的另一重要特点。在整车在环测试中,虚拟环境通过传感器信息生成平台向被测车辆注入虚拟环境中的动态信息,如背景车辆的运动状态、障碍物的特征等。这一实时交互机制使得虚拟测试场景不仅能模拟静态环境,还能模拟与车辆传感器交互的动态场景,进一步提升测试的真实性和多样性。

2.4　测试场景交通流建模

　　整车在环测试的一个关键目标是通过虚实结合技术模拟真实交通环境，验证车辆在复杂交互场景中的算法鲁棒性和系统可靠性(图 2.4)。在这个过程中，交通流模型作为测试场景的基础支撑，扮演着至关重要的角色。交通流建模需要精准还原车辆与交通参与者之间的动态交互行为，涵盖道路网络、交通参与者行为以及环境动态变化等要素。本节将从模型分类、关键技术以及实际应用三个维度，详细阐述面向整车在环测试的交通流建模方法。

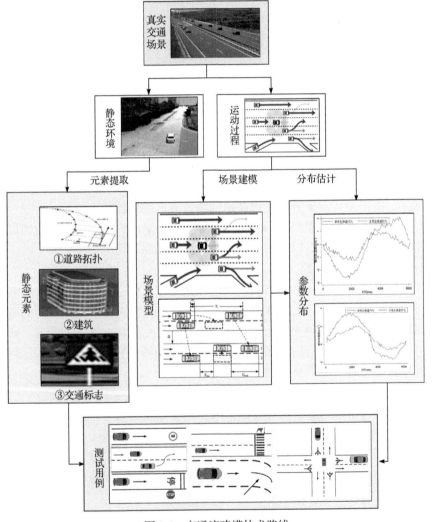

图 2.4　交通流建模技术路线

2.4.1 交通流模型分类

根据仿真粒度和目标需求的不同,交通流模型可以大致分为宏观交通流模型、中观交通流模型和微观交通流模型三类[5]。每一种模型都有其适用的场景和特点,选择合适的模型能够有效提高整车在环测试的精度和效率。

宏观交通流模型主要关注整体交通流的特性,通常使用流量、密度、速度等宏观参数来描述交通系统的状态。这类模型适用于大规模交通流的分析,如城市级路网规划和交通系统的战略决策。然而,宏观交通流模型的局限性在于它无法精细描述单个车辆的行为,因此在需要精确模拟具体驾驶行为的情况下并不适用。例如,LWR(Lighthill-Whitham-Richards)模型就是一种典型的宏观交通流模型,它以流量、密度和速度为基本参数,广泛用于分析和优化大规模交通流。

与宏观交通流模型相比,中观交通流模型则通过更细致的粒度分析交通流,主要关注车辆组的行为,适用于交通控制策略的评估。这类模型通常分析路段的流入和流出行为,能够更准确地模拟车道间的交通流动情况,并用于模拟车道容量、交通信号控制等场景。基于气体动力学模型的多车道模型就是中观交通流模型的典型代表,它能够较好地模拟交通流的平稳性和变化。

微观交通流模型则侧重于模拟单个车辆的行为,并能够精细地描述车辆之间的交互过程与相互影响[6]。微观交通流模型的优势在于能够详细再现交通流中的复杂细节,如车辆的跟驰、变道、加速、减速等行为,因此它通常是整车在环测试中的首选模型。这类模型不仅能够准确模拟个体车辆的行为,还能够通过车辆间的相互作用,模拟交通中的交通波、堵塞等现象。元胞自动机(cellular automata,CA)模型和车辆跟驰模型(如 Gipps 模型)都是微观交通流模型的代表。

在选择合适的交通流模型时,需要综合考虑测试目标与计算资源。若测试的目的是验证自动驾驶系统在极端场景下的表现,如紧急制动或行人突现等,微观交通流模型更具优势,因为它能够精细模拟车辆与环境之间的互动。而对于需要大规模快速分析的场景,宏观交通流模型则能够更有效地进行粗略的交通流分析。此外,微观交通流模型通常对计算资源的要求较高,因此在处理大规模交通流时,可能需要结合并行计算等技术来提高仿真效率。

2.4.2 微观交通流建模方法

在整车在环测试的交通流建模中,核心建模环节包括路段与交叉口建模、交通信号配时以及交通流的动态调整等方面[7]。每个环节的优化和精细化建模,都直接影响到测试场景的真实性和准确性。

首先,路段离散化是实现交通流模型的基础。通常将道路划分为小的元胞,每个元胞代表一个固定长度的路段,这样可以确保车辆之间的距离符合安全要求。

通过这种离散化方法，能够模拟不同类型的路段，包括高速公路、城市道路、乡村道路等，为测试提供多种场景。交叉口精细化建模则进一步提升了模拟的复杂度，通过对交叉口不同车道(如左转、右转车道)的建模，可以真实再现交通中的复杂交互行为，如"左转大弯、右转小弯"的行驶规则，从而验证自动驾驶系统在复杂路况下的表现。

其次，交通信号的动态配时是影响交通流效率的关键因素。在建模时，通过采用固定周期或自适应配时方案，可以平衡不同方向车流的需求，优化通行效率。通过仿真验证，可以比较不同信号配时方案的效果，为交通管理系统的优化提供数据支持。

最后，断面发车模型的引入则用于模拟高峰期与平峰期的流量差异。通过泊松分布模拟车辆的到达率，并根据实时仿真数据动态调整发车频率，可以避免局部路段发生过载情况，从而确保交通流的顺畅。

微观交通流建模是整车在环测试中的核心环节之一，它的关键在于能够精确模拟个体车辆在复杂环境中的行为。以下是几种常用的微观建模技术，它们能够有效地支持自动驾驶系统在多变的交通环境中的表现验证。

首先，CA 模型是微观交通流建模中最基础的技术之一。它将道路离散化为多个网格单元，每个网格单元代表道路上的一个位置，每个位置只能容纳一辆车。车辆根据一定的规则，如加速、减速、换道等，在每个时间步中根据其相邻的车道状态移动。Nagel-Schreckenberg 模型是 CA 模型的一个经典实现，通过引入随机慢化概率，模拟交通拥堵的自发形成。CA 模型的优点在于其规则简单、计算效率高，适合实时仿真，并能够生成一些复杂的交通现象，如交通波、瓶颈效应等，这使得它在宏观交通流的模拟与评估中得到了广泛应用。例如，在交叉口信号优化的研究中，CA 模型被用来模拟不同配时方案对交通流通行效率的影响，帮助验证不同绿灯时长对缓解交通拥堵的效果。

除了 CA 模型，车辆跟驰模型是另一种广泛应用的微观建模技术。车辆跟驰模型主要通过描述前车与后车之间的加速度关系来模拟车辆的行为。智能驾驶模型(intelligent driver model，IDM)是最为典型的车辆跟驰模型，它综合考虑了车距、速度差、加速度等因素，模拟车辆的自然驾驶行为。通过仿真模型参数的校准，更精确地反映现实交通中的驾驶行为。车辆跟驰模型能够提供更加细化的交通行为模拟，是验证自动驾驶系统在动态交通环境中表现的核心技术之一。

在车辆行为建模的基础上，随着自动驾驶技术的发展，多自由度交互与协同避让模型的引入显得尤为重要。这一模型主要模拟车辆在复杂交通环境中的协作行为，尤其是在多车道、交通拥堵等场景下的协同动作。例如，换道逻辑模型可以模拟车辆在不同车道之间切换的行为，基于间隙接受理论，车辆根据前后车的车距和目标车道的交通流量判断是否执行换道操作。而 V2X 通信技术则进一步增强了车辆间协同的能力，通过模拟车辆间的实时信息交换，有效模拟了协同避让行为，为自动驾驶系统的协作能力提供了必要的验证。

2.5　临界测试场景加速生成

2.5.1　临界测试场景加速生成的意义与挑战

为了确保自动驾驶功能能够在复杂的交通环境中可靠运行，必须通过各种临界场景对其进行严格的测试。这些临界场景包括前车紧急制动、恶劣天气下的感知失效等关键情境，能够考察自动驾驶系统在极端条件下的应急响应能力。

当前临界场景生成方法面临几个显著的挑战：首先，已有方法高度依赖于自然驾驶数据，但是这些数据中的临界场景样本相对稀缺，并且可能受到噪声干扰，影响模型训练和测试的准确性；其次，已有的场景搜索方法效率较低，面对高维度的参数空间(如车速差、车距、反应延迟等)，随机采样或启发式搜索难以全面覆盖所有潜在的临界场景[8]；最后，由于场景的参数空间非常复杂，传统方法往往无法穷举所有的风险组合，这使得测试结果可能存在盲区，无法完全验证自动驾驶系统在各种可能情境下的表现。

为了解决这些问题，临界场景加速生成方法借助虚拟环境的强大功能，能够高效、低成本地生成多种高风险场景，验证自动驾驶系统在极限情况下的鲁棒性。通过蒙特卡罗方法和重要性采样等技术，虚拟环境能够批量生成像雨雪天气导致的低能见度场景，或是前车紧急制动等复杂情境，为系统提供全面的验证。同时，虚拟测试场景可以快速通过参数化的逻辑场景组合生成多样化的测试用例，确保涵盖不同类型的道路工况，如城市道路、高速公路等，显著提升测试覆盖率。

2.5.2　临界测试场景加速生成方法框架

本节以面向自适应巡航控制功能的临界场景加速生成为例进行阐述。自适应巡航控制(adaptive cruise control，ACC)系统在自动驾驶中起着至关重要的作用，能够自动调节车速，保持安全距离[9]。面向 ACC 测试的临界场景加速生成方法引入了基于优化搜索的全局-局部协同框架，图 2.5 展示了该框架的搜索方法。该框架的核心目的是提高生成效率和场景的覆盖率，具体包括两个重要步骤：全局搜索和局部细化。

1. 全局搜索：临界区域的快速定位

在临界场景生成过程中，首先需要识别出复杂的多维参数空间中的高风险区域，这些参数包括初始车距、速度差、反应延迟和加速度等，它们共同决定了车辆在特定场景下的行为表现。全局搜索的目的是迅速定位这些潜在的临界区域，为后续的场景生成和细化提供基础。

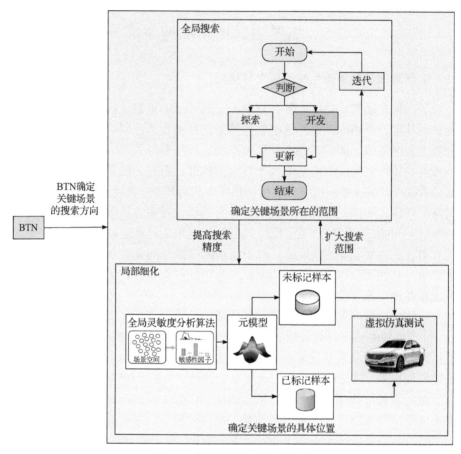

图 2.5　临界场景加速生成方法

　　Gipps 模型作为基础行为模型，在此过程中发挥了重要作用。它模拟了车辆在不同车距和速度条件下的跟驰行为，提供了动态的交互规则。例如，当前车发生紧急制动时，本车会根据安全距离模型调整加速度，从而避免碰撞。Gipps 跟驰模型通过为生成的场景提供物理依据，确保了车辆行为的模拟与实际驾驶条件相符。

　　此外，制动威胁指数(brake threat number，BTN)作为动态风险评估指标，实时评估车辆面临的碰撞风险。BTN 通过计算本车所需的减速度与最大制动能力的比值来量化风险，BTN 为 1 时表示安全，BTN 大于 1 时表示无法避免碰撞。BTN 的引入，使得风险评估更加精准，能够实时反映出潜在的碰撞风险。

　　为了提高生成效率，优化算法在全局搜索中起到了关键作用。通过 Gipps

汽车跟驰优化(Gipps car following optimization, GCFO)算法，可以在多维参数空间中并行搜索，快速识别出高风险区域。通过设定车距(10～50m)和速度差(0～50km/h)等维度，优化算法能够自动筛选出 BTN 接近或超过 1 的参数组合。进一步使用聚类分析，能够识别出场景中的高风险区域。例如，高速公路上的前车紧急制动场景通常出现在车距小于 20m、速度差大于 30km/h 的区域，而行人横穿马路的场景则可能出现在低能见度与高行人速度的组合中。这种方法避免了传统随机采样的盲目性，大幅缩小了搜索范围，从而显著提高了生成效率。

2. 局部细化：临界场景的精准生成

在全局搜索确定的临界区域内，接下来要进行局部细化，精准生成具体的场景，覆盖从避撞成功到碰撞发生的连续状态转变。这个过程依赖于敏感性分析与自适应采样技术。

首先，通过敏感性分析，可以找出对 BTN 影响最大的关键参数。例如，车距的减小对 BTN 的影响较大，每减少 1m 车距可能导致 BTN 上升 0.3，而速度差的变化对 BTN 的影响较小。基于这种分析，可以优先调整对系统风险影响较大的参数，如车距，而非其他影响较小的因素。

接下来，使用蒙特卡罗方法和重要性采样方法，在局部区域内生成极端场景。通过结合物理约束来模拟传感器误差(如误判车距)，触发 ACC 系统的紧急制动反应。这种方式确保了对极端情况的验证，模拟了可能出现的实际问题，并有效评估了系统在这些条件下的表现。

此外，采用自适应采样与动态优化技术，在局部区域对 BTN 进行进一步优化。通过 GCFO 算法，可以预测未知场景的 BTN，并根据预测结果动态调整采样密度。例如，在 BTN 接近 1 的临界边界(如车距在 18～20m)，采样点的密度会增加，从而捕捉避撞与碰撞之间的微小变化。通过这一方法，可以有效覆盖传统方法难以模拟的边缘案例，如传感器失效、极端天气干扰等，从而提升场景的真实性和多样性。

在这一框架中，BTN 起到了关键作用。BTN 通过计算本车所需的减速度与最大制动能力的比值，能够动态评估车辆面临的风险。BTN>1 标志着碰撞风险场景的出现，从而为加速生成过程提供明确的搜索方向。相比传统的碰撞时间(time to collision, TTC)指标，BTN 具有更高的实时性和灵活性，能够更精准地反映车辆在不同工况下的风险状态。此外，BTN 可融合车距、速度差、反应延迟等多参数影响，适用于复杂交互场景的评估。例如，在行人横穿场景中，同时考虑行人速度、车辆制动延迟和路面附着系数的影响。

2.6 传感器建模与物理信息生成

为了在整车在环测试中准确评估自动驾驶系统的性能，必须建立高保真度的传感器模型，并生成与真实场景高度一致的物理信息[10]。本节详细介绍典型自动驾驶传感器的建模方法，以及如何通过传感器暗箱技术生成高保真物理信息进行虚实结合测试，以满足整车在环测试的需求(图 2.6)。

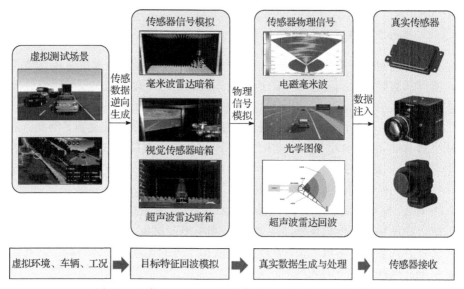

图 2.6 整车在环测试中的传感器模型及物理信息注入

2.6.1 自动驾驶典型传感器

自动驾驶汽车依赖于多种传感器来感知周围环境,这些传感器如同车辆的"眼睛"和"耳朵",其性能直接决定了车辆对环境的感知效果。传感器需要在复杂多变的环境中稳定工作,包括极端天气条件(如暴雨、雪雾、沙尘)和不同的光线条件(如强光或夜间低光)。此外,自动驾驶车辆在高速行驶时,传感器需要更短的响应时间和更广的感知范围,以确保车辆能够提前检测并应对潜在的危险。

常见的自动驾驶传感器包括毫米波雷达、超声波雷达、视觉传感器、全球导航卫星系统和惯性导航系统(inertial navigation system, INS)。毫米波雷达通过发射电磁波并接收反射信号来检测物体的速度和距离,特别适合在恶劣天气条件下工作。超声波雷达则通过发射超声波并接收反射信号来测量车辆与周围物体的距离,通常用于近距离障碍物检测和泊车辅助系统。视觉传感器通过捕捉周围环境中的图像和视频信息,帮助车辆识别道路标志、交通信号灯、车辆和行人等。GNSS 和

INS 则通过卫星信号和惯性测量单元提供车辆的高精度位置和姿态信息，即使在卫星信号短暂中断的情况下也能保持连续定位。这些传感器通过不同的工作原理，为自动驾驶系统提供车辆周围环境的详细信息，如其他车辆、行人，障碍物的位置、形状、速度，以及道路状况和交通信号灯等信息。

在整车在环测试中，高保真物理信息生成是评估自动驾驶系统性能的关键环节。通过精确模拟传感器的工作原理和环境要素，可以生成与真实场景高度一致的物理信息，从而为自动驾驶系统提供可靠的测试数据输入。高保真物理信息生成不仅提高了测试的准确性和可靠性，还降低了实际道路测试的风险和成本，为自动驾驶整车在环测试提供了有力支持。

2.6.2　毫米波雷达建模与物理信息生成

1. 毫米波雷达工作原理

毫米波雷达通过发射毫米波频段的电磁波并接收反射信号，利用频率变化来检测目标物体的距离、速度和角度[11]。其工作原理基于调频连续波技术，通过线性调频脉冲信号实现高精度的距离和速度测量。毫米波雷达具有穿透能力强、受天气影响小的优点，广泛应用于自适应巡航控制和碰撞预警系统。

在自动驾驶整车在环测试中，毫米波雷达模型需要考虑不同天气条件下的信号衰减和噪声影响。例如，在雨、雪、雾等天气条件下，电磁波的传播会受到衰减，导致信号强度降低和测量误差增加。通过引入天气因素的修正模型，可以更准确地模拟毫米波雷达在复杂环境下的性能。此外，毫米波雷达模型还需要考虑多径效应和目标散射特性，以提高目标检测的准确性和可靠性。

2. 毫米波雷达物理信息生成

为了在整车在环测试中提供真实的毫米波雷达信号，毫米波雷达暗箱通过信号处理单元和雷达目标模拟器，能够实时生成与真实雷达信号高度一致的物理信息。暗箱可以根据虚拟测试场景的信息，模拟不同距离、速度和角度的目标物体，并将生成的信号映射到被测车辆的雷达系统中。通过这种方式，可以实现对自动驾驶系统在各种交通场景下的感知和决策能力的测试。

2.6.3　超声波雷达建模与物理信息生成

1. 超声波雷达工作原理

超声波雷达利用超声波的发射和反射原理，通过测量信号的时间延迟来计算与障碍物的距离。其优点是成本低、体积小、抗干扰能力强，尤其适用于低速行驶和近距离探测场景，如自动泊车和盲区监测。

超声波雷达模型需要考虑环境因素对信号传播的影响，如温度、湿度和气压的变化。这些因素会影响超声波的传播速度和衰减特性，进而影响测距精度。通过引入环境参数的修正模型，可以提高超声波雷达在不同条件下的测量精度。此外，超声波雷达模型还需要考虑多径反射和信号干扰问题，以提高目标检测的可靠性。

2. 超声波雷达物理信息生成

超声波雷达暗箱通过模拟真实的超声波信号传播过程，生成与实际雷达信号一致的物理信息。暗箱可以根据测试场景的需求，模拟不同距离和角度的障碍物，并将生成的信号传输到被测车辆的超声波雷达系统中。通过这种方式，可以实现对自动驾驶系统在自动泊车和近距离障碍物检测等场景下的性能测试。

2.6.4　视觉传感器建模与物理信息生成

1. 视觉传感器工作原理

视觉传感器通过捕捉环境中的图像和视频信息，帮助车辆识别道路标志、交通信号灯、车辆和行人等。视觉传感器的成像模型基于针孔模型，通过光学投影将三维空间中的物体映射到二维图像平面上。

视觉传感器模型需要考虑镜头畸变、光照条件和天气影响等因素。镜头畸变包括径向畸变和切向畸变，这些畸变会影响图像的质量和目标检测的精度。通过引入畸变校正模型，可以提高视觉传感器的成像质量。此外，视觉传感器模型还需要考虑不同光照条件和天气情况下的图像变化，以提高目标识别的鲁棒性。

2. 视觉传感器物理信息生成

视觉传感器暗箱通过模拟真实的视觉传感器成像过程，生成与实际图像一致的物理信息。暗箱可以根据测试场景的需求，模拟不同的光照条件、天气情况和交通场景，并将生成的图像信息传输到被测车辆的视觉感知系统中。通过这种方式，可以实现对自动驾驶系统在各种视觉场景下的感知和决策能力的测试。

2.6.5　组合导航传感器建模与物理信息生成

1. 组合导航传感器工作原理

组合导航传感器通过融合 GNSS 和 INS，提供高精度的定位和姿态信息。GNSS 提供绝对位置信息，而 INS 提供相对运动信息，两者结合可以实现高精度的连续定位和导航。

组合导航传感器模型需要考虑卫星信号的可用性和 INS 的漂移误差。通过引入卫星信号模拟器和 INS 误差校正模型，可以提高组合导航传感器在复杂环境下的性能。此外，组合导航传感器模型还需要考虑多路径效应和信号干扰问题，以提高定位的准确性和可靠性。

2. 组合导航传感器物理信息生成

组合导航传感器暗箱通过模拟 GNSS 信号和 INS 数据，生成与真实导航信息一致的物理信息。暗箱可以根据测试场景的需求，模拟不同的道路条件、卫星信号环境和车辆运动状态，并将生成的导航数据传输到被测车辆的导航系统中。通过这种方式，可实现对自动驾驶系统在各种导航场景下的感知和决策能力的测试。

参 考 文 献

[1] 余荣杰, 田野, 孙剑. 高等级自动驾驶汽车虚拟测试: 研究进展与前沿. 中国公路学报, 2020, 33(11): 125-138.

[2] Koopman P. Challenges in autonomous vehicle validation: Keynote presentation abstract. International Workshop on Safe Control of Connected and Autonomous Vehicles, New York, 2017: 1-10.

[3] 赵祥模, 承靖钧, 徐志刚, 等. 基于整车在环仿真的自动驾驶汽车室内快速测试平台. 中国公路学报, 2019, 32(6): 124-136.

[4] 赵祥模, 王文威, 王润民, 等. 智能汽车整车在环测试台转向随动系统. 长安大学学报(自然科学版), 2019, (6): 116-126.

[5] 赵祥模国家重点研发计划(2021YFB2501200)团队. 自动驾驶测试与评价技术研究进展. 交通运输工程学报, 2023, 23(6): 10-77.

[6] 黄鑫, 林培群, 裴明阳, 等. 交叉口混合交通流微观控制模型. 控制理论与应用, 2023, 40(10): 1851-1862.

[7] 马万经, 李金珏, 俞春辉. 智能网联混合交通流交叉口控制: 研究进展与前沿. 中国公路学报, 2023, 36(2): 22-40.

[8] 王润民, 朱宇, 赵祥模, 等. 自动驾驶测试场景研究进展. 交通运输工程学报, 2021, 21(2): 21-37.

[9] 易侃. 乘用车自适应巡航系统测试与评价研究. 重庆: 重庆交通大学, 2018.

[10] 隗寒冰, 曹旭, 赖锋. 智能汽车环境感知算法测试评价系统开发. 中国机械工程, 2018, 29(19): 2298-2305, 2311.

[11] 李鑫. 面向汽车智能驾驶的毫米波雷达建模与仿真研究. 长春: 吉林大学, 2020.

第 3 章　基于数字孪生技术的虚拟测试场景构建方法

3.1　概　　述

由于自动驾驶系统具有高复杂性、高自主性，自动驾驶汽车在大规模生产之前需要大量的道路测试，而与传统汽车不同的是，自动驾驶汽车需要在更多危险度较高的极端场景如恶劣天气、突发交通事故等，进行多次重复试验，以检验自动驾驶算法的稳定性，寻找并排除其可能存在的漏洞。若在真实道路进行此类测试，将消耗难以承受的时间和资金成本，同时也会带来众多安全隐患。因此，在自动驾驶汽车的研发和测试中，虚拟仿真测试是一个必不可少的环节。虚拟仿真测试是利用计算机生成的三维环境和车辆模型来模拟真实的驾驶场景。通过仿真软件，可以构建不同的测试场景(如城市道路、高速公路、乡村道路等)，并测试车辆在各种测试场景中的行为，包括行人避让、交通信号处理、紧急制动等。虚拟仿真测试能够在无风险的虚拟环境中模拟危险场景，如高速碰撞、极端天气下的驾驶等，具有较高的安全性。相比于真实车辆和物理设施，虚拟测试的成本极低，便于尽快对自动驾驶汽车展开测试。在虚拟仿真测试中，任何场景或事件都可以精确地重复执行，确保算法在相同条件下的表现可重复。基于以上优势，目前虚拟仿真测试已经被广泛应用于自动驾驶开发的各个阶段，包括感知算法的验证、决策与规划模块的优化，以及整车集成测试。例如，Waymo、Tesla 等公司在产品研发中都依赖虚拟仿真进行大规模场景的测试和验证。

作为整车在环测试的一部分，数字孪生测试可以将物理世界中的自动驾驶车辆、道路环境、交通参与者等对象实时映射到虚拟空间，通过仿真和数据同步实现对自动驾驶系统的全面测试和优化。数字孪生不仅限于单向的模型创建，还能够在运行中进行状态更新和反馈。数字孪生是一种有效提高测试速度、保证测试有效性和安全性的高效虚拟测试方法，通过创建真实的虚拟世界来模拟自动驾驶汽车在实际道路环境中的行驶情况。可以模拟各种复杂的道路场景和交通状况，如各种天气条件和时间段，如雨天、雪天、夜间等，以及模拟车辆之间的互动和人行横穿马路等各种复杂情况，从而更好地评估自动驾驶汽车的安全性和性能表现。

在面向整车在环的数字孪生测试中，最为主要的是构建测试场景。现阶段测试场景要素主要分为两种，即静态场景和动态场景。静态场景由不随时间变化但对测试结果产生基础性影响的元素组成，它们构成了虚拟测试环境的基础框架。这些基础性元素包括道路拓扑结构，如路面形状、车道宽度、路面标志(如车道线、导向箭头)、弯道、坡道、隧道等，通过这些道路拓扑结构为车辆导航与定位提供了基础；此外，还包括建筑物和基础设施，如沿路的建筑物、隧道、桥梁、护栏，以及静态交通设施，如路牌、红绿灯、限速标志、停车标志等。这些设施虽然固定不变，但它们的信息直接影响自动驾驶系统的决策过程，如识别道路规则、判断行驶速度和路线等。静态场景的设计对于确保自动驾驶系统的基本功能(如导航、感知和定位)非常重要。它提供了一个稳定的测试环境，帮助测试自动驾驶系统在无外界动态干扰下的性能。此外，静态场景构建的基础设施也为后续的动态测试提供了一个可重复的试验平台。

与静态场景相比，动态场景的核心在于其随时间、环境和交通流变化的特性，能够为虚拟测试场景提供更具挑战性的环境。动态场景包括以下几类核心元素，首先是天气与气候条件，如雨天、雪天、雾天、雷暴等复杂天气，这些条件能够影响传感器的探测精度、轮胎抓地力、能见度等因素。此外，光线的变化(如日夜转换、晨昏光线变化)也对自动驾驶系统的视觉感知传感器产生一定的影响。在动态场景中其他机动车、非机动车和行人等动态交通参与者的行为及位置不断变化，尤其是在紧急情况或突发事件(如突然变道、制动、横穿马路)时的变化，也考验自动驾驶系统的反应速度与决策能力。尽管红绿灯和可变标志牌本身属于静态设施，但信号的变化和动态指示(如绿灯变红、行人信号的变化)对车辆行驶路径和决策有直接影响，所以也是动态场景的重要组成元素。日夜交替、季节变化等影响光线和视距的环境因素，也会对车辆传感器(如摄像头、激光雷达)的工作状态产生影响，对算法的精准度和响应速度产生不同程度的影响。动态场景为虚拟测试环境增加了大量的随机性和不确定性。

自动驾驶汽车设计控制域不同，智能化水平不同，因此能够适应的场景困难度和复杂度也不相同。此外，在不同的测试目标和测试任务下，需要的测试场景也不相同，由于利用传统的封闭测试场地，受制于场地空间、场地内测试道路和测试参考移动目标物的限制，建成的测试场景存在种类较少、数量不足、场景元素单一、变换范围小等缺点。而对于虚拟测试，由于测试场景构建是通过在虚拟环境中选择交通参与者模型和交通环境模型实现的，不存在测试道路及测试参考目标物的限制，可以根据测试需求及测试车辆智能化水平定制测试场景。

3.2　虚拟测试场景组成及构建方法

对于自动驾驶汽车测试，虚拟测试场景是被测对象在交通环境中与其他相关交通参与者交互实现行驶意图的过程。其中，行驶意图是指测试对象完成自身运动状态改变，如完成一次自由变道或在交通路口转向。交通环境是被测对象运行的道路、气象、光照的静态环境。交通参与者是指场景内对被测对象运动状态有影响的场景元素，如测试车辆行驶路线有冲突车辆、行人等。在场景的观测与分析中，对被测对象运动没有影响的元素可以忽略。

　　基于真实交通数据的自动驾驶汽车虚拟测试场景构建由场景分解、场景设计和场景组合三部分组成，其构建流程如图 3.1 所示。其中，场景分解是从真实交通数据中分离出真实交通场景，再从真实交通场景中按照场景分解模型提取出真实交通基元场景，最后将基元场景分析、建模并生成用于测试的基元场景，建成测试基元场景集的过程。场景设计将自动驾驶汽车测试需求分解为测试任务，每一个测试任务只包含关于测试车辆的单一事件。围绕测试任务，首先描述功能测试场景，再按照场景分解模型设计逻辑测试场景并分离出构建逻辑测试场景所需的基元场景。最后，场景组合是在测试场地内按照场景设计从测试基元场景集中选择所需基元场景组合生成虚拟测试场景。

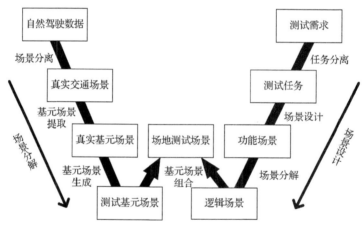

图 3.1　基于真实交通数据的自动驾驶汽车虚拟测试场景构建流程

　　真实交通数据中包含多种真实交通场景，基于真实交通数据的自动驾驶汽车虚拟测试场景构建的技术路线如图 3.2 所示。真实交通场景被分解为静态交通环境和交通参与者的运动过程，其中静态交通环境涵盖道路状态、路侧设施、气象及光照条件等影响车辆运行的环境条件，从中可以提取出测试场景中的静态环境元素。交通参与者的运动过程是被观察对象在静态环境中与其他交通参与者交互运动并实现自身运动意图的过程[1]。交通参与者的运动过程是虚拟测试场景的核心，为实现虚拟测试场景构建，需要对运动过程建模并分析真实场景的大量实例估计模型的描述参数分布，从而实现由真实场景向标准测试场景的转变。在此基础上，针对不同的测试对象、测试方法和测试内容，灵活赋予描述参数不同的取值，组合不同的静态元素取值即可生成相应的虚拟测试场景，从而适应不同的测试需求。

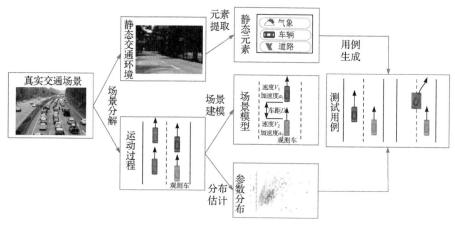

图 3.2　虚拟测试场景构建技术路线

3.2.1　静态场景要素

　　虚拟测试场景中，符合真实情况的静态要素为测试的真实性和可靠性奠定了基础。因此，静态场景的精确构建至关重要，它确保了自动驾驶系统在仿真测试中能够应对真实世界中的复杂环境。通过准确模拟道路拓扑、交通标志、建筑物等静态元素，虚拟测试场景为自动驾驶汽车的感知、决策和控制算法提供了真实世界中不可或缺的环境基础。静态场景的高保真度不仅保证了测试的有效性，还提升了测试场景的丰富性，常见静态场景要素如表 3.1 所示。

表 3.1　常见静态场景要素

类别	典型代表要素
障碍物	正障碍、负障碍
周围景观	花草树木、建筑物
交通设施	道路辅助设施、道路交通标线、道路交通标志
道路	桥涵、匝道、交叉口、路表、路段

　　基于现有的各种测试设备和设施，长安大学赵祥模团队构建了满足自动驾驶封闭环境测试需求的 22 种典型静态场景，包括自动转向"S"形路线测试场景、自动加速与制动测试场景、弯道行驶测试场景、坡道停车和起步测试场景、道路入口测试场景、道路出口测试场景、人行横道减速测试场景、减速丘限速测试场景、施工区测试场景等。以上场景覆盖我国典型道路环境和道路类型，部分场景如图 3.3 所示。

(a) "S"形路线测试场景　　　　(b) 坡道停车和起步测试场景　　　　(c) 道路出口测试场景

图 3.3　静态测试场景

3.2.2　动态场景要素

动态场景是由随时间变化或可能随时间变化的交通要素如气象(雨/雪/雾天气、能见度变化、光线、温湿度)、动态指示设施、交通参与者(机动车、非机动车、行人)、时间光照变化等组成,动态场景要素为测试场景提供了不确定性,常见动态场景要素如表 3.2 所示。

表 3.2　常见动态场景要素

类别	典型代表要素
动态指示设施	交通信号灯、可变交通标志、交通警察
通信环境信息	信号强度、电磁干扰、信号延迟
其他车辆	机动车、非机动车
行人	步行行人、跑步行人、残疾人
动物	猫、狗等
环境温度信息	—
光照条件信息	光线强度、光线角度
天气情况信息	雨、雪、雾、霾、风、冰雹

当前构建动态的交通场景主要通过深度学习生成或基于组合测试生成,虽然可以实现被测车辆的实时背景车交互,但交通流模型的准确度和真实性不高,车辆测试统一性不强。本节从统计学角度对真实交通流数据集与仿真场景间的映射关系进行深入的研究,利用马尔可夫决策过程计算车辆行为的经验分布,随后利用蒙特卡罗方法与重要性采样方法生成高速公路行车环境下的自然驾驶行为以及罕见的边缘驾驶行为,并通过虚拟现实技术在虚拟仿真工具 CARLA 中复现人类驾驶行为,明显提高了动态交通场景的真实度,实现了车辆加减速、变道、跟驰、交叉路口转向、信号灯交互、突发事件等测试场景。与此同时,虚拟测试场景还

能够将被测自动驾驶车辆的横/纵向操作映射至其他车辆，人类驾驶员通过操作驾驶模拟器与正常行驶的被测车辆进行交互，通过与被测车辆的实时交互模拟出更加真实复杂多样的动态交通场景。

基于现有主流游戏引擎，通过高效率图形计算和计算机图形处理单元(graphics processing unit，GPU)渲染，可以为测试场景实时三维渲染出视觉上高逼真度的光影效果，基于高性能物理引擎，可以为仿真场景定义与真实世界高度一致的物理规律及行为逻辑。

虚拟测试场景通过网络接口获取气象数据，根据测试场景的需求匹配对应的气候模型，灵活模拟光照、雨、雪、雾等天气环境，为自动驾驶汽车的测试提供丰富、真实、动态的虚拟测试场景，实现虚拟测试场景与真实环境的双向交互映射。

3.2.3　基于蒙特卡罗方法的虚拟测试场景构建

1. 基元场景提取

基元场景提取是从实际交通场景中分离出其中基元场景并确定其描述向量的过程。通过基元场景提取，实际交通场景被分解为独立的基元并实现模型化和参数化。

本节采用参数估计法对场景模型变量分布规律估计进行描述[2]。参数估计法利用先验知识假定数据总体服从某一分布，再利用样本数据求解分布的未知参数，通过对比不同的估计结果确定数据总体服从的分布。本节采用高斯混合模型对场景模型描述变量的分布进行估计，其原理描述如下。

假设待估计的随机变量为 x，则 x 的高斯混合模型表示为

$$p_g(x) = \sum_{k=1}^{N} \alpha_{\mathrm{mix}_k} N\left(x \big| \mu_k, \Sigma_k\right) \tag{3.1}$$

其中，$N\left(x \big| \mu_k, \Sigma_k\right)$ 是高斯混合模型中的第 k 个分量；μ_k 是第 k 个高斯分量的均值向量；Σ_k 是第 k 个高斯分量的协方差矩阵；α_{mix_k} 为混合系数，满足：

$$\sum_{k=1}^{N} \alpha_{\mathrm{mix}_k} = 1, \quad \alpha_{\mathrm{mix}_k} \in [0,1] \tag{3.2}$$

在参数估计时，假设数据总体服从高斯混合分布，概率分布由式(3.1)中的高斯混合模型表示，模型中包含 N 组未知参数 $(\mu_k, \Sigma_k, \alpha_{\mathrm{mix}_k})$。参数估计就是根据样本数据确定模型参数取值的过程。对于未知参数，可以通过 EM(expectation-maximization)算法迭代计算，寻找最优化未知参数。

2. 基元场景生成

根据基元场景描述模型及其描述变量，可以重新生成测试基元场景。通过基元场景的生成，可以获得远多于实际采集且符合测试要求的基元场景，满足自动驾驶测试对复杂交通运动过程的覆盖性要求。

真实交通运行过程通常具有高维性和复杂性的特点，在测试场景构建中，若对其所属场景数学模型进行简化假设，可能会导致近似结果与实际存在较大的偏差。蒙特卡罗方法能够直接模拟实际复杂系统，可以有效解决复杂系统简化导致的结果失真问题，且误差与问题维数无关，是解决复杂高维问题的有效方法。本部分依据模型描述变量的分布，采用蒙特卡罗方法进行随机取样生成基元场景。

因此，假设用随机变量 X 表示蒙特卡罗方法生成的场景，x 是 X 的一个场景样本，服从概率密度函数为 $f(x)$ 的分布。假设高风险场景集合为 W_s，为了从生成的场景中选择高风险场景，定义高风险场景指示函数 $h(x)$：

$$h(x) = \begin{cases} 1, & x \in W_s \\ 0, & x \notin W_s \end{cases} \tag{3.3}$$

若场景总体中指示函数 $h(x)$ 的期望为 μ_c，方差为 σ^2，则 μ_c 为

$$\mu_c = \int h(x) f(x) \mathrm{d}x \tag{3.4}$$

假设场景总体中高风险场景出现的概率为 p_{hr}，则 $h(x)$ 的期望 $\mu = p_{hr}$，方差 $\sigma^2 = p_{hr}(1 - p_{hr})$。

利用蒙特卡罗方法生成 n 组场景样本 $x_i (i = 1, 2, \cdots, n)$，当样本容量较大时，依据大数定理，$h(x)$ 的样本均值 $\hat{\mu}$ 以概率1收敛于期望 μ，$\hat{\mu}$ 称为 μ 的蒙特卡罗估计量：

$$\hat{\mu} = \frac{1}{n} \sum_{i=1}^{n} h(x_i), \quad x_i \sim f(x) \tag{3.5}$$

依据中心极限定理，蒙特卡罗估计量 $\hat{\mu}$ 与期望 μ 的绝对误差为

$$\varepsilon_{abs} = |\hat{\mu} - \mu| = \frac{z_\alpha \sigma}{\sqrt{n}} = \frac{z_\alpha \sqrt{p_{hr}(1 - p_{hr})}}{\sqrt{n}} \tag{3.6}$$

蒙特卡罗估计量 $\hat{\mu}$ 与期望 μ 的相对误差为

$$\varepsilon_\gamma = \frac{|\hat{\mu} - \mu|}{\hat{\mu}} = \frac{z_\alpha \sqrt{p_{hr}(1 - p_{hr})}}{\sqrt{n}\hat{\mu}} \tag{3.7}$$

其中，z_α 为标准正态分布的四分位数，α 为置信概率。

真实交通环境中高风险场景发生概率较小，直接使用蒙特卡罗方法的估计值较大，导致蒙特卡罗方法估计误差较大，且生成场景中包含大量低风险场景，高风险场景较少，不利于场景构建。因此，可采用重要性抽样等方差缩减方法，降低蒙特卡罗估计值的误差，用较小的计算开销生成较多的高风险场景。

重要性抽样是通过选择适当的分布 $g(x)$ 代替原始概率分布 $f(x)$，提高低概率事件在抽样中的比例，增加生成样本中低概率事件的数量，减小方差，减少所需样本总数。依据高风险场景发生概率较高的分布 $g(x)$ 对描述变量随机取样，组合生成 n 个测试场景。重要性抽样只改变概率分布，不改变统计量。在采用重要性抽样的条件下，总体期望 μ 为

$$\mu = \int (h(x)\omega(x))g(x)\mathrm{d}x \tag{3.8}$$

其中，$\omega(x) = \dfrac{f(x)}{g(x)}$ 为重要性比率。

基于重要性抽样的蒙特卡罗方法估计量的方差和直接蒙特卡罗方法估计量的方差之差为

$$\Delta\sigma^2 = \int h^2(x)(\omega(x)-1)f(x)\mathrm{d}x \tag{3.9}$$

由于 $h(x)$ 服从 0-1 分布，仅当生成样本属于高风险场景时，$h(x)=1$。$g(x)$ 在此范围内，要保证基于重要性抽样的蒙特卡罗估计量的方差小于直接蒙特卡罗估计量的方差，应使重要性比率 $\omega(x)<1$，即 $g(x)>f(x)$ 在 $x\in W$ 时成立。

3. 基元场景组合

测试场景的构建是将提取出的基元场景根据测试任务，确定场景要素的参数，按照一定规则重新组合成测试用例的过程。针对不同的测试对象、测试方法和测试内容，可以灵活地控制测试场景的基元数量、场景要素的参数，构建出相应的测试用场景，从而适应不同的测试需求。

如图 3.4 所示，首先选取组成测试场景所需的基元场景形成功能测试场景。在此基础上确定基元场景描述变量及其取值区间，为基元场景选择确定范围，形成逻辑测试场景。最后，根据逻辑场景在基元场景集中选择基元场景，确定各描述变量的取值，组合生成具体测试用例。为了提高测试效率和降低测试成本，生成测试场景适宜采用强化测试思想，即选择基元场景组合生成高风险测试场景。

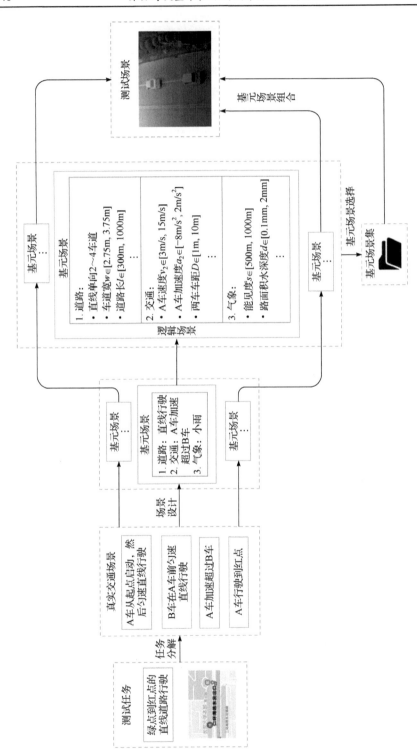

图3.4　基元场景组合流程

3.2.4　自动驾驶汽车虚拟场景测试用例

在自动驾驶汽车的测试过程中，虚拟场景测试用例的设计至关重要，它为自动驾驶汽车的各类功能提供了可靠的验证手段。针对不同的功能检测项目，测试场景被细化为多个维度，每个测试场景模拟了真实驾驶环境中的特定情境，通过这种方式可以确保生成的虚拟测试场景符合预期。

虚拟场景测试用例的设计是为了在无真实道路测试的情况下，评估自动驾驶系统的各项功能，确保其能够在复杂、多变的交通环境中做出正确的决策和反应。通过虚拟场景，开发者可以测试自动驾驶系统在极端条件下的表现，如雨雪天气、低能见度、突发事件等。每个虚拟场景中的要素经过精细建模，确保其尽可能接近真实世界的条件，包括道路、车辆、行人、交通信号灯等。

这些虚拟场景不仅能用于功能测试，还能帮助发现系统的潜在缺陷，进行算法的优化和迭代。例如，车辆在识别交通标志时是否能精准识别限速标志，并在规定时间内减速；或是在多车道交通中能否快速有效地避让突然进入车道的障碍物等。

3.3　数字孪生模型实现及双向交互方法

数字孪生概念最早始于 2002 年，并在 2010 年首次应用于航空航天领域，以测试飞行器外壳与航天器[3]。数字孪生由真实世界中的物理对象、数字世界中的虚拟模型和连接二者的接口组成。此技术对物理实体进行数字化建模，并实现物理实体和虚拟模型双向的动态映射与同步。现实世界的数据通过传感器传输至虚拟模型，实现现实约束在数字世界的融合，然后将模拟结果作为物理实体测试数据的参考与反馈，此外，数字孪生可以将虚拟模型形象地可视化表示，如图像、视频、增强现实等[4]。近年，在工业 4.0 背景下，制造业、工业生产和机器人等工业部门已逐渐开始应用这项技术。

伴随车辆智能化的发展，数字孪生也逐渐在自动驾驶领域展开应用。Wang 等[5]提出了一种通用的互联车辆数字孪生系统框架，首次将数字孪生引入自动驾驶测试领域。通过在虚拟环境中创建现实世界车辆及其系统的数字副本，实时集成传感器数据进行模拟和预测，支持在各种驾驶条件下的虚拟测试和优化。这种方法不仅提高了测试的精确度和效率，还允许开发人员快速识别和解决潜在问题，进一步提升了自动驾驶技术的安全性和性能。Liao 等[6]使用数字孪生技术开发了一个合作式的匝道合流控制测试系统，并进行了现场实施，从机动性和燃油消耗方面评估了系统的有效性。Schroeder 等[7]使用 Web 技术对数字孪生测试可视化。Yang 等[8]提出了一种将真实车辆和虚拟车辆结合的多车辆试验数字孪生方法，以弥补多车协同技术验证中真实车辆数量不足的问题。Wang 等[9]设计了一种基于端到端的数字孪生系统，利用路边单元和边缘计算来捕获现实世界的交通信息，在云端对其进行处理以创建数字孪生模型。

低延时通信技术可以在车辆和数字孪生虚拟测试场景之间进行互联同步，实现现实世界和虚拟世界通信[10]。在自动驾驶汽车整车在环测试中，通过使用 CAN 通信、传输控制协议/网际协议(transmission control protocol/internet protocol，TCP/IP)通信，可以向测试车辆发送场景信息，并提供道路虚拟测试功能，实现现有物理空间和数字空间之间的数据流在两个方向上的集成[11]。中国信息通信技术研究院在数字孪生自动驾驶测试系统中通过 V2X 通信实现了传感器数据上传和虚拟场景信息传递[12]。Ge 等[13]提出了一种三层测试架构，使用 4G/5G 网络在虚拟和物理之间建立通信链路，使用 LTE-V2X 技术收集车辆信息和道路信息。

当前，国内外在自动驾驶数字孪生测试技术的基本框架和组成要素方面不断完善，取得了一定的研究成果。目前形成如下发展趋势：

(1) 关注在实车数量不足的情况下低延迟通信和高精度建模多车协同测试；

(2) 探寻在增强现实基础上的模拟测试系统的大规模体系结构和高效率场景生成；

(3) 实现基于数字孪生自动驾驶测试的统一化通信协议；

(4) 使用高真实度的汽车动力学模型，对车辆行为进一步细化；

(5) 通过增强现实技术、驾驶模拟器等提高人机交互的沉浸感，为虚拟测试提供可视化操纵。

3.3.1　数字孪生模型实现方法

数字孪生测试平台的核心目标是通过精确的物理和虚拟模型融合，提供自动驾驶汽车整车在环测试的真实模拟环境。为了实现这一目标，本节首先在物理架构的设计上进行创新，利用传统的汽车综合性能检测台并结合自动驾驶汽车的特殊需求，研发适用于自动驾驶汽车的整车在环测试系统。该系统能够针对不同的测试需求，精确地模拟和验证自动驾驶汽车在多种场景下的行为和性能表现。

物理架构层不仅是硬件设备的支撑，还通过集成多种传感器和执行器，为数字孪生平台提供了必要的物理信息反馈。在这一架构中，车辆动力学模型、传感器数据采集，以及控制系统的实时数据，都是平台运作不可或缺的部分。通过这些硬件的协同作用，数字孪生平台能够实现虚拟与现实的高效对接，进一步提升测试数据的可靠性和实时性。

在接口层，数字孪生平台通过建立车辆动力学模型与测试场景的物理模型的耦合关系，确保了虚拟测试环境和现实被测自动驾驶车辆的同步。这一层的关键在于如何通过车辆控制总线(如 CAN 总线和以太网)实现高效的信息交换与数据同步。当测试车辆的运动状态发生变化时，系统能够即时传递车辆的动态数据，包括车身姿态、速度、加速度等信息，并通过 CAN 总线将其传输至虚拟场景，进而更新虚拟场景中的车辆位置信息和状态。

同时，虚拟场景的数字架构为现实测试提供了精准的数字化映射，涵盖了从静态到动态的各类测试场景。这些场景不仅包括典型的城市道路、高速公路等常见交通环境，还包括突发情况和非典型的驾驶场景，如交通事故、突发天气等，这些数据能为自动驾驶系统提供全面的测试数据支持。通过在虚拟环境中的准确模拟，平台能够让被测车辆在多种环境条件下进行验证，评估其自动驾驶算法、环境感知、决策执行等多方面的表现。

平台的通信网络系统在虚拟与物理世界的连接中发挥着至关重要的作用。通过 CAN 总线和以太网的分布式通信架构，系统能够高效地处理从真实车辆到虚拟测试平台的数据传输与反馈。在接收到真实车辆的运行数据后，车辆的运动学模型和动力学模型将对车身姿态进行实时反解，从而精确地把握车辆的运动状态，并通过网络及时更新到虚拟场景中。同时，虚拟车辆的传感器模型所采集的数据也能够通过以太网实时反馈给真实车辆，供自动驾驶车辆进行实时决策与预测。这一闭环反馈机制的实现，使得数字孪生平台能够为自动驾驶汽车提供更加精准的仿真测试，进一步推动自动驾驶汽车技术的安全性与可靠性测试。

基于以上数字孪生技术，目前长安大学赵祥模教授团队搭建了包含多种典型自动驾驶传感器设备，以及多智能体协同交互的数字孪生平台，平台可以满足复杂交通场景的高精度数字孪生和低时延的车-车交互、车-路交互。表 3.3 是数字孪生平台中包含的传感器设备信息。

表 3.3　自动驾驶汽车典型车载传感器信息

序号	传感器类型	工作原理	通信接口	通信协议
1	单线激光雷达	单个激光束旋转扫描	以太网接口	TCP/IP
2	多线激光雷达	多个激光束同时旋转扫描	以太网接口	UDP
3	视觉传感器	视觉感知成像	以太网/USB 接口	TCP/IP USB
4	双目摄像头	视觉感知成像、三维空间构建	以太网/USB 接口	TCP/IP/USB
5	毫米波雷达	电磁波反射及成像分析	CAN 总线	CAN
6	超声波雷达	超声波反射及距离计算	CAN 总线	CAN
7	组合导航	卫星测距定位	串口	NMEA

注：USB 指通用串行总线，UDP 指用户数据报协议，NMEA 指国家海洋电子协会制定的通信协议。

3.3.2　数字孪生场景交互方法

在自动驾驶汽车的数字孪生虚拟测试中，虚拟传感器模型、车辆动力学模型、车辆运动学模型是至关重要的组成部分，它们共同决定了虚拟场景和被测车辆之间真实可靠的信息交互。这些交互不仅仅是为了模拟交通环境，更是为了让虚拟场景中的行为能够与现实世界的表现相一致，从而提供高效、准确的测试结果。

虚拟传感器模型是被测车辆在虚拟场景中获取环境信息的唯一来源。它们通过模拟真实传感器的工作原理，生成与现实世界环境接近的感知数据。这些虚拟传感器模型主要包括视觉传感器、毫米波雷达、激光雷达等。虚拟传感器模型的保真度和准确性对于测试结果至关重要，因为它们是系统感知外部环境的基础。

在虚拟测试场景中，传感器必须能够捕捉并反映出交通环境的各种变化，如车辆、行人、路标、障碍物等的动态信息。在真实测试中，传感器的数据往往会受到各种噪声、光照变化、天气条件等因素的影响，因此虚拟传感器模型在建模时，必须尽可能模拟这些环境变化，确保所生成的数据与现实相符。例如，光照强度的变化会影响摄像头的视觉感知，而雨雪天气会对激光雷达和雷达数据产生干扰。在虚拟测试场景中，这些因素都需要被考虑并精确建模。

此外，传感器的通信延迟和数据丢失情况也需在虚拟测试中得到体现。传感器的数据传输延迟会影响车辆的决策时间，尤其是在高速行驶或紧急制动情况下。如果虚拟传感器模型的延迟未能准确反映现实中的情况，那么测试结果可能会过于理想化，无法有效模拟真实世界中的复杂场景。

与虚拟传感器模型相辅相成的是车辆的动力学和运动学模型，它是虚拟场景中数字孪生体运动状态确定的基础。车辆的动力学模型通过模拟实际车辆的运动规律，确保被测车辆在虚拟场景中的行为符合真实世界中的物理特性。动力学模型的准确性直接影响车辆在各种驾驶场景中的表现，如加速、制动、转弯等。

高精度的车辆动力学模型需要综合考虑多个因素，包括车辆质量、轮胎与路面的摩擦力、空气阻力、重心位置、转向系统、悬挂系统等。这些因素在车辆运动过程中会产生不同的影响，从而决定了车辆的转弯半径、加速性能、制动距离等关键参数。例如，在模拟车辆急转弯时，动力学模型必须考虑侧向力对轮胎的作用，以便准确模拟车身的倾斜和转向性能。如果动力学模型不够精确，车辆在虚拟场景中的表现就会与真实情况产生偏差，进而影响测试的可信度。

在自动驾驶测试中，不同的场景往往对车辆的动力学提出了不同的要求。例如，在城市街道的测试场景中，车辆需要频繁加速、减速和转向，而在高速公路场景中，车辆更多是以恒定速度行驶，并伴随着高速行驶下的紧急制动或避障动作。这就要求动力学模型能够动态调整其参数，以适应不同的驾驶环境。

1. 高保真虚拟传感器模型

关于自动驾驶典型传感器的建模方法将在第 4 章详细阐述,本节仅进行概述。传统虚拟仿真测试场景通常集中于评估自动驾驶的准确性,多采用基于真值(即正常功能)的传感器模型。然而,基于真值的传感器模型难以准确反映传感器信号在空间中的传播特性,也无法充分表现出环境条件对传感器性能的影响。在本节中将针对毫米波雷达的电磁波、相机中的可视光线、激光雷达的近红外光等的反射特性(包括散射、镜面反射等)以及透射特性进行物理建模。此外,通过利用先进的试验仪器和测量技术,建立受雨、雾、复杂光等环境因素影响的实际现象的物理模型, 如图 3.5 所示。基于这些模型,将传感器所感知的空间传播特性准确地反映在基于物理原理的虚拟传感器模型中,从而为自动驾驶系统数字孪生虚拟测试场景的设计和优化提供更为精确的支持。

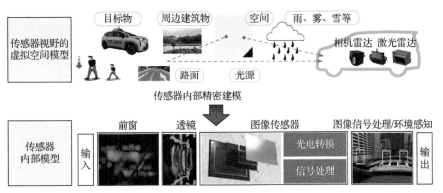

图 3.5 传感器模型

1) 虚拟毫米波雷达模型

毫米波雷达是一种建模难度较大的传感器,为了准确模拟其特性,根据电磁波在不同目标上的反射行为定义了三种反射模型,应根据目标类型选择适用的模型。具体而言,对于车辆、行人等较小的物体,采用散射体模型;而对于建筑物、路面等大型物体,则使用反射体模型。此外,为了提高解析效率,在物体模型中预先定义了包括 RCS 在内的三种复合模型, 如图 3.6 所示。

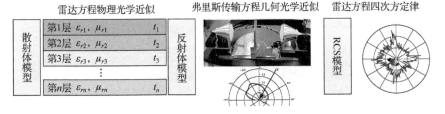

图 3.6 毫米波雷达反射模型

2) 虚拟激光雷达模型

激光雷达由于其使用的近红外光具有较强的方向性,因此相对容易进行建模。图 3.7 所示的激光雷达模型能够通过 360°扫描功能,对背景光等环境干扰进行有效评估。在此处通过精确模拟激光雷达的近红外光扫描特性,详细再现了近红外光的扩散效应、背景光(如太阳光)的影响等因素。通过这种精确的建模方法,虚拟激光雷达能够实现与实际现象高度一致的模拟效果。

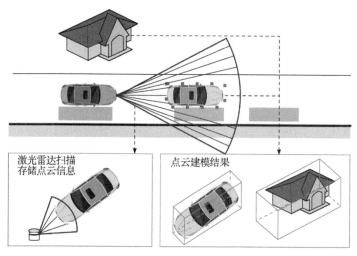

图 3.7　激光雷达建模示意图

3) 相机模型

在虚拟相机模型中,互补金属氧化物半导体(complementary metal-oxide-semicondutor,CMOS)等传感器并未直接提供影像的三原色 RGB 输出,而是对输入光谱特性进行了模拟。太阳光被归纳为天空模型,可以通过输入的时间和经纬度来精确模拟太阳光的来源。此外,还可以对物体模型定义详细的反射特性,以实现与实际现象高度一致的真实影像模拟,效果如图 3.8 所示。

缺少颜色和质感,整体显得单调乏味　　　　　精确重现色彩、反射强度以及透明质感

(a) 无物理属性　　　　　　　　　(b) 添加物理属性

图 3.8　目标物体反射特性的影响

这种模拟方式可再现如隧道中的黑暗场景以及接近出口时强烈太阳光背光的弱点场景确保在高动态范围(high dynamic range，HDR)虚拟相机模型中，具有足够的可视性，并可以验证其识别能力，如图 3.9 所示。

(a) 普通模式　　　　　　　　　　　　　(b) HDR模式

图 3.9　HDR 相机效果验证

2. 车辆运动学模型

1) 阿克曼转向原理

关于高精度的车辆动力学建模方法将在第 8 章详细阐述，本节重点介绍基于阿克曼转向原理的车辆运动学模型。阿克曼转向原理是一种用于汽车转向系统设计的基本原理，它确保车辆在转向时，所有车轮能够按照期望的路径进行转动，从而实现最佳的转弯性能和稳定性。在车辆转弯时，内侧车轮和外侧车轮需要沿不同的半径转动，才能保证它们都能够按照预期的轨迹运动，避免车辆在转弯时出现侧滑或者转向不足的情况。

本节将自动驾驶车辆简化为自行车模型，即将车辆的左前轮和右前轮简化为唯一的等效前轮，将车辆的左后轮和右后轮也简化为唯一的等效后轮，这样依靠等效前轮的角速度就可以得出等效前轮转角，通过等效后轮的速度就可以得出前轮的行驶速度。

L_w 是车辆轮距，L 是车辆轴距，车辆外侧轮胎转角是 δ_O，车辆内侧轮胎转角是 δ_I。由几何关系可知两者满足：

$$\begin{cases} \cot\delta_I \approx \dfrac{R - \dfrac{L_w}{2}}{L} \\[4mm] \cot\delta_O \approx \dfrac{R + \dfrac{L_w}{2}}{L} \end{cases} \tag{3.10}$$

将式(3.10)中的 $\cot\delta_I$ 和 $\cot\delta_O$ 相加得式(3.11)，其中 δ 为等效前轮角，即

$$\cot\delta_I + \cot\delta_O = 2\cot\delta \tag{3.11}$$

将式(3.10)代入式(3.11)中得等效前轮角 δ 为

$$\delta = \arctan \frac{L}{R} \tag{3.12}$$

2) 车辆运动学模型构建

本部分建立基于二自由度自行车模型和阿克曼转向模型的车辆运动学模型。(x_f, y_f)、(x_r, y_r)分别为车辆前后轴中心坐标，L为车辆轴距，L_f为车辆前悬长度，L_r为车辆后悬长度。对车辆左前轮角和右前轮角取均值，可以得到简化的自行车模型，其中δ_f是车辆前轮角，θ是车辆横摆角，v_r为自行车模型中的车辆后轴速度。从而可知车辆后轴速度v_r在X、Y坐标下的速度分量为

$$\begin{cases} \dot{X}_r = v_r \cos\theta \\ \dot{Y}_r = v_r \sin\theta \end{cases} \tag{3.13}$$

根据式(3.13)车辆非完整性约束有

$$\begin{cases} \dot{X}_f \sin\theta - \dot{Y}_r \cos\theta = 0 \\ \dot{X}_f \sin(\theta + \delta_f) - \dot{Y}_r \cos(\theta + \delta_f) = 0 \end{cases} \tag{3.14}$$

简化后的前后轴中心坐标关系为

$$\begin{cases} X_f = X_r + L\cos\theta \\ Y_f = Y_r + L\sin\theta \end{cases} \tag{3.15}$$

结合式(3.13)和式(3.15)，计算出横摆角速度为

$$\dot{\theta} = \frac{v_r}{L} \tan\delta_f \tag{3.16}$$

结合式(3.13)和式(3.16)可以得到车辆运动学模型为

$$\begin{bmatrix} \dot{X}_r \\ \dot{Y}_r \\ \dot{\theta} \end{bmatrix} = \begin{bmatrix} \cos\varphi \\ \sin\varphi \\ \tan\dfrac{\delta_f}{L} \end{bmatrix} v_r \tag{3.17}$$

3.4 基于航拍的大范围虚拟测试场景构建方法

为了创建能够准确模拟现实世界的虚拟测试场景，航拍技术，尤其是无人机倾斜摄影，发挥了至关重要的作用。这种技术不仅能够提供高分辨率的地面图像，

还能够通过捕捉不同角度的图像数据来生成详细的三维模型，为自动驾驶系统的测试和评估提供真实且复杂的虚拟测试场景。

随着自动驾驶技术的不断进步，人们对测试场景的需求也在不断提高。传统的二维地图或简单的三维模型已无法满足现代自动驾驶系统对环境细节和复杂度的要求。因此，基于无人机倾斜摄影的三维重建技术成为构建高精度虚拟场景的一个重要手段。这项技术通过无人机从多个角度和高度拍摄地面图像，再结合先进的计算机视觉和图像处理算法，生成高度逼真的三维场景。这样的场景不仅可以模拟复杂的地理环境，还能够复现各种交通条件，为自动驾驶系统的算法测试提供了丰富而真实的数据支持。

为了确保虚拟场景的质量和准确性，需要对无人机的飞行参数进行精细规划。这些参数主要包括飞行高度、影像重叠度、摄像头的俯仰角度，以及拍摄方向等。通过合理设计这些参数，可以有效提高重建模型的精度，并减小重建误差。然而，即便有了高质量的图像数据，如何将这些数据转化为高效且视觉效果优良的三维场景仍然是一项挑战。在这一过程中，渲染优化技术的应用显得尤为重要。渲染优化不仅影响到虚拟场景的视觉表现，还直接关系到虚拟传感器模型输出的数据精度和整车在环测试的整体效果。

渲染优化方法涉及多个方面，包括光影渲染技术的配置、多细节层次显示的引入以及遮挡剔除技术的应用等。通过这些技术的综合运用，可以显著提升三维模型的显示效果，同时减轻系统的计算负担。例如，先进的光影渲染技术可以模拟现实世界中的光照变化，从而使虚拟场景中的光影效果更加自然真实。多细节层次显示技术则能够根据视点的不同动态调整场景的细节层次，提高渲染效率。遮挡剔除技术则有助于去除视野中不可见的部分，从而减少不必要的计算和渲染开销。

本节详细探讨两方面的内容：首先是倾斜摄影三维重建的原理和应用，其次是三维重建过程中的渲染优化方法。通过这两方面的深入分析，全面介绍如何利用无人机倾斜摄影技术和渲染优化技术来构建高质量的大范围自动驾驶虚拟测试场景，为自动驾驶系统的开发和测试提供强有力的支持。

3.4.1 倾斜摄影三维重建原理

在倾斜摄影三维重建的应用中，无人机倾斜摄影技术被广泛用于采集高质量的图像数据。这项技术依赖于精确的飞行参数规划和设计，以确保模型的精度和减小重建误差。本节使用无人机倾斜摄影技术进行重建图像的数据采集，为达到较高的模型质量和较小的误差，需对下列飞行参数进行规划设计：无人机飞行高度、沿航向的影像重叠度(航向重叠度)和沿旁向的影像重叠度(旁向重叠度)、摄像头的俯仰角度和拍摄方向。

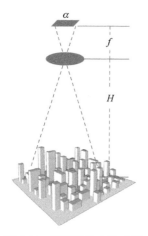

图3.10　照相机的小孔成像原理

图片分辨率对模型质量有重要影响,它表示了每个像素对应的实际地面面积。相机传感器参数、无人机航高都会影响图片分辨率,根据照相机的小孔成像原理,如图 3.10 所示,可得到图像分辨率 D 与其他参数的关系:

$$D = \frac{\alpha_p H}{f_{ca}} \tag{3.18}$$

其中, α_p 为相机传感器每一个像素的尺寸; f_{ca} 为相机镜头焦距; H 为飞行高度。一般飞行高度选择在 50~200m,在确定不存在建筑物阻挡的前提下,选择尽量低的飞行高度以保证影像质量,同时也会增加照片数量。

航向重叠度定义为:按照无人机飞行航线顺序采集所得的前后相邻图像的内容在地面投影的重叠率,如图 3.11(a)所示。若传感器宽度为 w_{se} ,则其在地面的投影宽度 W_{proj} 为

$$W_{proj} = \frac{w_{se} H}{f_{ca}} \tag{3.19}$$

前后曝光间距记为 M_{exp} ,据式(3.19)可得航向重叠度 R_{cou} 为

$$R_{cou} = \frac{W_{proj} - M_{exp}}{W_{proj}} \tag{3.20}$$

旁向重叠度则是计算相邻飞行航线两幅图像的内容在地面投影的重叠率,如图 3.11(b)所示。传感器长度记为 l ,在地面的投影长度记为 L_{len} ,则有

$$L_{len} = \frac{lH}{f_{ca}} \tag{3.21}$$

相邻航线间距记为 N_{dis} ,可得旁向重叠度 R_{sid} 为

$$R_{sid} = \frac{L_{len} - N_{dis}}{L_{len}} \tag{3.22}$$

按照航空摄影规范,为保证影像质量合格,航向重叠度应为 60%以上,旁向重叠度应为 15%以上,在存在较高建筑物的情况下,实际拍摄高度将减小,重叠度会受到一定影响,因此应保证较高的重叠度,将航向重叠度设置为 75%以上,旁向重叠度设置为 60%以上。

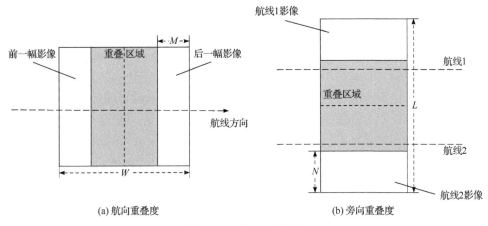

图 3.11　两类重叠度含义

在建立虚拟测试场景时，使用的核心软件为 Bentley 公司的 Context Capture。作为主流的建模软件，其运用了许多三维重建技术，实现了使用无人机航空摄影图像构建高分辨率、高质量的大型场景三维建筑模型，相比于传统的使用 3DS Max 等软件进行手动建模、贴图，节省了大量的时间，明显降低了工作复杂度，具有可观的运用价值。

三维重建技术通过对真实世界的实物进行图像采集，通过计算机处理捕获图像中的坐标点信息、空间结构信息，从而计算、模拟出现实的物体、场景的空间结构、颜色、纹理等数据。三维重建又分成三种主要类别，分别是多视图重建、RGB-D 深度相机重建、深度学习方法重建。其中多视图重建不需要复杂的设备，算法成熟，是当前工程应用中使用的主流手段。

多视图重建主要包括六个子过程：图像采集、摄像机姿态解算、稀疏重建(structure from motion，SFM)、稠密重建(multi-view stereo，MVS)、网格匹配和纹理映射。

图像采集：此过程使用摄像机获取要进行重建的环境的二维图像。拍摄过程中，每幅图像应包含镜头焦距、传感器尺寸、摄像机空间位置等相机参数，同时应保证光照强度、曝光数据一致。高清晰度、参数统一的图像集合是正确、快速姿态解算的先决条件。

摄像机姿态解算：也称为摄像机标定。预先对图像进行消除畸变(由广角镜头造成的)处理，后使用针孔相机模型，将焦距、倾斜角度、平移量等参数输入 3×4 的投影矩阵[14]，而任何投影矩阵都可分解为一个由相机固有特性的 3×3 矩阵(内参矩阵)和一个包含位置信息的 3×4 矩阵(外参矩阵)。通过投影矩阵，可获取拍摄每幅图像的摄像机空间位置，进而计算出真实世界的点在二维像素的投影。

　　稀疏重建：该过程通过计算模拟相机运动，从而生成表征场景空间结构的点云集合。稀疏重建分为特征点提取与匹配、三角测量等步骤。首先在每幅图像中搜索与其他图像的相似点与不同点，提取它们并抽象为特征描述符，使用最近邻算法在高维空间寻找相似图片描述符[15]，估计出各个图像的对应点，获取三维点在不同图像的像素坐标。然后进行三角测量，通过第一步的二维坐标恢复真实场景中的三维点位置，如图 3.12 所示。最后，进行约束调整，即同时将三维点的坐标和内参进行非线性最小二乘的误差最小化。经过稀疏重建，输出三维场景的由图像匹配点组成的稀疏点云。

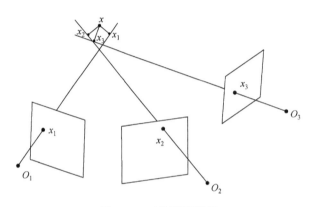

图 3.12　　三角测量原理

　　稠密重建：该过程实现各幅图像几乎所有像素点的三维映射匹配。稠密重建算法有三种不同的思路，分别是基于体素的稠密重建、基于特征点扩散的稠密重建、基于深度图像融合的稠密重建[16]。其中第三种思路适用于大规模场景，点云空洞少、误差低，因而被广泛使用。为了进行深度图像融合，首先要为每一幅图像确定它的邻近图像，组成立体图像组。然后计算每幅图像上每个像素点的深度值，具体实现过程称为极线几何约束搜索，在两个不同视角的图像中，一幅图像的一点在另一幅图像中形成一条不同点连接的线，称为极线，经过三角测量后，可计算出该点的深度信息。而判断点是否在极线上的方法为光度一致性约束。接着通过宽度优先搜索，进行空间结构深度信息的生成。最后，生成三维的稠密点云。

　　网格匹配：该过程实现从点云集合到平滑封闭表面的变换。通过计算物体表面的梯度向量，构建对应的向量场，进而提取表面的三角网格，生成平滑的曲面轮廓。

　　纹理映射：根据之前流程计算出的摄像机姿态、图像点深度信息，筛选最佳映射的图像，并对轮廓进行贴图，最终具备实物的颜色、纹理等细节特征。

3.4.2　三维重建渲染优化方法

在三维重建过程中，渲染优化是提升视觉效果与系统性能的关键环节。通过配置先进的光影渲染技术，引入多细节层次显示以及应用遮挡剔除技术，可以显著提升三维重建的显示效果，同时优化系统的运行效率。这些优化方法不仅增强了视觉体验，还减少了不必要的渲染负担，从而使系统能够在较低配置的计算机上流畅运行。

具体来说，光影渲染技术通过模拟真实光源和阴影效果，使得三维场景更具现实感和深度感。多细节层次显示技术则根据观察距离自动调整模型的细节级别，从而在保证细节展示的同时减少远景部分的计算量。遮挡剔除技术则通过排除视野之外的对象，避免了无效的渲染操作，进一步提升了渲染效率和性能。综合应用这些优化方法，不仅提升了三维重建的视觉质量，还有效降低了系统的资源需求。即便在性能较低的计算机上，也能够实现流畅的三维场景展示。

1. 光影渲染

在游戏引擎中，光影对虚拟场景的仿真效果影响较大，相较于材质的配置，不同质量的光影渲染会给使用者带来最直观的视觉体验差别，如图 3.13 所示，两图为同一系统时间段、同一光照强度下的默认渲染(图 3.13(a))与二次渲染(图 3.13(b))对比，图 3.13(a)光照产生了明显的失真，且几乎没有阴影效果，图 3.13(b)经过简单配置已经具有较为真实的光影效果，显示更加自然。除此之外，适当的光影配置可以减少运算负担，提高系统运行速度。

(a) 内置渲染效果　　　　　　　　　　　　　　(b) 高清渲染管线渲染效果

图 3.13　不同光影效果对比

在 Unity 引擎中，有三种官方提供的渲染管线，分别是内置渲染管线、通用渲染管线和高清渲染管线。内置渲染管线是默认的渲染管线，可自定义的渲染参数较少，对性能要求最低，支持最多的运行平台，如 Windows、安卓、iOS 等；通用渲染管线可通过渲染管线编程实现更多功能，且内置更多材质和着色器；高清渲染管线提供最高精细度的色彩输出，开发自由度最高，且内置丰富的光照和材质预设，具备高保真的渲染效果，暂不支持安卓和 iOS 平台。本节使用高清渲染管线渲染。

首先配置高清渲染管线文件，将设置中的着色器数量改为 9，添加 Video Composite、Video Decode、Compositing 三个 Shader 文件。然后在默认设置中配置 Volume 和 Frame，前者定义了每一个渲染模式在场景中的空间作用范围，后者为不同摄像机提供不同的渲染参数。

其次是光照设置。引擎中的光照按功能可以划分为直接光照、环境光照和间接光照。第一类是直接发射光线的对象，按照方向、强度变化又分为直射、探照、点、面。例如，本项目中的太阳光、月光以直射光源设置，汽车大灯和尾灯以点光源设置、远光灯以探照源设置。环境光照是对整个场景配置提供色彩照明的漫反射光，它影响着场景的基本色调和氛围。间接光照本身不产生光源，它定义了物体反射光源时的各种特性。为兼顾显示效果与性能，将 Enviro 的直射光照模式改为混合，即综合了实时渲染和烘焙贴图。将静态模型的环境光以烘焙模式渲染，完成烘焙后，光照效果会以贴图形式附加在模型表面。

最后进行材质编辑，对于场景中的静态模型，使用高清渲染管线中的 Lit 着色器，表面设为不透明，金属度设为 0，平滑度设为 0.1，这样便表现出类似真实世界路面的低反射效果。对于车辆模型，为其添加反射探针，可以将场景环境进行反射，实现更真实的表面反射效果，对比如图 3.14 所示。在进行配置时，将反射探针的形状设为球形，半径为 10，采用实时渲染。将探针置于汽车模型的子物体，并修改汽车模型的贴图材质，同样使用高清渲染管线的着色器，更改金属度为 0.5、平滑度为 0.8～1。至此，即可产生如图 3.14(b) 所示的光滑镜面反射效果。

(a) 未添加反射探针　　　　　　　　　　　　(b) 添加反射探针

图 3.14　未添加与添加反射探针的对比

2. 多细节层次显示

整车在环测试系统在运行时，需要加载大量地图，若不加优化，对于不同性能的计算机，在运行时会有明显的性能差异，为了增加运行速度，对系统进行了性能优化，减少不必要的运行计算流程和中央处理器(central processing unit, CPU)

负担。本节介绍多细节层次(level of detail，LOD)显示工作。

在使用三维重建技术制作场景模型时，按照不同的三角面和顶点数量、不同的贴图质量，分别构建了多组不同精细度的模型。精细度越高，系统加载时间越长，渲染计算量越大。因此，根据摄像机与模型的距离、画面的质量，按照一定规则选择不同精度的模型显示在画面中，此时，系统内存储多组模型与贴图，牺牲部分内存换取更快、更流畅的运行速度。

本节使用三层 LOD，导入三组不同精细度的汽车试验场模型，并将它们以同样的位置重叠放置。创建 LOD 组，将三组模型设置为 LOD 组的子对象，为 LOD 组对象添加组件，如图 3.15 所示。

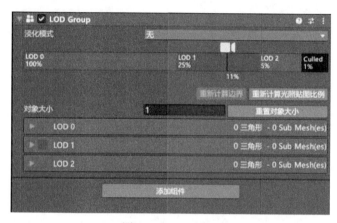

图 3.15　LOD 设置

拖动 LOD 0、LOD 1、LOD 2 之间的边界，可以改变摄像机距离变化与模型变化的临界参数，随着主视角远离目标模型，渲染精细度会逐渐下降，如图 3.16 所示。

(a) 近距离　　　　　　　　　　(b) 中距离　　　　　　　　　(c) 远距离

图 3.16　不同距离的精细度变化

3. 遮挡剔除

在实际运行中，对于大型场景，主车视角下有许多建筑物和道路存在前景遮挡，但由于引擎中距离较远的建筑先被渲染，较近的建筑后被渲染，若其在视野中遮挡了先前被渲染的建筑，那么此时被遮挡的物体渲染与否对显示效果不会产生影响，但增加了工作量。因此，可以使用遮挡剔除技术，提前烘焙出视野中被覆盖的物体，不在场景中加载。

首先，在窗口界面创建遮挡剔除，然后在 Occlusion 视窗中框选遮挡剔除区域 (occlusion area)，其需要将所有模型包裹，如图 3.17 所示。再将遮挡剔除区域设为静态。

图 3.17　遮挡剔除区域

接着在烘焙中调整参数，如图 3.18 所示。"最小遮挡物"代表了场景中能被作为遮挡体的最小尺寸；"最小孔"代表能够被视觉穿透的最小孔洞的尺寸，小于该尺寸将被视为遮挡；"背面阈值"是位置处在摄像机背面的物体的显示配置。

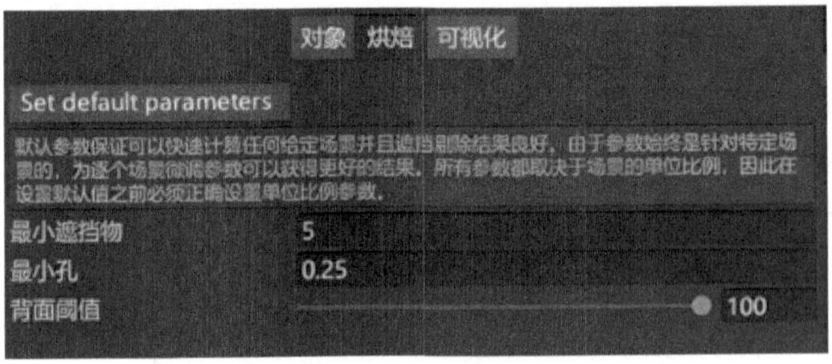

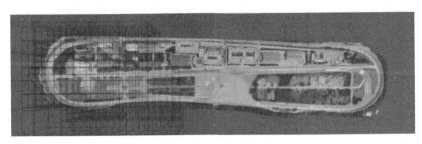

图 3.18　烘焙参数

烘焙过程如图 3.19 所示，蓝色区域为已烘焙区域。

图 3.19　烘焙过程

完成烘焙后，移动摄像机位置时渲染效果如图 3.20 所示，带有坐标轴的立方体为摄像机位置，白色边界的锥形体为摄像机的视野范围，右侧上方为摄像机画面预览，可见，通过遮挡剔除，明显降低了渲染时的工作量，优化了系统性能。

图 3.20　移动摄像机时的渲染效果

3.5　基于手持设备的精细化场景要素建模方法

随着科技不断进步，手持设备的技术也在飞速发展，使得基于这些设备的场景建模变得愈加精细和高效。现代手持设备通常集成了多种高精度传感器，包括激光雷达、深度摄像头和惯性测量单元。这些传感器能够收集高密度和高精度的环境数据，为三维场景建模提供了丰富的信息基础，进而实现对现实世界的精细数字化重建。

激光雷达作为一种重要的传感器，能够准确测量环境中物体的距离，生成稠密的三维点云数据。深度摄像头则补充了场景的深度信息和纹理细节，为点云数据提供了丰富的视觉数据。惯性测量单元则记录了设备在空间中的姿态和运动轨迹，帮助校准和优化点云数据的空间位置。这些传感器的协同工作，使得手持设备能够在各种复杂的环境中进行高精度的三维建模，实现对环境的全面感知和重建。

然而，尽管手持设备在数据采集方面具有显著优势，但如何高效且准确地处理和融合这些多源数据，进行精细化的场景要素建模，依然是面临的主要技术挑战。大规模的三维建模任务通常涉及大量的点云数据，这些数据不仅来自不同的传感器，还可能受到噪声和误差的影响。如何开发高效且鲁棒的算法来处理这些数据，并准确提取和表示场景中的各种要素，是当前研究的热点。

为了应对这些挑战，本节将重点介绍两种关键技术：基于正态分布变换(normal distributions transform，NDT)算法的三维激光匹配方法和融合视觉里程计的场景要素赋色方法。NDT 算法通过将点云数据转化为概率分布模型，实现高效的点云配准，解决了数据配准中的核心问题。融合视觉里程计的场景要素赋色方法则通过分析相机图像序列估计设备的运动轨迹，并将这一位姿信息与点云数据融合，实现精细的场景要素赋色，从而提升了建模的视觉效果和整体精度。

NDT 算法的引入不仅提高了点云配准的效率和准确性，还增强了系统对环境变化的适应能力。通过对点云数据的局部区域进行正态分布建模，NDT 算法可以在面对大规模和复杂环境时，提供高精度的配准结果，确保了数据的高效整合。而视觉里程计技术则通过将图像中的颜色信息映射到点云数据中，为场景赋予真实的视觉效果，增强了模型的细节表现和可视化效果。这两种技术的结合，使得基于手持设备的场景建模能够在精度、效率和视觉效果上达到新的高度，为各类智能系统和应用提供了强大的技术支持。

此外，为了进一步提升建模的精细度和准确性，近年来还出现了一些新的技术进展。例如，基于深度学习的点云处理技术逐渐受到关注，通过训练深度神经网络来自动识别和分类点云中的各种结构和物体，从而实现更为智能化的场景分析和要素提取。这些技术的融合和应用，不仅使得场景建模更加智能化和自动化，还为实际应用提供了更为丰富和多样的解决方案。

此外，随着计算能力的提升，实时处理和建模也成为可能。实时的场景建模不仅能够提供即时的环境反馈，还能在动态环境中进行持续的建模和更新。这对增强现实、虚拟现实以及机器人导航等应用领域具有重要意义。未来的发展方向将继续聚焦于如何优化算法、提升处理速度，并增强设备在各种环境下的适应能力，以满足更为复杂和多变的应用需求。

3.5.1 基于正态分布变换算法的三维激光匹配方法

NDT 定位技术是一种基于点云概率密度函数的先进配准和定位方法，因其高效性和准确性广泛应用于自动驾驶、机器人导航、计算机视觉等多个领域。点云数据的精确配准对于整车在环测试系统的安全性和鲁棒性至关重要，因为这些系统依赖于实时且精确的环境感知来进行导航、避障和决策。而 NDT 定位技术提供了一种创新的方法来处理和分析这些复杂的数据集，使得点云数据的配准过程更为高效和可靠。

点云是由大量三维坐标点组成的数据集合，每一个点都表示三维空间中的一个具体位置。点云数据的获取通常依赖于激光雷达或三维摄影技术(如结构光、立体视觉等)。激光雷达通过发射激光束并接收反射信号来获得物体表面的距离信息，而三维摄影技术则通过捕捉多个视角的图像来生成三维点云数据。这些点云数据不仅包含空间坐标，还可能包括颜色、反射强度等附加信息。点云数据的质量直接影响到高精度地图的构建。在整车在环测试领域，高精度地图是实现精准导航和安全驾驶的基础，是被测车辆环境信息输入的载体。这些地图通过对大量点云数据的处理、融合和优化，形成了详细的道路信息、交通标志、车道线等信息。高精度地图不仅要求点云数据的空间分辨率高，还要求数据的准确性和一致性得到保障。

激光点云配准是将两个或多个点云数据集所在的坐标系进行匹配，以获得它们之间的最佳转换参数，使得配准后的点云之间的误差最小化。配准的目标是在源点云(待配准的点云)与目标点云(参考点云)之间找到最佳的相对位置和姿态关系。为实现这一目标，点云配准面临以下几个挑战。

(1) 特征匹配：如何在源点云和目标点云之间找到对应的特征点，以便进行准确的配准。特征点通常包括边缘点、角点等，这些点在不同的点云数据中具有较好的对应性。

(2) 优化问题：如何优化点云之间的配准误差，找到最佳的变换参数。常用的方法包括最小二乘法、迭代最近点算法等，这些方法通过最小化点云之间的误差来求解变换参数。

(3) 鲁棒性：如何处理点云数据中的噪声、缺失值以及其他不规则点。点云数据常常受到环境因素的影响，导致数据缺失和错误。

NDT 定位技术作为一种基于概率分布的方法，通过将点云数据转化为高斯分布，并在高精度地图中寻找最佳匹配的数据集，来解决这些问题。

NDT 定位技术的核心思想在于将目标点云分为若干个网格(三维空间在二维空间上的投影)，计算每个网格的多维正态分布及其概率密度函数，当处于相同坐标系下的源点云进入时，根据正态分布参数计算源点云每个网格在对应网格中的概率，累计所有源点云网格中的概率 P，当概率 P 达到最大时就得到了最优的匹配关系，即源点云与目标点云之间的相对位姿关系。具体来说，NDT 算法的步骤如下。

1. 目标点云的网格化

将目标点云数据分为若干个网格，每个网格对应三维空间中的一个小区域。网格化的目的是将点云数据的空间分布信息转化为更易于处理的形式。网格的大小和数量可以根据应用场景的需求进行调整。较大的网格可以减少计算量，但可能会降低精度；较小的网格则可以提高精度，但计算量会增加。对于每个网格内的点，计算其概率密度函数。假设网格内的点服从高斯分布，那么可以用均值和协方差矩阵来描述该分布。具体而言，对于网格内每一个点计算其概率密度函数，如式(3.23)用来计算每一个网格中点云数量的均值 q_{avg}，其中 x_i 代表网格中的第 i 个点。

$$q_{\mathrm{avg}} = \frac{1}{n}\sum_i x_i \tag{3.23}$$

计算每个网格的协方差矩阵，即每个网格中的分布离散情况，如式(3.24)所示：

$$\Sigma = \frac{1}{n} \sum_i \left(x_i - q_{\text{avg}} \right) \left(x_i - q_{\text{avg}} \right)^{\text{T}} \tag{3.24}$$

计算每个网格的概率密度函数，如式(3.25)所示：

$$f(x) = \frac{1}{(2\pi)^{3/2} \sqrt{|\Sigma|}} e^{-\frac{(x - q_{\text{avg}})' \Sigma^{-1} (x - q_{\text{avg}})}{2}} \tag{3.25}$$

2. 源点云的配准

源点云中的每个点需要投影到目标点云的网格中，并计算每个点在目标网格中的概率。通过计算源点云每个点在目标网格中的概率密度函数，可以获得源点云在目标点云坐标系中的位置。计算过程中，源点云的每个点在目标点云网格中的概率值用于衡量匹配程度。首先初始化转换矩阵参数，在二维空间有转换矩阵 $P_{\text{con}} = \left(t_x, t_y, \varnothing \right)^{\text{T}}$，三维空间对应于 $P_{\text{con}} = [R_0, t_0]$，对于需要配准的点云(Source)，通过变换将其转换到目标点云(Target)的网格空间中，$x_i' = T(x_i, P_{\text{con}})$，确认 Source 中每一个映射点对应的正态分布对应于 Target 中的网格。根据每一个映射点分布的结果进行累计来确定转换矩阵参数的得分，如式(3.26)所示：

$$\text{score}(p) = \sum_i \exp\left(-\frac{(x_i' - q_i)' \Sigma_i^{-1} (x_i' - q_i)}{2} \right) \tag{3.26}$$

其中，q_i 为第 i 个网格中点云的均值向量。

3. 优化匹配关系

在完成参数得分计算后，需要根据牛顿优化法对目标函数的得分进行优化，寻找变换矩阵参数 P_{con} 使得得分最优，在 NDT 算法中需要不断重复这个过程，直到满足收敛条件，根据求解出的转换矩阵 P_{con} 就可以得到激光雷达实时点云在高精度地图上的位置和姿态，图 3.21 为 NDT 算法流程图。

基于概率密度函数的点云匹配方法 NDT 定位展现了较高的鲁棒性和灵活性，这种方式考虑到了点云的分布特征，使得 NDT 能够更加有效地面对各种复杂的环境变化和噪声带来的影响，从而提升点云匹配的整体质量。

NDT 算法通过将点云数据的空间分布信息转化为概率密度函数，并利用优化算法找到最佳匹配关系，从而实现了高效而准确的点云配准。NDT 算法许多显著的优点，使其在点云配准和定位中表现优异。

(1) 高精度：NDT 算法能够提供较高的配准精度。这是因为算法通过高斯分布对点云数据进行建模，可以有效地捕捉点云的空间分布特征，从而实现精确的配准。

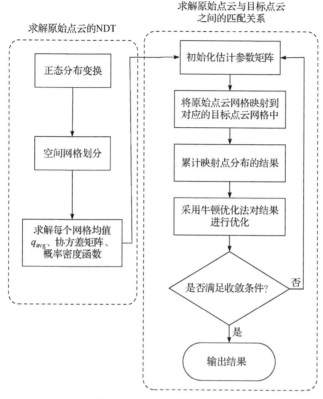

图 3.21　NDT 算法流程图

(2) 鲁棒性强：NDT 算法对点云数据中的噪声和缺失具有较强的鲁棒性。高斯分布的性质使得算法能够有效地减少不规则点对配准结果的影响，提高了配准的稳定性。

(3) 适用性广：NDT 算法不仅适用于静态点云数据的配准，也适用于动态点云数据的实时配准。在自动驾驶和机器人导航等应用场景中，NDT 算法能够实时处理传感器获取的点云数据，并进行精确的定位和导航。

(4) 计算效率高：尽管 NDT 算法涉及概率密度函数的计算和优化过程，但其计算效率相对较高。通过网格化和优化算法，NDT 算法能够在保证精度的同时，减少计算量，提高配准速度。

在实际应用中，NDT 算法被广泛应用于整车在环测试系统中的测试环境地图构建。通过将车辆上安装的激光雷达获取的点云数据与预先构建的高精度地图进行配准，NDT 算法能够准确地确定车辆的位置和姿态，从而实现被测车辆在虚拟测试场景中安全、高效的自动驾驶。

总之，NDT 定位技术是一种基于点云概率密度函数的先进配准和定位方法。

通过将目标点云网格化、计算概率密度函数，并与源点云进行匹配，NDT 算法能够实现精确的点云配准和定位。随着技术的不断进步，NDT 算法在自动驾驶、机器人导航以及其他应用领域中的前景非常广阔。

3.5.2 融合视觉里程计的场景要素赋色方法

在三维场景建模中，赋予模型色彩信息是提升模型视觉表现的重要手段。传统的激光雷达扫描主要提供三维点云数据，虽然具有几何精度高的优势，但缺乏场景的颜色和纹理细节。为此，融合视觉里程计与点云数据进行场景要素赋色的方法，成为提升场景建模细节表现力和可视化效果的重要技术。

视觉里程计是一种通过连续图像帧估算相机位姿的技术。通过融合相机的图像数据，可以实现点云的赋色，进而构建一个带有真实颜色的三维模型。下面将详细介绍视觉里程计与激光雷达点云数据融合进行场景赋色的关键步骤和核心方法。

视觉里程计通过追踪相机在连续图像中的运动，从而计算相机的位姿(位置和姿态)，并且可以通过多帧图像来推断设备的运动轨迹。包括以下核心步骤。①特征提取，即在每帧图像中提取关键特征点，这些特征点具有良好的不变性，能够在不同视角和光照条件下被重复检测到。②特征匹配，即通过匹配连续帧中的特征点，推断出相机的相对运动，通常使用欧几里得距离或汉明距离对特征点进行匹配。③位姿估计，即利用匹配的特征点，计算相机的运动，即从上一帧到当前帧的变换矩阵，通常使用 PnP(perspective-n-point)算法来求解相机的位姿变换。通过视觉里程计，能够为每一帧图像估算出相机的位姿，并将这一位姿与三维点云数据融合，进而为点云赋予相应的颜色。

要实现基于手持点云采集设备的精细化场景要素建模，并融合视觉里程计进行场景要素赋色，可以分为以下几个步骤。

1. 点云与相机坐标系的对齐

在赋色之前，首先需要进行点云与相机坐标系的对齐。通常，激光雷达和相机安装在同一设备上，但它们的坐标系不同，因此需要进行外参校准。外参校准的目的是确定激光雷达坐标系与相机坐标系之间的旋转和平移关系，用一个刚体变换矩阵 T_{LC} 表示：

$$T_{LC} = \begin{bmatrix} R & t_{tv} \\ 0 & 1 \end{bmatrix} \tag{3.27}$$

其中，R 是旋转矩阵；t_{tv} 是平移向量。通过外参矩阵，可以将激光雷达坐标系下的点云数据转换到相机坐标系下，从而实现坐标对齐。

2. 图像与点云对应关系的建立

在完成坐标对齐后，下一步是将点云数据投影到相机的图像平面上。每个点 $P_L=(x,y,z)$ 在激光雷达坐标系下的位置通过外参矩阵 T_{LC} 转换到相机坐标系，得到点 $P_{po}=(x',y',z')$。然后，利用相机的内参矩阵 K_{in} (包含焦距和主点坐标)将点云点投影到图像平面上：

$$\begin{bmatrix} u_x \\ v_y \end{bmatrix} = K_{in}P_{po} \tag{3.28}$$

其中，$\begin{bmatrix} u_x \\ v_y \end{bmatrix}$ 为图像平面上的像素坐标。

3. 颜色信息映射

当每个点云点在图像平面上找到对应的像素坐标后，便可以从相应的图像中提取该像素的 RGB 值。将这一颜色值赋予对应的点云点，从而完成点云的赋色。具体来说，点 $p=(x,y,z)$ 的颜色值可以从图像的像素 (u,v) 处提取，得到 $C(u,v)=(R,G,B)$，将其赋予点云点，得到带有颜色信息的三维点 $p_{color}=(x,y,z,R,G,B)$。

4. 场景要素提取与表示

通过上述步骤，点云中所有的点都被赋予了相应的颜色信息，得到了带有视觉细节的三维模型。在此基础上，进一步的场景要素提取可以通过图像分割或物体识别等技术来实现。例如，可以基于颜色特征进行建筑物、道路、树木等场景要素的提取与分类。

3.5.3　航拍图像与激光点云联合的三维场景重建方法

将航拍图像与激光点云联合用于三维重建能够显著提升精度和细节表现。激光点云提供高精度的三维坐标，而航拍图像则补充了丰富的纹理和颜色信息，两者的结合实现了数据的优势互补。通过这种方式，重建的场景既具备准确的几何形态，又能呈现出真实的视觉效果。此外，这种方法能够提高重建效率，适应不同的环境条件，最终降低成本并增强结果的立体感。

激光点云可以捕捉到建筑物、地形等的精确几何形状，而航拍图像则能补充表面纹理和颜色信息，从而提供更全面的场景信息。激光点云对阴影、光照变化不敏感，能在复杂的光照条件下保持精确度，而航拍图像则能在视觉上提供更好的分辨率和细节。两者结合使得重建结果在各种环境条件下都更加稳定和可靠。结合航拍图像的信息，可以减少激光点云的数据量，从而加快重建的计算速度，同时确保重建结果的准确性和细节的丰富性。在一些复杂地形或无法接近的区域，单一数据源可能无法提供完整的场景信息。通过将航拍图像与激光点云结合，可以更好地适应不同的地形和环境条件，确保重建的连续性和完整性。使用多种传感器数据进行重建可以减少对高精度设备的依赖，降低项目成本，同时通过数据互补减少数据获取过程中的重复工作。航拍图像与激光点云的结合能够更好地呈现场景的三维立体感，有助于实现更真实的可视化效果。

在自动驾驶的虚拟测试场景构建中，使用车载激光雷达传感器采集高精度的三维点云数据，获取车辆周围的详细几何信息。同时，通过无人机等设备获取航拍图像，为虚拟场景添加真实的纹理和视觉元素。这种多传感器的数据获取方式能全面捕捉实际驾驶环境。由于点云数据和航拍图像可能包含噪声或不一致的地方，因此需要对数据进行预处理。预处理首先对点云进行去噪和下采样，以减少数据量并提升处理效率。再对航拍图像进行畸变校正和色彩调整，确保数据的一致性，为后续融合奠定基础。

为实现点云和图像数据的有效融合，需要将它们对齐到同一个坐标系。通过NDT算法对点云进行精确配准，同时使用图像特征点匹配，将两种数据进行空间对齐。这一步确保了几何和纹理信息的统一，为虚拟场景的构建提供了坚实的基础。在完成数据对齐后，结合点云的几何信息与航拍图像的纹理信息进行三维重建。通过表面重建和纹理映射，将实际环境中的几何形状与视觉信息融合，生成逼真的虚拟场景。上述步骤中，虚拟场景的每个细节都能与真实世界对应，确保了虚拟场景的高度仿真性。初步构建的虚拟场景可能存在数据缺失或不连续的部分，因此需要通过优化修复这些问题。通过平滑表面、去除冗余点云以及增强纹理细节，提升模型的完整性和精度，确保自动驾驶测试场景中的虚拟场景足够可靠和真实。

参 考 文 献

[1] Mitchell W C, Staniforth A, Scott I. Analysis of Ackermann steering geometry. SAE Technical Paper Series, 2006: 1-5.

[2] 陈建宏, 苏庆列. 基于车联网技术的无人驾驶汽车设计与实现. 西安文理学院学报(自然科学版), 2014, 17(4): 82-85.

[3] Shafto M, Conroy M, Doyle R, et al. Draft modeling, simulation, information technology & processing roadmap. Technology Area, 2010, 11: 1-32.

[4] Qi Q L, Tao F. Digital twin and big data towards smart manufacturing and industry 4.0: 360 degree comparison. IEEE Access, 2018, 6: 3585-3593.

[5] Wang Z R, Liao X S, Zhao X P, et al. A digital twin paradigm: Vehicle-to-cloud based advanced driver assistance systems. The 91st Vehicular Technology Conference, Antwerp, 2020: 1-6.

[6] Liao X S, Wang Z R, Zhao X P, et al. Cooperative ramp merging design and field implementation: A digital twin approach based on vehicle-to-cloud communication. IEEE Transactions on Intelligent Transportation Systems, 2022, 23(5): 4490-4500.

[7] Schroeder G, Steinmetz C, Pereira C E, et al. Visualising the digital twin using web services and augmented reality. The 14th International Conference on Industrial Informatics, Poitiers, 2016: 522-527.

[8] Yang C Y, Dong J H, Xu Q, et al. Multi-vehicle experiment platform: A digital twin realization method. IEEE/SICE International Symposium on System Integration, Narvik, 2022: 705-711.

[9] Wang K, Yu T, Li Z D, et al. Digital twins for autonomous driving: A comprehensive implementation and demonstration. International Conference on Information Networking, Ho Chi Minh City, 2024: 452-457.

[10] Niaz A, Shoukat M U, Jia Y B, et al. Autonomous driving test method based on digital twin: A survey. International Conference on Computing, Electronic and Electrical Engineering, Quetta, 2021: 1-7.

[11] Hetzer D, Muehleisen M, Kousaridas A, et al. 5G connected and automated driving: Use cases and technologies in cross-border environments. European Conference on Networks and Communications, Valencia, 2019: 78-82.

[12] Huang W L, Wang K F, Lv Y S, et al. Autonomous vehicles testing methods review. The 19th International Conference on Intelligent Transportation Systems, Rio de Janeiro, 2016: 163-168.

[13] Ge Y M, Wang Y, Yu R D, et al. Demo: Research on test method of autonomous driving based on digital twin. IEEE Vehicular Networking Conference, Los Angeles, 2019: 1-2.

[14] Szalay Z, Ficzere D, Tihanyi V, et al. 5G-enabled autonomous driving demonstration with a V2X scenario-in-the-loop approach. Sensors, 2020, 20(24): 7344.

[15] Furukawa Y, Hernández C. Multi-view stereo: A tutorial. Foundations and Trends in Computer Graphics and Vision, 2015, 9(1-2): 1-148.

[16] 周静静, 郭新宇, 吴升, 等. 基于多视角图像的植物三维重建研究进展. 中国农业科技导报, 2019, (2): 9-18.

第4章 自动驾驶典型传感器建模及物理信息生成方法

4.1 概 述

本章主要介绍自动驾驶典型传感器建模与物理信息生成方法，重点围绕三大核心展开阐述。首先介绍自动驾驶典型传感器的工作原理，构建传感器工作原理认知基础。在此基础上，详细阐释面向整车在环测试的传感器建模方法，包括工作机理、物理过程、信息逻辑等关键步骤。最后探讨如何基于构建的传感器模型生成对应的物理信息，并借助研制的暗箱装备实现整车在环测试场景的真实传感器物理信息注入。

4.1.1 自动驾驶典型传感器简介

随着自动驾驶技术的不断进步，传感器作为自动驾驶汽车的"眼睛"和"耳朵"，其性能直接关系到车辆对周围环境的感知精度与反应速度。自动驾驶汽车需要通过搭载的多种传感器获取环境中的大量数据。例如，传感器可以探测到车辆周围的其他车辆、行人、障碍物等动态或静态物体的位置、形状、速度等；同时，还能够感知道路的情况，包括车道线、路边障碍、路面状况等；传感器还能识别交通信号灯、标志标牌等交通基础设施的信息。所有这些数据被实时收集后，将传输到自动驾驶系统的核心控制模块，通过复杂的感知与决策算法进行分析和处理，帮助车辆做出正确的行驶决策。传感器不仅需要具备高精度的环境感知能力，还要能够在复杂和多变的驾驶环境中稳定工作，包括极端天气(如暴雨、雪雾、沙尘)和光线条件(如强烈的阳光照射或夜间低光环境)。此外，自动驾驶车辆在高速行驶时，传感器需要更快的响应时间和更广的感知范围，以确保车辆能够提前检测并应对潜在的危险。因此，传感器技术的研究和发展，是推动自动驾驶技术进步的关键。近年来，随着传感器技术的不断演进，自动驾驶车辆中的传感器种类和功能也日益丰富。传统的摄像头和超声波雷达不断优化，激光雷达、毫米波雷达等新型传感器逐渐成为自动驾驶系统的主流配置。这些传感器不仅可以提供更高精度的距离测量和目标识别，还能够在多种环境条件下保持良好的性能表现。与此同时，多传感器融合技术的出现，进一步提升了自动驾驶车辆的环境感知能力。通过将来自不同传感器的数据进行整合和优化处理，系统能够生成更全面、精准的环境模型,从而提升自动驾驶车辆在复杂场景中的应对能力。

自动驾驶系统中常用的传感器主要包括毫米波雷达、超声波雷达、视觉传感器等。每种传感器都有其独特的工作原理和应用场景,能够在不同的条件下为自动驾驶系统提供重要的环境信息。

1. 毫米波雷达

毫米波雷达通过发射电磁波并接收其反射信号来检测物体的速度和距离,特别适合在恶劣的天气条件下工作。在驾驶过程中向前方发射毫米波段的电波,若前方有车辆,则可收到反射回来的回波。通过分析检测到的反射波频率变化等,检测前方及对面是否有车辆、与前方及对面车辆间的距离、相对速度和方向等。毫米波雷达因其穿透能力强,能够检测到远距离的物体,被广泛应用于自适应巡航控制和碰撞预警系统中。毫米波雷达如图 4.1 所示。

图 4.1　毫米波雷达

2. 超声波雷达

超声波雷达通过发射超声波并接收反射信号来测量车辆与周围物体的距离,从而避免车辆与周围物体发生碰撞。超声波雷达可以在低速行驶和近距离探测时提供高度准确的测距信息,通常用于车辆的近距离障碍物检测和泊车辅助系统中。超声波雷达如图 4.2 所示。

图 4.2　超声波雷达

3. 视觉传感器

视觉传感器通过捕捉周围环境中的图像和视频信息,帮助车辆识别道路标志、交通信号灯、车辆和行人等。通过这些高分辨率的图像和视频信息,可以建立环境模型或预测交通参与物的未来行为等。视觉传感器如图 4.3 所示。

图 4.3　视觉传感器

4.1.2　自动驾驶典型传感器物理信息生成方法

自动驾驶整车在环测试中，传感器物理信息生成扮演着至关重要的作用，它遵从异构传感器的工作原理把虚拟测试场景中的信息输出为对应的物理量，并借助于传感器暗箱映射注入被测自动驾驶车辆的传感器，从而实现了整车在环中的虚实结合测试。传感器暗箱可以精确模拟不同的行驶条件和场景。开发者可以通过布置可调节的目标物体，如障碍物、行人和交通标志，来测试传感器在不同距离、速度和角度下的响应。这种动态测试使得传感器能够在接近真实驾驶的环境中进行评估，进一步提高测试的真实性和有效性，从而为整车测试提供可靠的数据支持。传感器暗箱还支持多传感器协同测试，使研究人员能够分析传感器数据的融合效果，从而进一步优化自动驾驶系统的感知能力。

4.2　毫米波雷达建模及物理信息生成方法

在自动驾驶领域，毫米波雷达可以提供高精度的距离和速度信息，同时其具有较长的探测距离，能够实现远距离的物体探测。本节从毫米波雷达的基本工作原理开始，介绍其发射和接收毫米波信号的过程，以及如何利用这些信号来探测目标的位置、速度等信息。基于工作原理，介绍如何构建毫米波雷达模型，以适应不同天气条件下的测试需求。最后，探讨如何搭建毫米波雷达暗箱，从而在整车在环测试平台中提供真实的毫米波雷达物理信号，以用于评估自动驾驶系统的感知和决策算法的准确性及鲁棒性。

4.2.1　毫米波雷达工作原理

毫米波雷达是一种利用毫米波频段(通常在 30～300GHz)进行目标探测和距离测量的雷达系统。由于毫米波的短波长，毫米波雷达具有高分辨率和良好的穿透性能，能够有效识别小型或低反射面积的目标。毫米波雷达通常由以下四个关键部分构成：发射模块用于产生毫米波信号，采用高频振荡器或者调制器生成，生成的毫米波信号经过放大后通过天线发送出去；接收模块负责接收从目标物体反射回来的信号，接收模块一般由低噪声放大器和混频器构成；天线阵列用于发送和接收信号；信号处理模块对接收到的信号进行分析，通过分析反射信号的特征来获取目标物的距离、速度、角度以及雷达散射截面等物理信息。接下来将进一步讲解这种毫米波雷达的工作原理。

毫米波雷达的工作过程中，其发射端通过发射(transmit，TX)天线向目标物体发射线性调频脉冲，也称为初始信号 Chirp，Chirp 信号的频率随时间线性变化，形成一个频率调制信号。这种信号的特点是能够覆盖较宽的频率范围，增强了雷达的距离分辨率；而接收端则通过接收(receive，RX)天线捕捉被目标物体反射的线性调频脉冲。毫米波雷达会将接收到的信号与发射端产生的信号进行合并，并利用混频器将其转换为中频(intermediate frequency，IF)信号，以获得物体的距离、速度和方位等信息[1]。通过 IF 信号与 Chirp 信号的参数就能实现毫米波雷达对物体的测距、测速及测角，具体工作原理如下。

1. 测距原理

当雷达发射 Chirp 信号时，该信号的频率随时间线性增加。目标物体反射回来的信号与发射信号在频率上存在差异，这种差异称为 IF 信号的频率。为了计算目标的距离，雷达系统会测量这个频率差。

$$
\begin{aligned}
d_{\text{mmw}} &= f_{\text{IF\_0}} c / (2 S_{\text{si\_Chirp}}) \\
d_{\text{mmw\_res}} &= c / (2 B_{\text{sig\_Chirp}}) \\
d_{\text{mmw\_max}} &= F_{\text{mmw\_s}} / (2 S_{\text{si\_Chirp}})
\end{aligned}
\tag{4.1}
$$

其中，d_{mmw}、$d_{\text{mmw\_res}}$、$d_{\text{mmw\_max}}$ 分别为距离、距离分辨率、受采样频率约束的最大测量距离；$f_{\text{IF\_0}}$ 为 IF 信号的频率；c 为光速；$S_{\text{si\_Chirp}}$ 为 Chirp 信号的斜率；$B_{\text{sig\_Chirp}}$ 为 Chirp 信号的带宽，带宽越大，分辨率越高，意味着雷达系统可以越好地识别相邻目标之间的距离；$F_{\text{mmw\_s}}$ 为模数转换器(analog-digital converter，ADC)的采样频率，较高的采样频率能够扩展最大测量范围，保证雷达系统在更远距离上的准确性。

2. 测速原理

速度的测量通过观测一个周期内 RX 信号的相位变化进行估算。在测速过程中，雷达系统需要发送两个 Chirp 信号。这两个信号在时间上存在一个明确的发射时间间隔，这个间隔对于速度测量至关重要。通过对比接收的两个 Chirp 信号的相位差异，可以推算出目标的速度。目标的速度与发射的毫米波雷达信号的波长和接收到的相位变化之间存在直接关系。根据多普勒效应，目标相对于雷达的运动会导致接收信号的频率发生变化，从而影响其相位。其中速度的分辨率与雷达系统相关，通常与信号的发射频率和时间间隔有关，最大测量速度则受信号频率和相位变化量的限制。

在一个发射周期内，RX 信号的相位变化被捕捉并记录：

$$v_{mmw} = \frac{\lambda_{mmw}\Delta\phi_{mmw}}{4\pi t_{mmw\_c}}, \quad v_{mmw\_res} = \frac{\lambda_{mmw}}{2t_{mmw\_f}}, \quad v_{mmw\_max} = \frac{\lambda_{mmw}}{4t_{mmw\_c}} \tag{4.2}$$

其中，v_{mmw}、v_{mmw_res}、v_{mmw_max} 分别为速度、速度分辨率、最大测量速度；λ_{mmw} 为毫米波雷达波长；t_{mmw_f} 为帧时间；t_{mmw_c} 为两个 Chirp 信号的发射时间间隔(测速需要发送两个 Chirp 信号)；$\Delta\phi_{mmw}$ 为两个 Chirp 信号的发射时间间隔内接收到的 RX 信号的相位变化。

3. 测角原理

目标距离的变化会导致 Chirp 信号通过傅里叶变换后的峰值相位产生变化，当雷达多个接收天线接收到反射信号时，不同天线到目标的距离差异，会导致每个天线接收到的信号相位互不相同。这种相位变化成为角度测量的基础。因此，可以设置两个以上 RX 天线，利用目标到每个天线的距离差导致的相位变化来估计角度：

$$\theta_{mmw} = \arcsin\left(\frac{\lambda_{mmw}\Delta\phi_{mmw}}{2\pi d_{mmw}}\right)$$

$$\theta_{mmw\_res} = \frac{\lambda_{mmw}}{N_{mmw}d_{mmw}\cos\theta_{mmw}} \tag{4.3}$$

$$\theta_{mmw\_max} = \arcsin\left(\frac{\lambda_{mmw}}{2d_{mmw}}\right)$$

其中，θ_{mmw}、θ_{mmw_res}、θ_{mmw_max} 分别为角度、角度分辨率、最大测量角；$\Delta\phi_{mmw}$ 为测量到的相位变化；N_{mmw} 为 RX 天线个数。角度分辨率通常与天线的间距和接收信号的波长有关，天线间距越大，分辨率越高。最大测量角则受天线配置和信号处理能力的限制。

自动驾驶汽车通常采用调频连续波模式工作的毫米波雷达，其具备硬件结构简单、体积小、成本低等特点。在工作时，毫米波雷达会发射一个连续的调频信号，该信号被发射后会随时间呈现相关性的变化，形成一个频率线性调制的信号，与目标物作用后，一部分信号将会被反射回来，由接收天线收到。通过对发射信号与接收信号的频率差值进行比对，对目标物的多项特征与状态进行测量。

相较于视觉传感器和超声波雷达等其他应用于自动驾驶领域的传感器，毫米波雷达最大的优势就是受雨雪雾等天气影响较小，因此是自动驾驶汽车进行高精度、高可靠感知不可缺少的重要设备，也是整车在环测试中必不可少的传感器。

4.2.2　考虑天气要素的改进毫米波雷达模型

针对自动驾驶测试整车在环测试需求和自动驾驶技术研发现状，本节对毫米波雷达传感器进行精确建模。毫米波雷达模型的构建主要是通过模拟毫米波雷达发射及接收信号，通过对 IF 信号进行处理来获得目标的距离、速度及角度等信息。

在毫米波雷达系统中，信号生成是关键步骤，毫米波雷达通常采用调频连续波(frequency modulated continuous wave，FMCW)信号进行目标探测[2]。首先，毫米波雷达系统从 TX 天线发出信号 $x_T(t)$，击中目标后返回部分能量的雷达回波，被雷达 RX 天线接收为信号 $x_R(t)$。系统处理接收的信号 $x_R(t)$ 与发射信号 $x_T(t)$ 结合混合成 $x_{IF}(t)$ 信号，来提取出与目标的相对距离、相对速度、角度等特征，用于检测、定位和识别目标。毫米波雷达系统框图如图 4.4 所示。

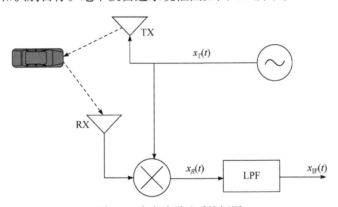

图 4.4　毫米波雷达系统框图

LPF(low-pass filter)指低通滤波器

FMCW 信号由图 4.5 所示的起始频率 f_s、带宽 B_{sig} 和持续时间 t_c 表示。持续时间 t_c 上的 FMCW 信号称为 Chirp，也称为调频信号，其频率随着时间线性增加。

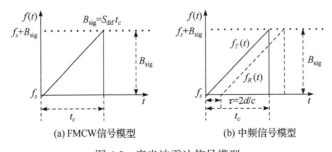

(a) FMCW信号模型　　　　　　　(b) 中频信号模型

图 4.5　毫米波雷达信号模型

随着 FMCW 信号 $x_T(t)$ 的频率随着时间线性增加，在混合时 $x_R(t)$ 的频率与 $x_T(t)$ 是不同的。由于接收到的线性调频脉冲 $x_R(t)$ 是发射的线性调频脉冲 $x_T(t)$ 的延时副本，所以 $x_{IF}(t)$ 为两个脉冲的差值，而且 $x_R(t)$ 与 $x_T(t)$ 之间有一个固定差值 S_{dif}，所以从

$$f_{IF} = f_R(t) - f_T(t) \tag{4.4}$$

可以看出 f_{IF} 不是时间的函数，它的频率一直保持不变(受距离影响)，恒定的频差称为拍频或者中频。

与雷达相距 d 的目标，在毫米波雷达系统发出信号到信号被目标反射回来，经过接收天线接收，这个过程花费的时间可以表示为

$$\tau = 2d / c \tag{4.5}$$

其中，c 为光速；d 为雷达天线与被测物体的距离。那么恒定频率可以表示为

$$\hat{f} = \tau S_{dif} = 2dS_{dif} / c \tag{4.6}$$

根据发射信号及接收信号的相位差 λ 可以计算出 $x_{IF}(t)$ 信号的相位为

$$\Delta\phi = 2\pi f_s \Delta\tau = 4\pi\Delta d / \lambda \tag{4.7}$$

通过对获得的 IF 信号进行傅里叶变换后，信号会从时域转化为频域，产生峰值。当前方有多个物体时，进行傅里叶变换后，会产生多个峰值，各个频率与对应物体的距离成正比。由于固定差值 S_{dif} 已知，c 为光速，可根据式(4.6)可以计算出相应的距离。

观察周期越长，信号处理后的分辨率就越好。根据傅里叶变换理论[3]，时间长度为 t_c 的信号的频率分辨率为

$$f_{res} = 1 / t_c \tag{4.8}$$

因此，根据恒定频率的表达式可以确定

$$f_{res} = \frac{c}{2S_{dif}t_c} = \frac{c}{2B_{sig}} \tag{4.9}$$

又因为在使用距离-DFT(离散傅里叶变换)时，$f_{res} > \dfrac{1}{t_c}$，可以区分在范围内相隔 $\dfrac{c}{2B_{sig}}$ 的两个目标(其中 $B_{sig} = S_{dif}t_c$)，所以距离分辨率就等于 $\dfrac{c}{2B_{sig}}$。根据采样定理，测量的最大距离取决于带宽，IF 带宽受到 ADC 采样频率的限制，IF 信号的最大频率为

$$f_{IF_{max}} = \frac{2S_{dif}d_{max}}{c} \tag{4.10}$$

所以 ADC 采样频率 $F_{sa} \geqslant \dfrac{2S_{dif}d_{max}}{c}$。所以最远探测距离为

$$d_{max} = \frac{cF_{sa}}{2S_{dif}} \tag{4.11}$$

为了测量目标的速度，毫米波雷达系统可以发射两个相隔时间为 t_c 的调频连续波来计算(一次发射一组 N 等间隔线性调频脉冲)。假设目标的移动速度为 v，在此时间段内所移动的距离为 $\Delta d = vt_c$，由于 IF 信号的相位为接收和发射的两个相位差，所以两个天线接收信号的相位是相同的，只是接收时间不同。

图 4.6 为一帧相隔时间为 t_c 的连续调频波。

图 4.6　等间隔 Chirp 脉冲图

将上述间隔时间为 t_c 的目标所移动的距离代入 $x_{IF}(t)$ 信号的相位差中，可得

$$\Delta\phi = \frac{4\pi vt_c}{\lambda} \tag{4.12}$$

v 即目标速度，可以表达为

$$v = \Delta\phi\frac{\Delta\lambda}{4\pi t_c} \tag{4.13}$$

在两个连续的线性调频信号之间测量的相位差可以用来估计物体的速度，故当目标远离雷达时 $\Delta d > 0$，即 $\Delta\phi > 0°$；相反，当目标靠近雷达时 $\Delta d < 0$，即 $\Delta\phi < 0°$。由于当 $\Delta\phi = \pi$ 时无法分辨是靠近还是远离雷达，所以规定雷达不模糊速度测量的相位 $\Delta\phi < \pi$。

当多个目标将雷达系统发出的调频信号波反射回雷达，那么接收天线所接收的 IF 信号在时域中就是每个目标反射回的信号叠加(线性组合)。可以通过 DFT 将不同目标的不同速度在频域中表示出来，距离-速度谱中的峰值表示具有不同速度或者距离的目标。

帧长度为 N_c 的离散时间信号的角频率分辨率 ω_{res} 等于 $2\pi/N_c$，则通过目标反射回的信号之间的相位差，速度分辨率可以确定为

$$v_{res} = \frac{\lambda}{4\pi t_c}\omega_{res} = \frac{\lambda}{2N_ct_c} \tag{4.14}$$

在测量目标的角度时，可以通过设置多个接收天线来估计目标反射的雷达调频信号的到达方向，假设目标离雷达有一定距离，即目标与雷达间的距离远远大于天线阵列之间的距离(也可以说是天线阵列的孔径)。到达雷达接收天线的信号与信号发射器发射的信号都假设为平行的，如图 4.7 所示，将垂直于天线阵列的法线与接收信号(发射信号)之间的夹角定义为 θ 。

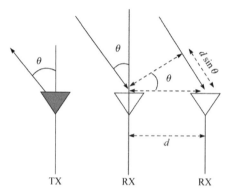

图 4.7　均匀线性阵列天线角度估计示意图

根据到达相邻的两个接收天线之间的间距可以得出，相邻两个接收天线接收到的信号之间的距离差为 $\Delta d = d \sin\theta$ ，则两个接收信号之间的时间延迟为

$$\Delta\tau = d\sin\theta / c \tag{4.15}$$

其中，d 为天线间距；θ 为接收的反射信号的到达角。

根据之前建立的 IF 信号的相位计算公式可以得出

$$\Delta\phi = 2\pi f_s\Delta\tau = 2\pi d\sin\theta/\lambda_{f_s} \tag{4.16}$$

其中，参数 λ_{f_s} 为调频信号在起始频率 f_s 时的波长，计算公式为

$$\lambda_{f_s} = c / f_s \tag{4.17}$$

通过相位差的计算公式可以推导出

$$\theta = \arcsin\left(\frac{\lambda_{f_s}\Delta\phi}{2\pi d}\right) \tag{4.18}$$

相位差 $\Delta\phi$ 与到达角 θ 之间的关系不是线性的，但是与目标速度的关系是线性的：

$$\Delta\phi = \frac{4\pi v t_c}{\lambda_{f_s}} \tag{4.19}$$

规定相位差的范围为 $(0,\pi)$ ，即 $2\pi d\sin\theta / \lambda_{f_s} < \pi$ 。这样能分辨出相位增加的

方向是顺时针还是逆时针，才可以分辨出不同角度的物体。则相隔距离为 d 的两个天线所能测量的最大角度为

$$\theta_{\max} = \arcsin\left(\frac{\lambda_{f_s}}{2}\right) \tag{4.20}$$

雷达接收到目标回波后经过距离-DFT 和多普勒-DFT 即可得到多普勒-FFT(快速傅里叶变换)的频谱图，则对与多普勒-DFT 峰值相对应的相位序列进行 DFT 来解析这两个目标，称为角度-DFT。将时域信号转化为频域信号后，就可以通过不同的波峰将不同的 ω 确定出来，即

$$\theta_1 = \arcsin\left(\frac{\lambda_{f_s}\Delta\phi_1}{2\pi d}\right), \quad \theta_2 = \theta_1 + \Delta\theta = \arcsin\left(\frac{\lambda_{f_s}\Delta\phi_2}{2\pi d}\right) \tag{4.21}$$

角度分辨率是两个物体在角度-DFT 中，可以分别出两个谱峰的最小角度。由上述不同发射信号的角度可以得出相位差为

$$\Delta\phi = \frac{2\pi d}{\lambda_{f_s}}(\sin(\theta + \Delta\theta) - \sin\theta) \tag{4.22}$$

当 $\Delta\theta$ 较小时，$\sin\Delta\theta$ 约等于 $\Delta\theta$，则相位差约等于 $\frac{2\pi d}{\lambda_{f_s}}\cos\theta\Delta\theta$。通过设定

$$\Delta\phi_{\text{res}} = 2\pi / N \tag{4.23}$$

其中，N 是天线阵列的天线数。由此可以推导角度分辨率的表达式为

$$\theta_{\text{res}} = \frac{\lambda_{f_s}}{Nd\cos\theta} \tag{4.24}$$

可以看出当 $\theta = 0$ 时，角度分辨率最好，所以通常会将天线阵列中接收天线的距离设置为 $\lambda_{f_s} / 2$，角度设为 θ，即

$$\theta_{\text{res}} = \frac{\lambda_{f_s}}{N}\frac{2}{\lambda_{f_s}}\frac{1}{\cos\theta} = \frac{2}{N} \tag{4.25}$$

接下来进一步考虑天气因素对毫米波雷达工作的影响。极端天气场景(如雨、雪、雾等)很大程度地影响毫米波雷达的探测性能，例如，衰减、杂波以及雷达内部噪声会降低雷达的信噪比，从而影响雷达的最大探测距离，增大测量误差。衰减和传播介质的后向散射会降低雷达回波的功率、增大雷达的杂波功率以及增加雷达的内部噪声。

在极端天气条件下，不可忽略雷达信号在传播路径上引起的衰减，此时目标的回波功率为

$$P_{p\_r} = \frac{P_{p\_t} G_{ra}^2 \; \lambda_{fs}^2 \sigma}{(4\pi)^3 \; R_{dis}^4 L_{loss}} 10^{-0.2 A_{pro}} \tag{4.26}$$

其中，P_{p_r} 为目标返回的雷达信号功率；P_{p_t} 为天线发射功率；G_{ra} 为雷达天线增益；σ 为检测目标的雷达散射截面；$10^{-0.2 A_{pro}}$ 为衰减因子（A_{pro} 为衰减率和斜路径长度的乘积）；R_{dis} 为目标与雷达之间的距离；L_{loss} 为雷达系统的损耗。

假设降雨的散射回波是非相干波，降雨的雷达气象方程为

$$P_{p\_rain} = \frac{P_{p\_t} G_{ra}^2 \lambda_m^2 \tau c W_p^2 \eta}{512\pi^2 R_{dis}^2 L_{loss}} 10^{-0.2 A_{pro}} \tag{4.27}$$

其中，P_{p_rain} 为雨杂波信号功率；τ 为持续脉冲时间；c 为光速；W_p 为天线脉冲宽度；λ_m 为毫米波的波长；η 为传播介质的后向散射系数。

接收机噪声为

$$P_{p\_noise} = (F_{pr\_N} - 1)k_{bo} T_{te} B_{sig\_N} \tag{4.28}$$

其中，P_{p_noise} 为接收机噪声功率；F_{pr_N} 为接收机噪声系数；T_{te} 为极端天气下系统噪声温度；k_{bo} 为玻尔兹曼常量；B_{sig_N} 为接收机噪声带宽。

杂波的产生会影响毫米波雷达的信噪比，而信噪比会影响雷达对运动目标信息的测量。噪声与杂波所导致的毫米波雷达测量距离误差 ε_d 为

$$\varepsilon_d = \frac{c T_m v_{rel} \cos\theta}{\Delta B_{sig} \lambda_m} \tag{4.29}$$

其中，T_m 为雷达调频周期；v_{rel} 为相对目标物体的速度；θ 为雷达天线波束主轴与目标间的夹角；ΔB_{sig} 为雷达调频带宽。

毫米波雷达测速误差 ε_v 为

$$\varepsilon_v = \frac{\sqrt{T_m \Delta B_{sig}}}{t_a \sqrt{P_{p\_r} / J_{pow}}} \tag{4.30}$$

其中，t_a 为雷达处理时的积累时间；P_{p_r} 为目标返回的雷达信号功率；J_{pow} 为噪声和杂波的功率和。

1. 雾对毫米波雷达的影响

图 4.8 展示了在不同雾条件下电磁波衰减的情况。横轴表示雾的密度(含水量)，而纵轴表示衰减值，单位为 dB / km。

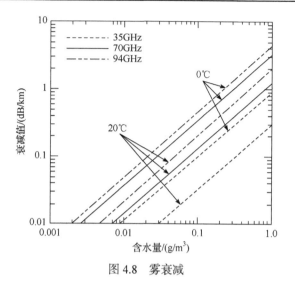

图 4.8　雾衰减

在瑞利近似下，其值为单位体积所有云粒子吸收截面之和，W_{den} 为云粒子的密度，K_{ref} 为反射系数，则云的衰减 A_{att} 为

$$A_{att} = K_{ref}W_{den} \tag{4.31}$$

由于含水量等于单位体积的云滴的总体积乘以水的密度($10^6 g/m^3$)，$(r_{ra})_m$ 表示第 m 个液滴半径，有

$$W_{den} = 10^6 \frac{4\pi}{3} \sum_{m=1}^{N} (r_{ra})_m^3 \tag{4.32}$$

对于平流雾，有

$$W_{den} = (42.0Z_{fog})^{-1.54} = 0.00316Z_{fog}^{-1.54} \tag{4.33}$$

对于辐射雾，有

$$W_{den} = (18.35Z_{fog})^{-1.54} = 0.00156Z_{fog}^{-1.54} \tag{4.34}$$

其中，Z_{fog} 为雾的可见度。

根据瑞利散射理论[4]，可以近似得到雾的反向散射截面为

$$\eta = \frac{\pi^2 |k|^2 Z_{ref}}{\lambda^3} \tag{4.35}$$

其中，$|k|^2$ 为反射系数；Z_{ref} 为反射因子。

对于辐射雾，Atlas 给出的反射因子为

$$Z_R = 0.48M_w^2 \tag{4.36}$$

对于平流雾(M_w 是雾的含水量，单位为 g/m^3)，有

$$Z_u = 8.2M_w^2 \tag{4.37}$$

2. 雨对毫米波雷达的影响

图 4.9 展示了降雨对电磁波传播造成的影响。横轴代表降雨量，而纵轴表示衰减值，单位为 dB / km。图中的曲线或数据点展示了在不同降雨条件下信号衰减的程度。

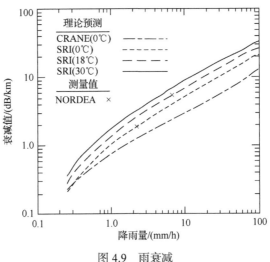

图 4.9　雨衰减

根据国际电信联盟无线电通信部门提出的降雨衰减模型[5]，利用降雨量的关系可以计算出特定的雨衰减系数：

$$\gamma_R = k_{ra} R_{ra}^{\alpha_{ra}} \tag{4.38}$$

其中，γ_R 为雨衰减系数；R_{ra} 为降雨量；k_{ra}、α_{ra} 的值由以下公式计算：

$$k_{ra} = \frac{k_H + k_V + (k_H - k_V)\cos^2\theta\cos(2\tau_s)}{2}$$

$$\alpha_{ra} = \frac{k_H a_H + k_V a_H + (k_H a_H - k_V a_V)\cos^2\theta\cos(2\tau_s)}{2k_{ra}} \tag{4.39}$$

其中，θ 为路径的斜率角；a_H 和 a_V 分别为水平和垂直极化的吸收系数；τ_s 为光的穿透深度或者光程数，与极化状态有关；k_H 为水平极化系数；k_V 为垂直极化系数。

雨的后向散射系数的值可以通过与降雨量的关系计算出：

$$\eta = a R_{ra}^b \tag{4.40}$$

其中，R_{ra} 为降雨量；

$$a = c_1 f^{c_2 + c_3 \ln f}$$
$$b = d_1 + d_2 \ln f \tag{4.41}$$

其中，c_1、c_2、c_3、d_1 和 d_2 为权重系数。

降雨天气对天线噪声温度的影响可以表示为

$$\Delta T_{te\_a} = T_{te\_m}(1 - e^{-0.23 A_{pro}}) \tag{4.42}$$

系统噪声温度为天线噪声温度与接收机内部噪声温度之和：

$$T_{te\_s} = T_{te\_a} + T_{te\_e} = T_{te\_a} + T_{te\_0}(F_n - 1) \tag{4.43}$$

3. 雪对毫米波雷达的影响

图 4.10 展示了雪对电磁波传播的影响，其中横轴表示距离(L)，而纵轴表示衰减值(C)，单位为 dBW。通过图 4.10 可以看出在不同降雪条件下信号的衰减情况。

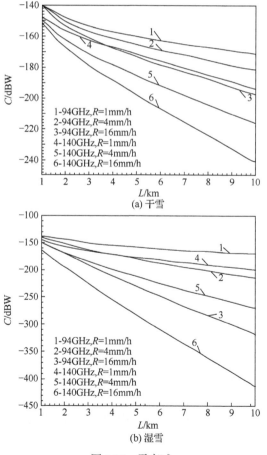

图 4.10 雪衰减

米氏散射理论计算的雪引起的毫米波信号的衰减公式如下[6]：

$$A_{att} = 4.343 \times 10^{-3} \int_{D_{min}}^{D_{max}} \sigma_{ext}(D_s) N_s(D_s) dD_s \tag{4.44}$$

其中，D_{min}、D_{max} 分别为雪粒子的最小、最大直径；σ_{ext} 为外散射截面反映光与雪粒子相互作用的强度。雪粒子近似球形，因此可以由伽马分布[7]求解：

$$N_s(D_s) = 2.5 \times 10^3 R^{-0.94} \rho_0^{1/3} e^{-2.29 R^{-0.45} \rho_0^{1/3} D} \tag{4.45}$$

对于平面波和毫米波，消光截面在米氏散射理论的基础上表示如下：

$$\sigma_{ext} = \frac{\lambda^2}{2\pi} \sum_{m=1}^{\infty} (2m+1) \mathrm{Re}(a_m + b_m) \tag{4.46}$$

米氏散射理论计算的雪的反射率公式如下：

$$\eta = \int_{D_{min}}^{D_{max}} \sigma_{back}(D_s) N_s(D_s) dD_s \tag{4.47}$$

反射截面在米氏散射理论的基础上表示如下：

$$\sigma_{back} = \frac{\lambda^2}{4\pi} \left| \sum_{m=1}^{\infty} (-1)^m (2m+1)(a_m - b_m)^2 \right| \tag{4.48}$$

其中，σ_{back} 为后向散射截面；a_m 和 b_m 为米氏散射理论系数，其计算公式如下：

$$
\begin{aligned}
a_m &= \frac{\psi'_m(y)\psi_m(x) - n\psi_m(y)\psi'_m(x)}{\psi'_m(y)\zeta_m(x) - n\psi_m(y)\zeta'_m(x)} \\
b_m &= \frac{n\psi'_m(y)\psi_m(x) - \psi_m(y)\psi'_m(x)}{n\psi'_m(y)\zeta_m(x) - \psi_m(y)\zeta'_m(x)}
\end{aligned}
\tag{4.49}
$$

通过上述分析，研究人员可以很好地构建毫米波雷达模型，用于模拟生成在各种天气条件下的雷达数据。后续将介绍基于上述原理进行毫米波物理信息生成的方法，为整车在环测试提供必要的物理感知信息输入。

4.2.3　基于毫米波雷达模型的物理信息生成方法

毫米波雷达物理信息生成方法是将毫米波雷达模型和毫米波信号发生装置结合起来，为整车在环测试系统提供真实准确的毫米波雷达信号，从而实现对不同虚拟测试场景下目标物运动状态的模拟。随着虚拟测试场景中毫米波雷达的探测，场景服务器将得到的目标毫米波信号信息封装在 TCP 报文中并发送给毫米波雷达暗箱装置。暗箱解析收到的报文信息并模拟出相应的毫米波数据，再将该数据映射到被测自动驾驶汽车的毫米波雷达，被测车辆根据获取的毫米波信号依靠环境感知系统得出车辆控制命令。最后将控制命令封装发送到虚拟测试场景中的被测车辆，驱动车辆进行运动。

　　本节基于长安大学研制的毫米波雷达暗箱来具体阐述毫米波雷达物理信号的生成过程。该设备通过高速现场可编程门阵列(field programmable gate array，FPGA)实现了极快的信号处理速度，能够实时接收被测毫米波雷达的信号并模拟回波信号的特性，包括高精度时延、多普勒频移、相位、功率增益和回波角度等。这使得在整车在环测试中可以高精度模拟车载毫米波雷达对不同速度、距离和方向的目标物体的感知。

　　毫米波雷达暗箱主要由信号处理单元、雷达目标模拟器、转台、被测雷达、吸波材料组成。图 4.11 为毫米波雷达暗箱结构及仿真原理示意图。

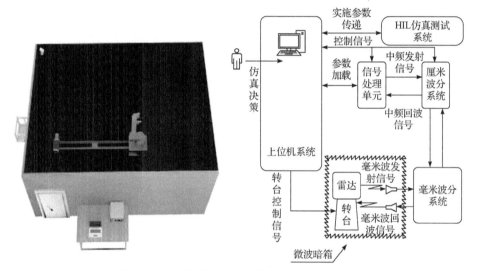

图 4.11　毫米波雷达暗箱结构及仿真原理示意图

　　其中信号处理单元是毫米波雷达暗箱的核心部件，用于接收、处理和分析毫米波信号。该单元可以将不同距离和速度的雷达目标信号通过雷达目标模拟器 TX 和矢量信号收发器(vector signal transceiver，VST)模块进行模拟，并对被测雷达发射和接收到的信号进行实时处理和分析。同时，还可以对雷达系统的基本参数进行校准和调整，确保测试数据的准确性和可靠性。雷达目标模拟器是毫米波雷达暗箱的重要组成部分，用于模拟不同距离和速度的雷达目标信号。通过控制该模拟器的 TX 和 VST 模块，可以实现不同距离和速度的目标信号模拟。在测试过程中，该模拟器可以产生多种类型的雷达目标信号，包括点目标、散射体、多径目标等，以评估被测雷达的探测能力和分辨率等性能。转台是用于控制被测雷达的转动角度，通过转动被测雷达，可以模拟不同方向和角度的雷达信号，以评估雷达系统的角度分辨率和精度等性能。转台还可以实现被测雷达的全向性测试和多角度测试，以全面了解雷达系统在不同角度下的性能表现。被测雷达是毫米波雷达暗箱中的待测对象，需要进行各种性能测试和评估。在测试过程中，被测雷达接收模拟器模拟的目标信号，并将信号传送到信号处理单元进行分析和处理。同时，被测雷达还需要接收转台控制信号，控制其转动角度和方向，以模拟不同角度下的雷达信号，以评估雷达系统的角度分辨率和精度等性能。吸波材料可以有效地吸收被测毫米波雷达发出的电磁波信号，从而提高测试精度和可靠性。除此之外，吸波材料还可以起到隔离的作用，防止暗箱内部的电磁波信号干扰外部环境，保证测试过程的安全和可控性。

本节提供的示例方法可模拟 24GHz、77GHz 毫米波雷达，实现基于 CPU 的多线程实时仿真。毫米波雷达模拟的方法有多种，经典的就是先产生回波，经过雷达信号处理后测量得到目标结果。该方法按照正常的雷达处理流程，计算量较大，但是不用考虑目标的分辨问题。另外一种直接对目标信息进行处理。这种方法当存在目标分辨问题时也可以采用回波建模的方式，进行多目标的计算，由于不能分辨的问题出现概率比较小，因此也可以大幅度降低运算量。下面详细介绍可用于简化计算的误差叠加处理算法。此场景下首先忽略多个目标的分辨问题。对于单个目标没有分辨，简化处理算法包括五个步骤：

(1) 根据雷达方程计算该目标的信噪比；

(2) 根据距离、速度、误差与信噪比的关系，估计出随机误差的大小；

(3) 将误差叠加在原始目标信号上，得到一个雷达输出的理想探测结果信号；

(4) 考虑到雷达的数字量化误差，对理想探测结果信号进行数字量化；

(5) 对测量结果信息进行数据处理、航迹滤波，形成航迹。

当存在多目标不能分辨时，需要对距离、速度、角度进行测量，并将这些测量值的误差进行叠加处理，以便用于多目标合成算法。最终目的就是计算出一个目标结果，因为目标已经无法分辨，只能靠数据处理才有可能获得航迹分辨能力。对于任意距离、速度、角度，可以分别根据不可分辨出目标的信息，产生多个目标的回波，进行一维 FFT 处理，获得一维距离像信息，然后求极值，作为点迹处理的结果信息，并将结果上传给数据处理进行航迹滤波。

根据毫米波探测原理，建立模拟仿真的流程如下：

(1) 根据雷达的距离、速度、角度探测指标，对探测范围外的目标进行过滤；

(2) 根据雷达原理计算复基带回波数据，多个目标的回波应当叠加在一起；

(3) 对回波数据做二维 FFT 处理，对目标所在区域进行目标检测，并提取距离、速度信息，角度信息按照信噪比计算；

(4) 对点迹信息进行数据处理，形成目标航迹数据输出。

在这里，为了降低运算量，经过二维 FFT 处理后，由于是已知目标位置，只需要对固定位置区域寻找最大值，进行过门限检测、测量即可。

上述步骤中多个步骤可以设计为多线程，进一步加快计算模拟速度，多个目标计算基带回波数据、信噪比计算、点迹信息处理等步骤设计为多线程，流程如图 4.12 所示。

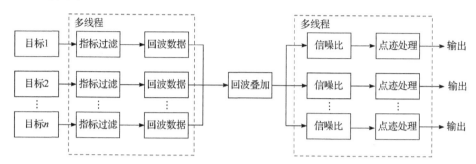

图 4.12 毫米波雷达模拟流程图

试验测试结果表明，实时性满足 100+数量级车辆的实时仿真需求。当然，本项目的运算时间除了信号处理，外回波模拟也需要消耗较多的时间，但是由于存在理论模型的映射关系，通过不做 2D-FFT(二维快速傅里叶变换)，直接考虑在原始信息上叠加误差，可进一步减少消耗时间。

图 4.13 为虚拟测试场景，图 4.14 为该虚拟测试场景对应生成的毫米波雷达信号。在图 4.14 中，通道 1、2、3 的值分别代表图 4.13 中虚拟测试场景中车辆所搭载的不同位置的毫米波雷达的测量结果。

图 4.13 虚拟测试场景

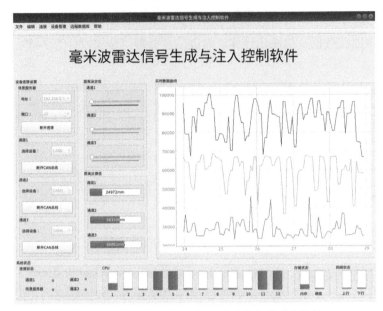

图 4.14　虚拟测试场景对应生成的毫米波雷达信号

4.3　超声波雷达建模及物理信息生成方法

超声波是指超过 20kHz 的机械波，超声波雷达通过测量超声波脉冲遇到障碍物反射回来的时间间隔来计算距离，从而检测车辆周围的障碍物。超声波雷达的测量精度最高可达 25mm，此外，超声波雷达不受光线和颜色等外部因素的干扰，能在日常天气条件下保持稳定性能，且其小巧的体积和灵活的安装方式使其可以覆盖车辆周围的关键区域。当汽车靠近障碍物时，车载超声波雷达传感器会发送警报通知驾驶员，以帮助驾驶员意识到潜在的碰撞风险，并提供可视化或声音警报以协助驾驶员避免碰撞。因此，在自动驾驶领域，超声波雷达被广泛应用于障碍物检测、自动泊车、倒车辅助、盲区监测和自适应巡航控制等功能，以提高车辆的安全性和便利性。尽管其探测距离有限，但与其他传感器配合使用，超声波雷达依旧可以为自动驾驶系统提供重要的感知数据。本节将详细讲解超声波雷达的工作原理、建模过程及其在整车在环测试中的应用。

4.3.1　超声波雷达工作原理

超声波雷达是一种利用超声波信号进行距离和物体检测的传感器。相较于其他传感器，超声波雷达原理简单，成本较低，拥有能量大、衰减小、可定向传播、方向信号等特点，因此广泛应用于汽车的泊车和行驶辅助功能。其核心检测原理为发射超声波并接收回波，通过信号传输的时间差来测量物体与传感器之间的距离。

常见的超声波雷达可以划分为两种：一种安装在汽车前后保险杠，主要用于测量汽车前后障碍物距离信息，称为超声波驻车辅助(ultrasonic parking assistant，UPA)传感器；另一种安装在汽车侧面，主要用于测量汽车侧边障碍物距离，称为自动泊车辅助(automatic parking assistant，APA)传感器。市面上大多数乘用车通常在车身前后安装共 8 个 UPA 传感器用于检测车辆前后方的障碍物，在汽车侧面(车门或者后视镜附近)安装共 4 个 APA 传感器用于检测车辆侧方的障碍物，帮助驾驶员识别在变道或者侧方停车时面临的潜在碰撞风险。图 4.15 为超声波雷达的安装示意图。

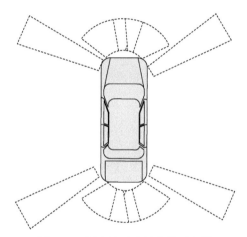

图 4.15　超声波雷达的安装示意图

在空气中传播的超声波是一种纵向波，也是高于 20kHz 的机械振动，有明显的折射和反射特性。超声波的反射特性是指超声波遇障碍物后会产生反射效果形成回波，超声波雷达正是利用这一特性工作的传感器。超声波雷达的基本工作原理是超声波发射器发射高频声波，这些声波信号会在空气中传播，并与物体表面相互作用后反射声波，然后超声波接收器接收反射波并计算声波撞击物体后反弹所耗费的时间，根据声波返回所耗费的时间来计算物体到传感器之间的距离。

超声波雷达主要由压电晶片、吸收阻尼块、引线、传感器外壳等组成，其最主要的组成部件是压电晶片，通过压电晶片的压电效应和逆压电效应完成测距工作。雷达中的压电晶片在受到机械压力后，内部会产生极化现象，在两个表面形成等量异号电荷，若施加的为机械振动，则将产生交变电场。相反，如果在该晶体上施加电场，该材料的晶格将出现形变，若施加的为交变电场，晶体将产生机械振动。超声波的发射正是基于逆压电效应将高频的电压变换成高频的机械振动，形成超声波；超声波的接收是利用压电效应将高频机械振动转变成电信号，实现对超声波的接收。其余组件，如吸收阻尼块则用于吸收余震的能量，缩小盲区范围；引线用于传输模拟信号和数字信号；传感器外壳则起到对传感器的保护和固定作用。

超声波雷达用于测距的内部电路一般由超声波发射器、超声波接收器、电路放大器、阈值检测器和时控电路组成，目前也有实现超声波发射和接收一体化的超声波收发器。超声波发射器内部的脉冲激励发射器发射一个激励脉冲，即发射一个脉冲序列的超声波，然后该超声波与障碍物碰撞后形成反射波由超声波接收器完成接收工作。然后电路放大器和阈值检测器检测接收声波是否为有效波，时控电路将会记录有效波相应脉冲的发射和接收的时间差，基于该时间差可获得传感器和探测障碍物之间的距离，计算公式为

$$d_{\text{sub}} = \frac{1}{2} v_{\text{sup}} t \tag{4.50}$$

其中，d_{sup} 为目标的实际距离；v_{sup} 为超声波的传播速度；t 为从发射到接收的时间间隔。由于声波的传播路径是来回的，所以实际距离是总路径长度的一半。超声波雷达工作示意图如图 4.16 所示。

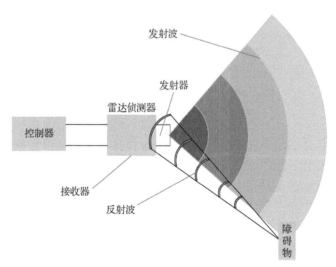

图 4.16　超声波雷达工作示意图

4.3.2　超声波雷达模型

超声波雷达通常以一定的角度发射声波，这种方向性导致其信号在空间中的分布并非集中在一个点上，而是形成一个锥形区域，如图 4.16 所示。这意味着在实际应用中，单个传感器所测得的距离并不能精确指向目标物体的位置，因为声

波可能在多个方向上反射回来，导致定位误差。所以在实际应用中常采用多个超声波雷达联动进行二维测距以确保获取物体的准确位置。

为了获取物体的准确位置，一般布置多个超声波雷达。各个传感器同时发射超声波信号，测量与目标物体的距离，然后通过几何关系建立方程求解出物体的确切位置[8]。两个超声波雷达定位目标物体如图 4.17 所示。

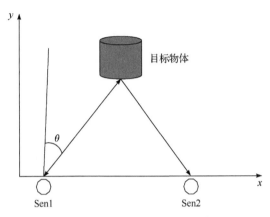

图 4.17　两个超声波雷达定位目标物体示意图

这里采用两个超声波雷达 Sen1 和 Sen2，两个雷达同时发射超声波信号测量与目标物体的距离 L_1 和 L_2。

对于 Sen1，雷达和目标物体之间的距离可以表示为

$$L_1 = \sqrt{\left(x - x_{Sen1}\right)^2 + \left(y - y_{Sen1}\right)^2} \tag{4.51}$$

对于 Sen2，雷达和目标物体之间的距离可以表示为

$$L_2 = \sqrt{\left(x - x_{Sen2}\right)^2 + \left(y - y_{Sen2}\right)^2} \tag{4.52}$$

其中，(x_{Sen1}, y_{Sen1}) 和 (x_{Sen2}, y_{Sen2}) 为 Sen1 和 Sen2 在二维坐标系中的位置，其中 x_{Sen1}、x_{Sen2} 是横坐标，y_{Sen1}、y_{Sen2} 是纵坐标；L_1 和 L_2 分别为雷达 Sen1 和 Sen2 测的各自与目标物体的实际距离；(x,y) 则为目标物体在二维坐标系中的未知位置，表示需要确定的目标物体的坐标。

通过求解方程组可以得到目标物体的确定位置。以此类推，安装更多的超声波雷达继续按照相同的方法测距构建方程组，构建的方程组形式如下：

$$\begin{cases} \left(x - x_{Sen1}\right)^2 + \left(y - y_{Sen1}\right)^2 = L_1^2 \\ \left(x - x_{Sen2}\right)^2 + \left(y - y_{Sen2}\right)^2 = L_2^2 \\ \quad\quad\quad\vdots \\ \left(x - x_{Senn}\right)^2 + \left(y - y_{Senn}\right)^2 = L_n^2 \end{cases} \tag{4.53}$$

其中，L_n 为雷达 Sen_n 与物体的距离；(x_{Senn}, y_{Senn}) 为雷达的横纵坐标；(x,y) 为需要求解的目标物体的横纵坐标。通过求解方程组，利用多个雷达数据确定物体的位置，使得求解的位置更精确。

超声波脉冲在空气中传播时，其传播速度主要受工作温度的影响，针对测距要求精度高或者工作环境温度变化剧烈的情况，需要对声波进行补偿，补偿公式如下所示：

$$c_s = c_{s\_0} + 0.607 T_{te} \tag{4.54}$$

其中，c_{s_0} 为温度为绝对零度时的声速（332m/s）；T_{te} 为实际温度（℃）。

超声波雷达探测精度的影响因素还有环境因素、障碍物因素、测距电路以及传感器自身因素等[9]。其中环境因素除前面提及的温度影响声速进而影响传感器探测效果外，还有空气湿度以及风速等因素的影响，由温度的变化而引起声速的变化其本质在于空气密度的变化，同样空气湿度和风速的变化也会导致空气密度的变化，但这些因素中温度的影响最大。障碍物因素则是指被检测障碍物表面材质、形状及位置等因素，这些因素会直接影响超声波的反射效果，但是由于障碍物因素的动态性较高，所以可选择性地采用补偿法对检测值进行修正处理。测距电路因素则是指传感器内部脉冲信号的发射频率、脉冲长度、计时精度、CPU 运算能力和电路延迟等因素，这些因素将会对超声波的发射和接收产生直接影响，如发射频率过低，则容易受外界干扰；频率过高，会增大超声波的衰减，影响回波反射。传感器自身因素则是指传感器本身的设计特性，如检测频率、分辨率、检测精度等因素。

为了更准确地描述超声波在不同环境条件下的传播行为，这里将湿度和气压的影响也考虑进超声波雷达的建模中，因此需要引入更复杂的修正函数以考虑多因素对超声波信号传播的影响。

湿度对声速的影响与空气中的水蒸气含量相关，湿空气中的声速 c_{s_wet} 通常比干空气大，使用如下公式进行修正：

$$c_{s\_wet} = c_s + 0.0124 H_{wet} \tag{4.55}$$

其中，H_{wet} 是相对湿度；c_s 是标准大气压下的声速。同时，气压的变化也会影响空气的密度，从而对声速产生微小调整。气压 P_{at} 对声速 c_{s_air} 的修正可以通过式（4.56）来估算：

$$c_{s\_air} = c_s \sqrt{P_{at} / P_{at\_s}} \tag{4.56}$$

其中，c_s 是标准大气压下的声速；P_{at_s} 是标准大气压。本节提出的模型可满足多数常规的环境应用需求：

$$c_s = (331.3 + 0.6T_{te}) + 0.0124H_{wet} + \left(c_s \sqrt{P_{at} / P_{at\_s}}\right) \tag{4.57}$$

这样，声速公式不仅考虑了温度，还通过湿度和气压的修正项，使得超声波的传播模型更符合实际的空气条件。这种多参数修正方法有助于提高超声波雷达在复杂环境下的精度和可靠性，尤其是在自动驾驶或环境变化较大的情况下。

通过考虑上述因素对超声波信号的影响，使得构建的超声波雷达系统可以在实际的应用中提供更为可靠和精确的测量数据，提升车辆对环境的感知能力，从而为自动驾驶和其他相关应用提供更有力的支持。

4.3.3　基于超声波雷达模型的物理信息生成方法

基于所构建的超声波雷达模型，整车在环测试系统在接收虚拟测试场景的超声波信号后可以发出相应的真实超声波，映射注入被测自动驾驶车辆传感器上，被测车辆根据获取的超声波信号做出相应的控制命令，以完成整个测试过程。

本节基于长安大学研制的超声波雷达暗箱来具体讲解超声波雷达物理信息生成方法，该装置实物如图 4.18 所示。

超声波雷达暗箱主要由实时处理器单元和超声波物理信息生成单元组成。实时处理器单元主要承担计算功能，通过对来自虚拟测试场景中的超声波数据进行解析并处理，获取待测车辆配置的超声波雷达到障碍物的相对距离和角度。超声波物理信息生成单元的形状为长方体，内部空间经过优化设计，以便超声波信号能够在其中自由传播而不被阻碍。超声波物理信息生成单元由超声波换能器、单轴电控滑台及其驱动器、吸波材料和嵌入式控制器组成。超声波换能器采

图 4.18　超声波雷达物理
信息生成暗箱实物图

用压电换能器，这种换能器能够将电信号转换为声波信号，并以指定频率发射出超声波，发射器的频率范围可以根据具体应用进行调整，频率范围在 20kHz～1MHz，适用于不同超声波频率的检测需求。超声波物理信息生成单元机械结构示意图如图 4.19 所示。暗箱中的嵌入式控制器根据获取的配置数据，驱动单轴电控滑台补偿超声波雷达盲区，超声波换能器将控制器生成的电脉冲转换为超声波信号发射出去。暗箱中的吸波材料将被测雷达发出的超声波吸收。超声波物理信息生成单元根据解算出的相对距离，根据声速计算出延迟时间再次发射超声波信号。

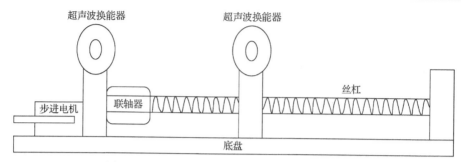

图 4.19 超声波物理信息生成单元机械结构示意图

和毫米波雷达信号生成相似,在仿真平台中,通过构建虚拟测试场景,将场景中的超声波信号输入超声波物理信息生成单元。超声波物理信息生成单元根据超声波的测距原理(发射到接收信号的时间间隔),计算其与目标物的距离,通过暗箱中布置的实车超声波雷达发射超声波信号。图 4.20 为虚拟测试场景。图 4.21 为上述虚拟测试场景对应的车辆超声波雷达采集距离等信息可视化展示,其中不同通道为同一车辆安装的多个超声波雷达的测量数据。超声波物理信息生成单元根据这些信息模拟超声波信号进行发射,超声波物理信息生成单元内部的被测超声波雷达将接收的信号传输给实车的处理单元以做出对应的控制指令,并将控制指令回传至虚拟测试场景中,虚拟测试场景中的车辆做出相同的动作完成整个在环测试过程。

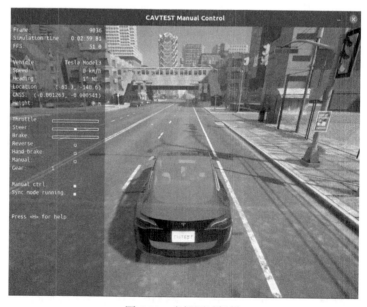

图 4.20 虚拟测试场景

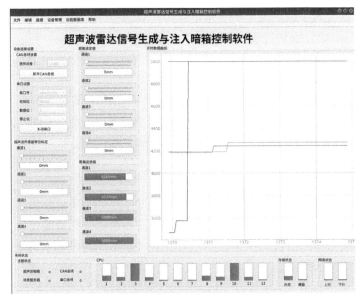

图 4.21　虚拟测试场景对应的车辆超声波雷达信号

4.4　视觉传感器建模及物理信息生成方法

视觉传感器因其成本低和信息丰富的优点被广泛应用在自动驾驶领域。按照相机镜头的数量，将目前主要的视觉传感器分为单目视觉传感器和双目立体视觉传感器。单目视觉传感器结构简单便于标定和使用，双目立体视觉传感器可以直接测量得到物体深度信息，避免了单目视觉传感器中复杂且精度较低的深度估计过程。本节详细介绍两种视觉传感器的工作原理，并对整车在环测试中使用的视觉传感器物理信息生成方法进行详细阐述。

4.4.1　单目视觉传感器工作原理及建模方法

视觉传感器模型涉及坐标系之间的相互转化，为了定量表述视觉传感器成像过程，定义如下坐标系，如图像坐标系、视觉传感器坐标系和世界坐标系[10]，如图 4.22 所示。

1. 图像坐标系

图像坐标系可以分为图像物理坐标系和图像像素坐标系两种类型。图像物理坐标系中，其原点为透镜光轴与成像平面的交点，通常情况下位于电荷耦合器件 (charge coupled device，CCD) 的中心，但由于制作工艺等的存在可能稍有偏离。坐标系中的轴与轴分别平行于视觉传感器坐标系中的 x_c 轴与 y_c 轴，单位为 mm。图像像素坐标系为固定在图像上的直角坐标系，其单位为像素，原点位于图像的左上角，x 轴与 y 轴分别平行于图像物理坐标系中的 u 轴与 v 轴。

2. 视觉传感器坐标系

视觉传感器坐标系为固定在视觉传感器上的坐标系，其原点 O_{cam} 为视觉传感器光心。x_c 轴与 y_c 轴分别平行于图像平面的水平轴和垂直轴，z_c 轴为视觉传感器光轴。光心到图像平面的距离称为视觉传感器的有效焦距。

3. 世界坐标系

由于视觉传感器可以布置在所处环境的任意位置，为了方便描述视觉传感器的位置，还要在环境中设计一个标准坐标系来描述视觉传感器的位置。并用它描述环境中任何物体的位置，该坐标系称为世界坐标系，这是一个假想的坐标系，可根据具体情况选择[11]。

经过以上坐标系之间的转换可以得到世界坐标中任一点与其投影点的变换关系。

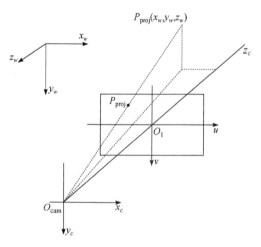

图 4.22　图像坐标系、视觉传感器坐标系和世界坐标系

图像是空间物体通过成像系统在像平面上的投影。图像上每个像素点的灰度值反映了空间物体表面某点的反射光强度，而该点在图像上的位置则与空间物体表面对应点的几何位置有关。这些空间点和像点间的相互关系，由视觉传感器成像系统的光学投影成像模型所决定。在机器视觉中，三维空间中的物体到像平面的投影关系即成像模型，理想的投影成像模型是光学中的中心投影，也称为针孔模型。根据光的直线传播特性，针孔模型假设物体表面的反射光都经过一个针孔而投影到像平面上。针孔模型主要由光心投影中心、像平面和光轴组成。图 4.23

为针孔模型，其中 h_{obj} 为物体高度，s_{proj} 为物体到投影中心的距离，c_{proj} 为像平面到投影中心的距离(也称为主距)，h' 为物体的像的高度。像平面相当于一个方盒子的一个面，这个面正对着的就是针孔所在的面，针孔相当于投影的中心，针孔视觉传感器内所成的像为物体的倒像[12]。利用相似三角形原理可以得到像的高度 h' 为

$$h' = h_{obj} \frac{c_{proj}}{s_{proj}} \tag{4.58}$$

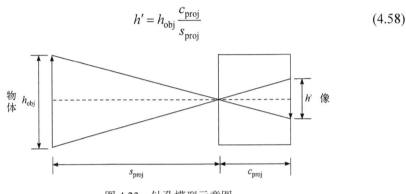

图 4.23 针孔模型示意图

但是，实际情况要比这个模型复杂。由于针孔太小，只有极少量的光线能够通过小孔到达像平面，需要耗费很长的时间来曝光以得到足够亮度的图像，并且很难得到清晰的图像。因此，实际的摄像系统通常都由透镜或者透镜组组成。玻璃或塑料的形状决定了镜头可以使光线发散或汇聚。两种模型具有相同的成像关系，即像点是物点和光心的连线与像平面的交点。因此，可以用针孔模型作为视觉传感器成像模型。

基于针孔成像原理的视觉传感器模型给出了由三维空间到平面的中心投影变换。如图 4.24 所示，空间点 O_{cam} 是投影中心，它到成像平面 π 的距离为 f_{cam}。空间点 X_c 在成像平面 π 上的投影 m_{proj} 是射线 $O_{cam}X_c$ 与平面 π 的交点。点 O_{cam} 称为视觉传感器的光心，f_{cam} 称为视觉传感器的焦距，以点 O_{cam} 为端点且垂直于像平面的射线称为主轴，主轴与像平面的交点 p' 称为视觉传感器的主点。

通过建立视觉传感器欧氏坐标系和图像平面欧氏坐标系来描述中心投影关系。以平行于 x 轴且通过视觉传感器中心 O_{cam} 的直线为 x_c 轴，以平行于 y 轴且通过视觉传感器中心 O_{cam} 的直线为 y_c 轴，以主轴为 z_c 轴，建立视觉传感器坐标系 $O_{cam}\text{-}x_c y_c z_c$。在图像平面上，以主点 p' 为像平面坐标系的坐标原点，以水平线和垂直直线分别为 x 轴和 y 轴，建立图像坐标系 $p'\text{-}xy$。在视觉传感器所在空间中，以视觉传感器中心 O_{cam} 作为视觉传感器坐标系的坐标原点。两个坐标系的关系如图 4.24 所示。

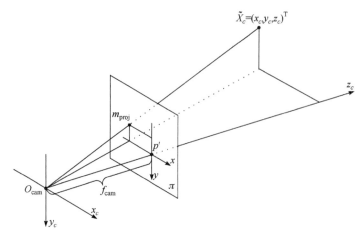

图 4.24　针孔视觉传感器模型

由此可得空间点 X_c 在视觉传感器坐标系中的坐标, 记为 $\tilde{X}_c = (x_c, y_c, z_c)^{\mathrm{T}}$。其对应的像点 m_{proj} 在图像坐标系中的坐标记为 $\tilde{m}_{\text{proj}} = (x, y)^{\mathrm{T}}$。由图 4.24 可知空间点 X_c 与它的像点 m_{proj} 满足下述关系:

$$\begin{cases} x = \dfrac{fx_c}{z_c} \\ y = \dfrac{fy_c}{z_c} \end{cases} \tag{4.59}$$

式(4.59)可以用下述矩阵形式表示:

$$z_c m_{\text{proj}} = \begin{bmatrix} fx_c \\ fy_c \\ z_c \end{bmatrix} = \begin{bmatrix} f & 0 & 0 & 0 \\ 0 & f & 0 & 0 \\ 0 & 0 & 1 & 0 \end{bmatrix} X_c = P_{\text{cam}} X_c \tag{4.60}$$

其中, $X_c = (x_c, y_c, z_c, 1)^{\mathrm{T}}$; $m_{\text{proj}} = (x, y, 1)^{\mathrm{T}}$ 分别为空间点和图像点的齐次坐标, 它是从空间到像平面的一个齐次线性变换; P_{cam} 是一个 3×4 矩阵, 称为视觉传感器矩阵。可知式(4.60)是一个齐次等式, 根据其不受非零常数影响的性质, 可以将上述公式简化为 $m_{\text{proj}} = P_{\text{cam}} X_c$。

在现实使用情况下, 视觉传感器的主点通常与图像坐标系的原点并不相同, 可以设主点在图像坐标系下的坐标为 $p = (x_0, y_0, 1)^{\mathrm{T}}$, 则视觉传感器的投影关系变为

$$z_c m_{\text{proj}} = \begin{bmatrix} fx_c \\ fy_c \\ z_c \end{bmatrix} = \begin{bmatrix} f & 0 & x_0 & 0 \\ 0 & f & y_0 & 0 \\ 0 & 0 & 1 & 0 \end{bmatrix} X_c = P_{\text{cam}} X_c \tag{4.61}$$

记 $P_{\text{cam}} = K_{\text{cam}}[I, 0]$，其中

$$K_{\text{cam}} = \begin{bmatrix} f & 0 & x_0 \\ 0 & f & y_0 \\ 0 & 0 & 1 \end{bmatrix}$$

并称它为视觉传感器内参数矩阵。

通常视觉传感器经过数字离散化之后，其像素会变成一个矩形单元，矩形的长和宽分别设为 d_x 和 d_y。设图像点 $X_c = (x, y, 1)^{\text{T}}$ 在离散化后的齐次坐标为 $(u, v, 1)^{\text{T}}$，则有

$$\begin{bmatrix} u \\ v \\ 1 \end{bmatrix} = \begin{bmatrix} 1/d_x & 0 & 0 \\ 0 & 1/d_y & 0 \\ 0 & 0 & 1 \end{bmatrix} \begin{bmatrix} x \\ y \\ 1 \end{bmatrix} \tag{4.62}$$

若离散化后的图像坐标仍用 $m_{\text{proj}} = (u, v, 1)^{\text{T}}$ 表示，则有

$$m_{\text{proj}} = \begin{bmatrix} f_x & 0 & u_0 & 0 \\ 0 & f_y & v_0 & 0 \\ 0 & 0 & 1 & 0 \end{bmatrix} X_c = K_{\text{cam}}[I, 0] X_c = P_{\text{cam}} X_c \tag{4.63}$$

其中

$$K_{\text{cam}} = \begin{bmatrix} f_x & \gamma & u_0 \\ 0 & f_y & v_0 \\ 0 & 0 & 1 \end{bmatrix}$$

是视觉传感器的内参数矩阵；$f_x = f/d_x$、$f_y = f/d_y$ 称为视觉传感器在 u 轴和 v 轴方向上的尺度因子；$(u_0, v_0)^{\text{T}} = (x_0/d_x, y_0/d_y)^{\text{T}}$ 称为视觉传感器的主点。

考虑到视觉传感器制作工艺，成像单元绝大多数是一个平行四边形，四边形的一边平行于 u 轴，另一边与 u 轴形成一个夹角 θ。假设平行四边形的两边长分别为 d_x、d_y，则离散化坐标结合式(4.62)得到

$$z_c \begin{bmatrix} u \\ v \\ 1 \end{bmatrix} = \begin{bmatrix} f/d_x & -f(\tan\theta/d_x) & (x_0 - y_0\tan\theta)/d_x & 0 \\ 0 & f(\sin\theta/d_y) & y_0\sin\theta/d_y & 0 \\ 0 & 0 & 1 & 0 \end{bmatrix} X_c \tag{4.64}$$

$$= K_{\text{cam}}[I, 0] X_c = P_{\text{cam}} X_c$$

其中

$$K_{\mathrm{cam}} = \begin{bmatrix} f_x & \gamma & u_0 \\ 0 & f_y & v_0 \\ 0 & 0 & 1 \end{bmatrix}$$

是视觉传感器的内参数矩阵；$f_x = f / d_x$、$f_y = f(\sin\theta / d)$ 称为视觉传感器在 u 轴和 v 轴方向上的尺度因子；$(u_0, v_0)^{\mathrm{T}}$ 称为视觉传感器的主点；$\gamma = -f(\tan\theta / d_x)$ 称为视觉传感器的倾斜因子。

　　由于上述视觉传感器矩阵是基于视觉传感器坐标系建立的，而该坐标系的中心和主轴等参数事先均未知，因此无法在该坐标系下确定空间点的具体坐标值。因此，引入世界坐标系为所有空间点提供了一个统一的参考标准，使得不同位置和方向的视觉传感器能够有效地与目标点进行关联。通过这种方式，可以将视觉传感器的坐标系与世界坐标系进行转换，从而在各种应用场景中实现准确的空间定位和目标识别。

　　视觉传感器坐标系 $O\text{-}x_c y_c z_c$ 和世界坐标系 $O\text{-}xyz$ 之间的位置关系可以通过旋转矩阵 R 和平移向量 $t_{\mathrm{trans\_vex}}$ 来表示，如图 4.25 所示。

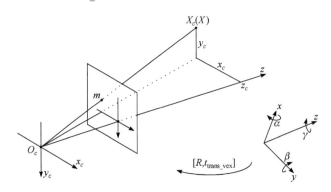

图 4.25　视觉传感器坐标系和世界坐标系的关系

　　设空间点在世界坐标系下的坐标为 $X_w = (x, y, z, 1)^{\mathrm{T}}$，其在视觉传感器坐标系下的坐标为 $X_c = (x_c, y_c, z_c, 1)^{\mathrm{T}}$，则可以得到它们之间的关系为

$$X_c = (x_c, y_c, z_c, 1)^{\mathrm{T}} = \begin{bmatrix} R & t_{\mathrm{trans\_vex}} \\ \theta^{\mathrm{T}} & 1 \end{bmatrix} X_w \tag{4.65}$$

其中

$$\begin{cases} R = R(R_x(\alpha), R_y(\beta), R_z(\gamma)) \\[2mm] R_x(\alpha) = \begin{bmatrix} 1 & 0 & 0 \\ 0 & \cos\alpha & -\sin\alpha \\ 0 & \sin\alpha & \cos\alpha \end{bmatrix} \\[6mm] R_y(\beta) = \begin{bmatrix} \cos\beta & 0 & \sin\beta \\ 0 & 1 & 0 \\ -\sin\beta & 0 & \cos\beta \end{bmatrix} \\[6mm] R_z(\gamma) = \begin{bmatrix} \cos\gamma & -\sin\gamma & 0 \\ \sin\gamma & \cos\gamma & 0 \\ 0 & 0 & 1 \end{bmatrix} \end{cases}$$

其中，α 为绕 x 轴的旋转角度；β 为绕 y 轴的旋转角度；γ 为绕 z 轴的旋转角度；R 为单位正交矩阵。将式(4.65)代入式(4.64)中并考虑到相差任意一个常数因子的齐次坐标相同，可得

$$\begin{bmatrix} u \\ v \\ 1 \end{bmatrix} = K_{\text{cam}}[I,0]\begin{bmatrix} R & t \\ \theta^{\text{T}} & 1 \end{bmatrix}X = P_{\text{cam}}X_w \tag{4.66}$$

此时视觉传感器矩阵变为 $P_{\text{cam}} = K_{\text{cam}}[I,0]\begin{bmatrix} R & t_{\text{trans\_vex}} \\ \theta^{\text{T}} & 1 \end{bmatrix}$。显然，视觉传感器矩阵是秩为 3 的 3×4 矩阵，自由度为 11。其中 $Q_{\text{cam}} = \begin{bmatrix} R & t_{\text{trans\_vex}} \\ \theta^{\text{T}} & 1 \end{bmatrix}$ 称为视觉传感器的外参数矩阵。

由式(4.66)可见，如果已知视觉传感器的内外参数，那么对于任何空间点 X，如果知道它在世界坐标系中的坐标 $X_w = (x,y,z,1)^{\text{T}}$，就可以求出它在图像中的像点 m_{proj} 的位置 $m_{\text{proj}} = (u,v,1)^{\text{T}}$。反过来，如果已知某空间点 m_{proj} 的位置 $m_{\text{proj}} = (u,v,1)^{\text{T}}$，即使已知视觉传感器的内外参数，其世界坐标也不能唯一确定。因为式(4.66)中 P_{cam} 是不可逆矩阵，当已知 P_{cam} 与 $m_{\text{proj}} = (u,v,1)^{\text{T}}$ 时，由式(4.66)给出的三个方程中消去 z 可得到关于 $X_w = (x,y,z,1)^{\text{T}}$ 的两个线性方程。这两个线性方程组成的方程组即射线 $O_c X_w$ 的方程。由图 4.24 也可以看出，当已知图像点 m_{proj} 时，由针孔模型可知，任何位于射线 $O_c X_w$ 上的空间点对应的图像点都是点 m_{proj}。

4.4.2 基于视觉传感器模型的物理信息生成方法

在详细介绍视觉传感器物理信息生成方法之前，首先要了解暗箱模拟视觉传感器的工作原理，即如何确保暗箱中获得的图像信息与真实车载视觉传感器获得的图像信息保持一致。在传统视觉传感器模型中，无论何种传感器都会存在畸变现象，造成图片的失真。但不同于以往需要解决这一畸变现象，视觉传感器暗箱需要将畸变现象模拟出来，从而获得和传统视觉传感器一样的图像信息。

在单目视觉成像原理中我们了解到，理想针孔模型是一个对视觉中三维几何有用的模型，但是针孔模型只有一个小孔能够通过光线，其他地方都被遮挡了，因此就需要很长的曝光时间才能生成图像。为了快速生成图像，可以利用弯曲的透镜焦距发散的光线，在成像平面上生成图像。这种方法能够减少曝光时间，快速生成图像，同时也引入了图像的畸变。使用弯曲的透镜成像，中心的部分畸变较小，越靠近透镜边缘畸变越严重。

根据透镜畸变的来源和几种畸变的影响，以下主要介绍透镜的径向畸变和切向畸变。径向畸变来自透镜本身的形状特征，而切向畸变则来自整个视觉传感器的组装过程。

1. 视觉传感器的径向畸变

视觉传感器的径向畸变如图 4.26 所示。对于大多数的透镜，透镜中心的畸变小，越靠近透镜的边缘，畸变越严重。图 4.26 中的正方形物体，经过普通视觉传感器的透镜成像后，中心畸变小，而正方形的边缘由于靠近透镜的边缘发生了较大的畸变，变成了弯曲的形状。但在高端视觉传感器中，如果在成像时进行了径向畸变的处理，可以消除径向畸变的影响，得到边缘畸变较小的图像。

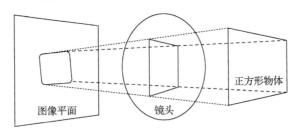

正方形物体

图像平面　　　　镜头

图 4.26　径向畸变

通常，径向畸变可以表述为

$$\begin{cases} x_c = x_0\left(1 + k_1 r^2 + k_2 r^4 + k_3 r^6\right) \\ y_c = y_0\left(1 + k_1 r^2 + k_2 r^4 + k_3 r^6\right) \end{cases} \tag{4.67}$$

其中，k_1、k_2 和 k_3 为径向畸变系数；r 为曲率半径；(x_0, y_0) 是畸变点在成像仪上的原始位置；(x_c, y_c) 是校正后的位置。通常使用矩形网格来表示径向畸变的位移，图 4.27 所示的是某个视觉传感器透镜的径向畸变图，箭头显示径向畸变图像上外部矩形网格的偏移，从图中可以看出，越靠近光心，畸变越小；越远离光心，畸变越大。

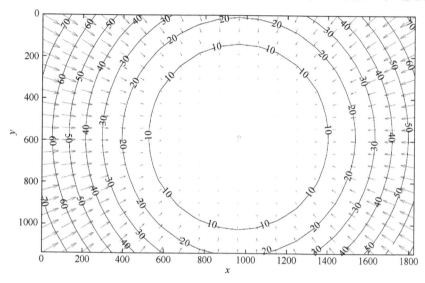

图 4.27　某个视觉传感器的径向畸变图

2. 视觉传感器的切向畸变

视觉传感器的切向畸变是由透镜制造上的缺陷造成的，如图 4.28 所示，切向畸变是由透镜本身与图像平面不平行产生的。

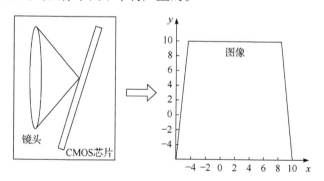

图 4.28　切向畸变示意图

切向畸变可以用两个额外参数 p_1 和 p_2 来描述，其表达式为

$$\begin{cases} x_{\text{corrected}} = x + \left[2p_1 y + p_2 \left(r^2 + 2x^2 \right) \right] \\ y_{\text{corrected}} = y + \left[p_1 \left(r^2 + 2y^2 \right) + 2p_2 x \right] \end{cases} \tag{4.68}$$

切向畸变也可以通过矩形网格表示，如图 4.29 所示，箭头显示切向畸变图像上外部矩形网格的偏移，从图中可以看出，光心越向外，矩形网格上的点位移越大。

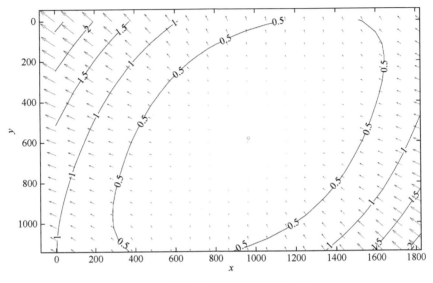

图 4.29　某个视觉传感器的切向畸变图

径向畸变和切向畸变是同时存在的，可以利用图形同时表示这两种畸变的影响，如图 4.30 所示。此图中既有径向畸变也有切向畸变，从图中可得，越远离光心，偏移量越大。

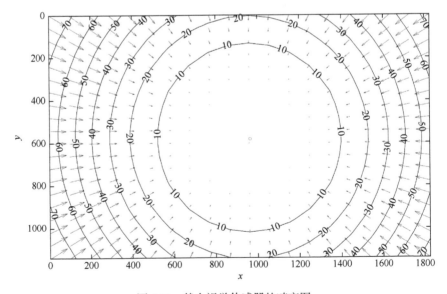

图 4.30　某个视觉传感器的畸变图

　　除了需要模拟图像会出现的畸形现象，视觉传感器同样需要模拟决定图像质量关键因素之一的快门。快门是相机中一个关键的组件，它控制相机感光元件暴露于光线的时间长度。目前主要应用的快门有两种：一种是卷帘快门，这种方法从传感器读取数据更容易生产出具有高帧率的高分辨率传感器，但如果物体快速移动或视觉传感器摇摄，镜头或图像可能会变形；另一种是全局快门，这种方法传感器不是像扫描一样从顶部打开像素然后向下移动，而是一次性使用所有像素拍摄场景。这种方法的缺点是高分辨率传感器会淹没数据通道，最终导致相机无法处理。

　　卷帘快门不是一次性同时曝光所有像素，而是逐行依次曝光，从而捕捉图像。这种工作原理使得卷帘快门在处理动态场景或移动相机时，会产生一些特有的图像畸变效果，如拉伸、剪切和摆动等。当相机或场景在曝光过程中移动时，卷帘快门会导致图像出现动态畸变。例如，快速移动的物体可能会在图像中出现倾斜或拉伸的效果，如图 4.31 所示。

(a) 运动状态下的车辆　　　　　　　(b) 卷帘快门拍摄的运动图像

图 4.31　卷帘快门下的运动车辆图像

　　在全局快门模式下，整个图像传感器的所有像素同时曝光，即在快门开启的那一刻，整个传感器上的像素都开始捕获光信号，然后在快门关闭时同时结束曝光。全局快门传感器通常采用特定的设计，使得每个像素点都有一个独立的存储单元，用于暂时存储曝光期间累积的电荷。这种设计允许在快门开启时所有像素同时开始曝光，并在快门关闭时同时结束曝光。在曝光结束后，累积的电荷需要转移到每个像素的存储单元中。在曝光期间，整个场景被一次性捕捉，因此生成的图像在亮度和颜色上是一致的，如图 4.32 所示。

(a) 运动状态下的车辆　　　　　　　(b) 全局快门拍摄的运动图像

图 4.32　全局快门下的运动车辆图像

　　基于视觉传感器工作和识别原理，长安大学研制了视觉传感器物理信息生成及注入暗箱。视觉传感器暗箱主要包括六部分：驾驶视角影像投影设备、发光二极管(light emitting diode，LED)灯、增距镜、吸波材料、导轨以及视觉传感器。驾驶视角影像投影设备用于在暗箱内投射出不同的背景图像，模拟真实的交通环境，即将场景服务器中的虚拟场景实时显示在投影设备上；LED 灯用于模拟太阳光以及路侧基础设施的光线，产生不同的光照效果，进一步加强得到的视觉信息的准确性；增距镜用于调节视觉传感器成像距离；吸波材料用来吸收杂波信号与环境光，减少对测试结果的影响；导轨由步进电机和丝杠组成，步进电机是根据微控制器的指令输出适宜的转矩和转角，从而驱动视觉传感器、增距镜移动，模拟出真实的视觉传感器与待观测事物之间的真实距离[13]。

视觉传感器暗箱结构如图 4.33 所示。

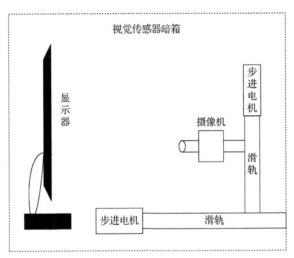

图 4.33　视觉传感器暗箱结构示意图

视觉传感器、增距镜以及显示器在同一条导轨上布置，并可以根据要求更改三者之间的距离。

视觉信号注入系统主要具有两部分功能：第一部分是信号生成；第二部分是信号模拟。信号生成部分，计算单元连接场景服务器从中得到虚拟测试场景的目标视觉信号信息；信号模拟部分，主要由视觉传感器暗箱生成信号并模拟出相应的图像信息。最终将该图像信息映射到被测车辆的视觉传感器，完成被测车辆视觉传感器数据的获取，并结合其他传感器信息做出相应反应，实现特定目标场景(场景库中场景)的自动驾驶测试。

本节在现有测试平台的基础上构建一个视觉传感器在环测试案例。首先在仿真平台中搭建一个自动驾驶车辆虚拟测试场景，场景中包括仿真车辆、交互车辆以及常见交通要素。本节选用 Basler 公司生产的 acA1600-60gc 视觉传感器作为被测视觉传感器，该视觉传感器布置在视觉传感器暗箱中。在仿真环境中根据被测视觉传感器的特性生成虚拟视觉传感器模型，并布置在与实车相同的位置。

试验结果如图 4.34 所示，虚拟场景中的被测车辆随着设定的规划路径开始行驶，虚拟视觉传感器实时获取车辆当前位置的环境信息。场景服务器将环境信息实时传输给视觉传感器暗箱，暗箱中的显示器实时播放测试环境中的车辆模型周围环境的视觉信息，置于屏前的视觉传感器采集这些测试场景后通过网络传输给车载计算机，车载计算机通过图像识别算法对其进行处理。最后将视觉传感器暗箱重新生成的真实视觉信息通过网络实时传输给自动驾驶系统，用于后续的相关测试。

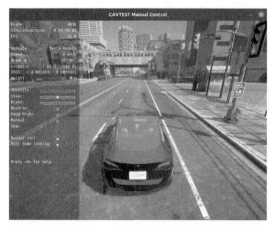

图 4.34　测试过程中的车载视觉传感器所摄环境

参 考 文 献

[1] Li X, Wang X, Yang Q, et al. Signal processing for TDM MIMO FMCW millimeter-wave radar sensors. IEEE Access, 2021, 9: 167959-167971.

[2] Venon A, Dupuis Y, Vasseur P, et al. Millimeter wave FMCW RADARs for perception, recognition and localization in automotive applications: A survey. IEEE Transactions on Intelligent Vehicles, 2022, 7(3): 533-555.

[3] Cooley J W, Lewis P A W, Welch P D. The fast Fourier transform and its applications. IEEE Transactions on Education, 1969, 12(1): 27-34.

[4] Pierrehumbert R. Encyclopedia of Astrobiology. Berlin: Springer, 2011.

[5] 刘波, 郭强. 基于 ITU-R 模型的降雨衰减特性研究与仿真. 上海航天, 2011, 28(6): 58-63.

[6] Liebe H J, Manabe T, Hufford G A. Millimeter-wave attenuation and delay rates due to fog/cloud conditions. IEEE Transactions on Antennas and Propagation, 1989, 37(12): 1612-1617.

[7] Stacy E W, Mihram G A. Parameter estimation for a generalized gamma distribution. Technometrics, 1965, 7(3): 349-358.

[8] Shen M Q, Wang Y Y, Jiang Y D, et al. A new positioning method based on multiple ultrasonic sensors for autonomous mobile robot. Sensors, 2019, 20(1): 17.

[9] 李波. 自动泊车系统超声波雷达在环测试方法研究. 长春: 吉林大学, 2023.

[10] 吴亚鹏. 基于双目视觉的运动目标跟踪与三维测量. 西安: 西北大学, 2008.

[11] 王海彬. 基于双目视觉的多介质空间运动目标跟踪定位技术研究. 西安: 长安大学, 2011.

[12] 张鹏. 基于机器视觉的路产设施三维信息采集与处理技术研究. 西安: 长安大学, 2010.

[13] 薛丁瑞. 基于整车在环的自动驾驶运动规划与控制系统测评方法研究. 西安: 长安大学, 2023.

第5章 整车在环一体化测试平台构建方法

整车在环测试技术凭借其安全性好、成本低、效率高等优势成为面向高等级自动驾驶测评的研究重点。整车在环一体化测试平台在其中发挥了关键作用，通过模拟车辆在真实环境下行驶时的道路工况，为自动驾驶汽车安全验证、缺陷识别、智能评级提供了有效的平台支撑。

然而，目前转鼓试验台在模拟真实道路工况方面仍存在保真度低、灵敏度和可靠性差的问题。真实道路环境的复杂度较高，包括但不限于道路坡度、曲率以及动态变化的车辆行驶阻力等因素。当前转鼓试验台的技术局限性在于难以精确、实时、同步地响应这些复杂且连续变化的道路工况参数，导致测试车辆与试验台之间的车-路耦合信息交互性较差，从而影响了测试结果的准确度。

针对上述问题，本章提出一种面向前轴可旋转式九自由度转鼓试验台的车-路耦合状态重构方法，并据此构建整车在环一体化测试平台，为自动驾驶汽车测试提供真实的道路工况(行驶阻力、道路坡度、道路曲率)，在转鼓试验台上复现测试车辆的驾驶行为和动力学特性，确保测试结果的准确性。

5.1 概　　述

为了提高道路工况模拟的精度，本章提出一种前轴可旋转式九自由度转鼓试验台构建方法，9 个自由度分别为车辆的俯仰角、前轮转向角、前轴高度、后轴高度、重心高度以及 4 个车轮的自旋运动。试验台的功能结构主要包括道路载荷模拟子系统、道路曲率模拟子系统和道路坡度模拟子系统。道路载荷模拟子系统主要通过模拟车辆的平动惯量和各种道路工况下的行驶阻力为被测自动驾驶汽车提供接近真实的路面工况；道路曲率模拟子系统通过实时调整前轴滚筒组的转向角为车辆模拟道路的几何线形；道路坡度模拟子系统通过调整试验台前、后轴滚筒组的垂直高度来实现道路坡度和车辆俯仰角的模拟。

基于上述功能结构设计，试验台设有多组硬件机构，主要包括滚筒组电机驱动、坡度举升、转向随动实时控制、轴距调整、举升缸、保护辊、测速辊等机构，试验台的整体机械结构如图 5.1 所示。在测试过程中，滚筒组用于模拟连续移动的行驶路面，通过在四个滚筒上独立加载扭矩模拟不同的路面附着系数(如冰雪路面、湿滑路面等)[1,2]；此外，利用飞轮的转动惯量等效模拟车辆在道路上行驶的平动惯量；利用转向随动实时控制机构支持车辆行驶转向，模拟多种道路的几何线形；通过调节俯仰机构实现道路的坡度模拟。

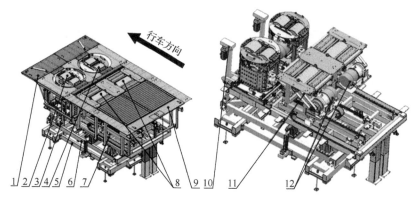

图 5.1　九自由度转鼓试验台的主体结构示意图

1. 前固定架；2. 左前滚筒；3. 纵移制动；4. 右前滚筒；5. 底座；6. 翻滚架；7. 伸缩传动带；8. 后轴滚筒组；
9. 后固定架；10. 俯仰伺服电机；11. 同步带；12. 滚筒组驱动电机

图 5.2 为试验台滚筒组的工作示意图，两个滚筒之间连有同步带(传动带)。扭矩控制器的主体为磁粉离合器，其内部结构如图 5.3 所示。滚筒组通过传动带与扭矩控制器的内转子连接，飞轮组通过链轮与扭矩控制器的外转子同轴连接，通过调整励磁线圈的输入电流来控制内、外转子间的电磁作用力和旋转速度，最终输出控制扭矩。扭矩控制器是试验台的关键机构，一方面可以通过带动飞轮转动来存储动能并用于模拟车身的平动惯量，另一方面通过调整输出的控制扭矩可以在车辆轮胎上加载行驶阻力，模拟真实的道路工况[3]。

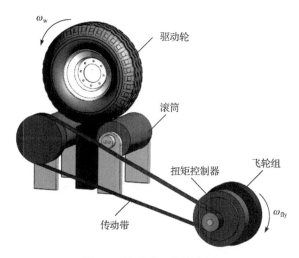

图 5.2　滚筒组工作示意图

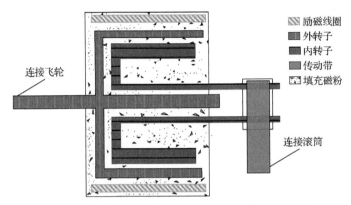

图 5.3　扭矩控制器(磁粉离合器)的内部结构示意图

扭矩控制器主要由保护壳、励磁线圈、主动输入轴、从动输出轴组成。主动输入轴与滚筒相连接，从动输出轴通过橡胶皮带外接飞轮组。主动输入轴与从动输出轴间填充耐高温、高磁导率的磁粉。工作时，当励磁线圈不通电时，主动输入轴转动，由于离心作用，磁粉会保护壳内壁，从动输出轴空转，对应被测自动驾驶汽车在绝对光滑路面上行驶工况；当励磁线圈通电时，主动输入轴与从动输出轴间的磁粉被磁化，将主动输入轴与从动输出轴耦合在一起，飞轮组接入滚筒并相连接，从而给转筒施加扭矩；随着励磁线圈电流的增大，被磁化的磁粉增多，内外转子耦合程度也逐步增强。因此，可以通过控制电路来控制通过励磁线圈电流的强弱，调节施加给滚筒的扭矩，进而控制被测自动驾驶汽车行驶过程中受到的反向力矩与摩擦力，完成对不同道路材质与路况下路面附着系数的模拟。

本章用于测试的自动驾驶汽车为前驱车辆，当车辆在转鼓试验台上进行测试时，驱动轮带动前轴滚筒组和扭矩控制器的内转子转动，此时扭矩控制器通过电磁力带动飞轮同步转动，以存储动能并用于模拟车辆的平动惯量[4]。前轴滚筒组和后轴滚筒组通过万向节传动装置连接，将车辆驱动轮的动力传递给后轴滚筒组的飞轮，飞轮通过扭矩控制器的电磁力带动内转子和后轴滚筒转动；后轴滚筒组则进一步通过摩擦力带动车辆的从动轮同步转动。

在完成试验台的初始化配置后，被测自动驾驶汽车将缓慢平稳地驶上转鼓试验台，前后轮分别嵌入两侧可动转筒之间，并且车辆前轮可保证一定的转动自由度；同时道路载荷模拟子系统对被测自动驾驶汽车的前后轮进行横向硬约束与纵向软约束，能够有效降低测试过程中的横向漂移。测试过程中，根据上位机传输的信息指令与测试场景中预设的道路参数，控制转鼓试验台进行相应的姿态、阻尼变换，实时模拟被测自动驾驶汽车与道路的动态交互。

5.2　道路载荷模拟

在真实的道路行驶环境中,自动驾驶汽车的行驶表现显著受到道路条件的约束,不同的路面条件下,自动驾驶的行驶性能表现存在极大差异。因此,要想实现对自动驾驶汽车的充分测试,应当具备两个基础条件:①需要具备在车-路耦合工况下道路载荷的模拟能力;②对道路载荷的模拟能力是可变的,并且其能够随着测评需求进行动态调整。

车辆动力学模型为精确描述和预测车辆在各种工况下的行为特征提供了一个理论基础,通过构建车辆动力学模型,可以在受控的测试环境中模拟各种驾驶工况,不仅能够保证车辆安全,还有助于提高试验台的模拟精度。为了确保车辆在试验台上行驶的动力学特性与其在实际道路条件下的表现保持一致,本节基于车-路耦合作用机制分别构建道路行驶和试验台行驶两种工况下的车辆动力学模型。

5.2.1　基于道路行驶的车辆动力学模型构建

图 5.4 为车辆在斜坡道路上行驶的纵向动力学模型示意图,其中涉及的物理量如表 5.1 所示,车辆行驶过程中受到的各项外力如下所述。

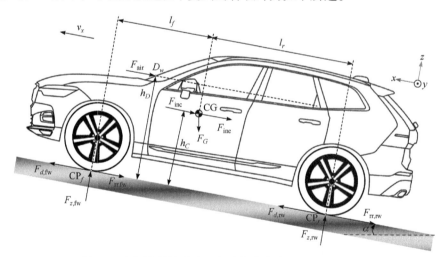

图 5.4　车辆在斜坡道路上行驶的纵向动力学模型示意图

表 5.1　车辆在道路上行驶的纵向动力学模型所涉及的物理量

物理量	物理意义	单位
CG	车辆重心	—
CP_f	前轮胎与地面的接触点,也为车辆前轴的纵向位置点	—

物理量	物理意义	单位
α	道路坡度(上坡为正)	rad
h_C	CG 到地面的垂直高度	m
l_f	CG 与前轴 CP_f 的纵向距离	m
F_{air}	车辆的等效纵向空气阻力	N
F_{inc}	车辆的坡度阻力	N
$F_{z,fw}$	前轮胎的法向载荷	N
$F_{d,fw}$	前轮的纵向轮胎力	N
$F_{rr,fw}$	前轮的滚动阻力	N
D_w	风阻作用点	——
CP_r	后轮胎与地面的接触点，也为车辆后轴的纵向位置点	——
v_x	车辆纵向速度	m/s
h_D	D_w 到地面的垂直高度	m
l_r	CG 与后轴 CP_r 的纵向距离	m
F_G	车辆的重力	N
F_{ine}	车辆的加速阻力，即惯性力	N
$F_{z,rw}$	后轮胎的法向载荷	N
$F_{d,rw}$	后轮的纵向轮胎力	N
$F_{rr,rw}$	后轮的滚动阻力	N

1. 坡度阻力

当车辆在斜坡道路上行驶时，其重力沿坡路的分力为车辆的坡度阻力，计算公为

$$F_G = m_{veh}g \tag{5.1}$$

$$F_{inc} = F_G \sin\alpha \tag{5.2}$$

其中，m_{veh} 为车辆的质量(kg)；g 为重力加速度(m/s^2)。

2. 加速阻力

由于惯性力的存在，车辆在以加速度 a_x(m/s^2)行驶时需要克服保持车辆原有

运动状态的阻力，即加速阻力。车辆在运动过程的加速阻力主要由两部分组成：车身平移运动产生的惯性力和内部旋转组件(如飞轮、传动系和车轮等)产生的惯性力偶矩[5]。由于车辆内部的旋转组件结构较为复杂，惯性力偶矩的计算过程较为烦琐，因此通常引入汽车旋转质量换算系数 δ，通过将旋转组件的惯性力偶矩等效转化为平动的惯性力以简化计算复杂度，因此加速阻力的计算公式为

$$F_{ine} = \delta m_{veh} a_x, \quad \delta > 1 \tag{5.3}$$

$$\delta = 1 + \frac{1}{m_{veh}} \frac{\sum I_w}{r_w^2} + \frac{1}{m_{veh}} \frac{I_f i_g^2 i_0^2 \eta_\tau}{r_w^2} \tag{5.4}$$

其中，I_w 为车轮的转动惯量($kg \cdot m^2$)；r_w 为车轮半径(m)；I_f 为车辆飞轮的转动惯量；i_g 为车辆的主传动比；i_0 为车辆变速器的传动比；η_τ 为车辆传动系统的机械效率。

3. 空气阻力

作用在车辆上的等效空气阻力可表示为

$$F_{air} = \frac{1}{2} \rho_{air} C_d A_F (v_x + v_{wind})^2 \tag{5.5}$$

其中，ρ_{air} 为空气密度(kg/m^3)；C_d 为空气阻力系数；A_F 为车辆的迎风面积(m^2)；v_x 为车辆的纵向速度(m/s)；v_{wind} 为风速(m/s)，顺风为正，逆风为负。

根据国家标准《汽车加速性能试验方法》(GB/T 12543—2009)对汽车道路试验的要求[6]，即 $v_{wind} \leqslant 3m/s$，环境温度在 0~40℃，此时车辆所受的空气阻力可近似为

$$F_{air} = \frac{C_d A_F v_x}{21.15} \tag{5.6}$$

4. 轮胎法向载荷

轮胎法向载荷即轮胎受到地面的垂直作用力，主要受车身重量、车辆质心位置、轮胎位置、纵向加速度、空气阻力以及路面坡度等因素影响。在车辆行驶过程中，车辆的加速度会导致轮胎法向载荷的动态变化，进而影响轮胎与地面之间的滚动摩擦力[7]。如图 5.4 所示，假设车辆的俯仰动作已经达到稳定状态，分别对车辆前、后轮与地面的接触点取矩，有

$$\begin{cases} F_{z,fw}(l_f + l_r) + F_{air}h_D + F_{ine}h_C + F_{inc}h_C - F_G l_r \cos\alpha = 0 \\ F_{z,rw}(l_f + l_r) - F_{air}h_D - F_{ine}h_C - F_{inc}h_C - F_G l_f \cos\alpha = 0 \end{cases} \tag{5.7}$$

整理可得

$$\begin{cases} F_{z,\mathrm{fw}} = -\dfrac{F_{\mathrm{air}}h_D + F_{\mathrm{ine}}h_C + F_{\mathrm{inc}}h_C - F_G l_r \cos\alpha}{l_f + l_r} \\[3mm] F_{z,\mathrm{rw}} = \dfrac{F_{\mathrm{air}}h_D + F_{\mathrm{ine}}h_C + F_{\mathrm{inc}}h_C + F_G l_f \cos\alpha}{l_f + l_r} \end{cases} \tag{5.8}$$

式(5.8)表明车辆在加速/减速过程中，前、后轮胎的法向载荷会动态变化，且两者的变化趋势相反。此外，车辆的轴载荷与轮胎法向载荷互为相反力，大小相等，方向相反，因此也解释了车辆在加速时车尾会明显下沉，在减速时车头会明显下沉的现象。

5. 纵向轮胎力

纵向轮胎力 $F_{d,\mathrm{fw}}$ 和 $F_{d,\mathrm{rw}}$ 为路面作用在轮胎上的摩擦力，其主要由纵向滑移率、轮胎与路面间的纵向摩擦系数以及轮胎垂直载荷决定。纵向滑移率 S_L 定义如下：

$$S_L = \frac{v_x - \omega_w r_w}{v_x} \tag{5.9}$$

其中，ω_w 为车轮的旋转角速度(rad/s)。

由于滑移率与路面附着系数之间存在非线性关系，因此需要通过非线性轮胎模型来计算纵向轮胎力。"魔术公式"是经典的轮胎力学经验公式，通过一套三角函数组合公式来描述轮胎的力学特性，如纵向力、侧向力、阻力矩等[8]。首先通过轮胎公式确定轮胎与路面间的纵向摩擦系数 μ_L，其计算公式为

$$\mu_L(S_L, F_z) = \left[c_1(1 - \mathrm{e}^{c_2 S_L}) - c_3 S_L \right] \mathrm{e}^{-c_4 S_L v_x} \left(1 - c_5 F_z^2 \right) \tag{5.10}$$

其中，$c_1 \sim c_5$ 为与路面材质相关的常系数。随后，结合式(5.9)和式(5.10)来计算纵向力

$$\begin{cases} F_{d,\mathrm{fw}} = \mu(S_L, F_{z,\mathrm{fw}}) F_{z,\mathrm{fw}} \\[2mm] F_{d,\mathrm{rw}} = \mu(S_L, F_{z,\mathrm{rw}}) F_{z,\mathrm{fw}} \end{cases} \tag{5.11}$$

6. 滚动阻力

驾驶过程中由于轮胎形变造成的能量损失可以通过作用在轮胎上的一个与滚动方向相反的阻力来表示，即滚动阻力。滚动阻力主要受轮胎的结构、材料和气压，以及道路材料等因素影响。为了便于计算，滚动阻力通常表示为

$$\begin{cases} F_{\mathrm{rr,fw}} = f_{\mathrm{road}} F_{z,\mathrm{fw}} \\[2mm] F_{\mathrm{rr,rw}} = f_{\mathrm{road}} F_{z,\mathrm{rw}} \end{cases} \tag{5.12}$$

$$F_{\text{rr}} = F_{\text{rr,fw}} + F_{\text{rr,rw}} = f_{\text{road}} F_G \cos \alpha \tag{5.13}$$

其中，f_{road} 为滚动阻力系数；F_{rr} 为车辆受到的滚动阻力。根据国家标准《汽车动力性台架试验方法和评价指标》(GB/T 18276—2017)对汽车在路面上行驶的滚动阻力系数要求[9]，f_{road} 的取值如表 5.2 所示。

表 5.2　滚动阻力系数 f_{road} 取值

轮胎类型	f_{road}
子午胎	0.006
斜交胎	0.010

5.2.2　基于转鼓试验台的车辆动力学模型构建

转鼓试验台行驶工况下的车辆动力学模型构建过程如下。图 5.5 为车辆在试验台上行驶的受力分析图，其中 N_1 和 N_2 分别为前轴滚筒组中前、后滚筒对驱动轮的支撑力，F_1 和 F_2 分别为前、后滚筒对驱动轮的切向作用力，$F_{\text{rr},1}'$ 和 $F_{\text{rr},2}'$ 分别为前、后滚筒对驱动轮的滚动阻力，F_{ine}' 为车辆在试验台上的惯性阻力，$F_{z,\text{rw}}'$ 为后轴滚筒组对车辆后轮的法向载荷，$F_{d,\text{rw}}'$ 为后轴滚筒组对车辆后轮的纵向轮胎力，$F_{\text{rr,rw}}'$ 为后轴滚筒组对车辆后轮的滚动阻力。

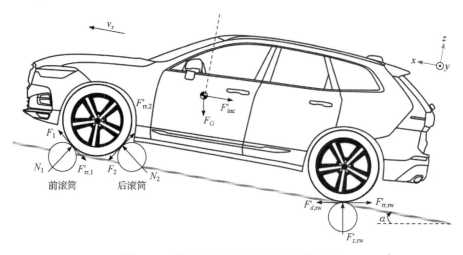

图 5.5　车辆在试验台上行驶的受力分析图

车辆在试验台上行驶过程中相对地面是静止的，其所受到的外力全部来自滚筒。试验台的运转是通过车辆驱动轮带动滚筒组及相关传动系统转动的，因此滚筒对驱动轮的作用力本质上是车辆需要克服的试验台系统阻力，其中主要包括车辆在试验台上的惯性阻力、轮胎法向载荷与滚动阻力、试验台内阻以及试验台惯性阻力。

1. 车辆在试验台上的惯性阻力

车辆在试验台上测试时相对于地面是静止的，即纵向加速度为零，因此没有因车身平动而产生惯性力，仅有内部旋转部件产生的惯性力偶矩，由式(5.3)和式(5.4)可得，车辆在试验台上行驶时的惯性阻力为 F'_{ine} 为

$$F'_{\text{ine}} = \delta' m_{\text{veh}} a_x \tag{5.14}$$

$$\delta' = \frac{1}{m_{\text{veh}}} \sum \frac{I_w}{r_w^2} + \frac{1}{m_{\text{veh}}} \frac{I_f i_g^2 i_0^2 \eta_\tau}{r_w^2} \tag{5.15}$$

其中，δ' 为车辆在试验台上行驶时的旋转质量换算系数。

2. 轮胎法向载荷与滚动阻力

为计算车辆在试验台上的轮胎法向载荷和滚动阻力，以测试车辆为研究对象，根据图 5.5 对车辆进行受力分析，将前轴滚筒组的前、后滚筒等效为一个作用在驱动轮正下方的单滚筒，并将前、后滚筒对驱动轮的作用力合成为等效前轴滚筒的等效作用力，如图 5.6 所示，$F'_{z,\text{fw}}$ 为等效前轮法向载荷，是 N_1 和 N_2 的合力；$F'_{d,\text{fw}}$ 为等效前轮纵向轮胎力，是 F_1 和 F_2 的合力；$F'_{\text{rr,fw}}$ 为等效前轮滚动阻力，是 $F'_{\text{rr,1}}$ 和 $F'_{\text{rr,2}}$ 的合力；CP'_f 和 CP'_r 分别为前、后轮胎的作用点。

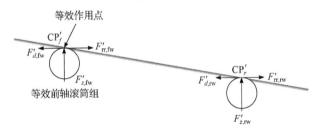

图 5.6　试验台上车辆驱动轮的受力合成示意图

假设车辆在试验台上的俯仰动作已经达到稳定状态，结合图 5.5 和图 5.6 分别对 CP'_f 和 CP'_r 取矩，有

$$F'_{z,\text{fw}}(l_f + l_r)\cos\alpha + \left(F'_{\text{rr,fw}} - F'_{d,\text{fw}}\right)(l_f + l_r)\sin\alpha + F_{\text{inc}}h_C - F_G l_r \cos\alpha = 0 \tag{5.16}$$

$$F'_{z,\text{fw}}(l_f + l_r)\cos\alpha + \left(F'_{\text{rr,fw}} - F'_{d,\text{fw}}\right)(l_f + l_r)\sin\alpha + F_{\text{inc}}h_C - F_G l_r \cos\alpha = 0 \quad (5.17)$$

整理可得

$$\begin{cases} F'_{z,\text{fw}} = -\dfrac{\left(F'_{\text{rr,fw}} - F'_{d,\text{fw}}\right)(l_f + l_r)\sin\alpha + F_{\text{inc}}h_C - F_G l_r \cos\alpha}{(l_f + l_r)\cos\alpha} \\[4mm] F'_{z,\text{rw}} = \dfrac{\left(F'_{\text{rr,rw}} - F'_{d,\text{rw}}\right)(l_f + l_r)\sin\alpha + F_{\text{inc}}h_C + F_G l_f \cos\alpha}{(l_f + l_r)\cos\alpha} \end{cases} \quad (5.18)$$

结合式(5.11)和式(5.12)中对纵向轮胎力和滚动阻力的定义可得

$$\begin{cases} F'_{z,\text{fw}} = -\dfrac{F_{\text{inc}}h_C - F_G l_r \cos\alpha}{(l_f + l_r)\left[(\mu'_{\text{fw}} - f'_{\text{fw}})\sin\alpha + \cos\alpha\right]} \\[4mm] F'_{z,\text{rw}} = \dfrac{F_{\text{inc}}h_C + F_G l_r \cos\alpha}{(l_f + l_r)\left[(\mu'_{\text{rw}} - f'_{\text{rw}})\sin\alpha + \cos\alpha\right]} \end{cases} \quad (5.19)$$

其中，μ'_{fw} 和 μ'_{rw} 分别为试验台上车辆前、后轮的纵向摩擦系数；f'_{fw} 和 f'_{rw} 为分别相应的滚动阻力系数。

图 5.7 为车辆驱动轮在前轴滚筒组上行驶的受力情况，图中 r_{rol} 为滚筒的半径；l_{rol} 为前、后滚筒圆心的纵向距离；F_H 为车桥对驱动轮的水平推力(N)；β 为驱动轮在滚筒组上的安置角(°)；m_{fa} 为车辆空载时的前轴荷(kg)；M_w 为驱动轮

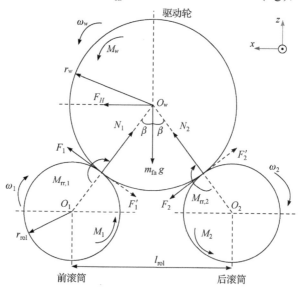

图 5.7　驱动轮在前轴滚筒组上的受力分析图

的输出力矩($\mathrm{N \cdot m}$)；$M_{\mathrm{rr},1}$ 和 $M_{\mathrm{rr},2}$ 分别为前、后滚筒对驱动轮的滚动阻力偶矩 ($\mathrm{N \cdot m}$)；F_1' 和 F_2' 分别为驱动轮对前、后滚筒的切向作用力，与 F_1 和 F_2 互为反作用力；ω_1 和 ω_2 为前、后滚筒的角速度；M_1 和 M_2 分别为扭矩控制器施加在前、后滚筒上的扭矩。

以驱动轮为研究对象，其在纵向和垂直方向上的受力情况为

$$\beta = \arcsin\left(\frac{l_{\mathrm{rol}}/2}{r_w + r_{\mathrm{rol}}}\right) \tag{5.20}$$

$$\begin{cases} (F_1 + F_2)\cos\beta + (N_2 - N_1)\sin\beta = F_H & \text{（纵向）} \\ (F_1 + F_2)\sin\beta + (N_2 + N_1)\cos\beta = m_{\mathrm{fa}}g & \text{（垂直方向）} \end{cases} \tag{5.21}$$

此时驱动轮的力矩平衡方程组为

$$M_w - (M_{\mathrm{rr},1} + M_{\mathrm{rr},1}) - (F_1 + F_2)r_w = I_w\dot{\omega}_w \tag{5.22}$$

$$\begin{cases} M_{\mathrm{rr},1} = F_{\mathrm{rr},1}'r_w \\ M_{\mathrm{rr},2} = F_{\mathrm{rr},2}'r_w \end{cases} \tag{5.23}$$

以前、后滚筒为研究对象，可得力矩平衡方程组：

$$\begin{cases} F_1'r_{\mathrm{rol}} - M_1 = J_1\dot{\omega}_1 \\ F_2'r_{\mathrm{rol}} - M_2 = J_2\dot{\omega}_2 \end{cases} \tag{5.24}$$

其中，$J_1 = J_2$ 分别为前、后滚筒的转动惯量。求解可得

$$\begin{cases} F_1' = \dfrac{J_1\dot{\omega}_1 + M_1}{r_{\mathrm{rol}}} \\ F_2' = \dfrac{J_2\dot{\omega}_2 + M_2}{r_{\mathrm{rol}}} \end{cases} \tag{5.25}$$

由于 F_1' 和 F_2' 分别与 F_1 和 F_2 互为反作用力，大小相等，所以将式(5.10)和式(5.12)代入式(5.9)并整理可得

$$F_{\mathrm{rr},1}' + F_{\mathrm{rr},2}' = \frac{M_w - I_w\dot{\omega}_w}{r_w} - \frac{J_1\dot{\omega}_1 + J_2\dot{\omega}_2 + M_1 + M_2}{r_{\mathrm{rol}}} \tag{5.26}$$

车辆在试验台的行驶过程中驱动轮与前、后滚筒紧密接触且同步转动，即不存在滑动摩擦且三者的边缘线速度均相同，即

$$\omega_1 = \omega_2 = \frac{r_w}{r_{\mathrm{rol}}}\omega_w \tag{5.27}$$

令 $M_{\mathrm{rol},f} = M_1 + M_2$，$M_{\mathrm{rol},f}$ 为前轴滚筒组的扭矩控制器输出的扭矩($\mathrm{N \cdot m}$)，可得驱动轮受到的滚动阻力 $F_{\mathrm{rr,fw}}'$ 为

$$F'_{rr,fw} = F'_{rr,1} + F'_{rr,2} = \frac{M_w - I_w \dot{\omega}_w}{r_w} - \frac{2J_1 r_w \dot{\omega}_w + r_{rol} M_{rol,f}}{r_{rol}^2} \tag{5.28}$$

由式(5.6)和式(5.15)可知，车辆在试验台上行驶过程中受到的轮胎法向载荷、滚动阻力和纵向轮胎力之间相互关联，计算过程涉及驱动轮的输出力矩、角速度和转动惯量，滚筒的角速度、转动惯量以及扭矩控制器的输出扭矩。其中，驱动轮的输出力矩与车辆的发动机功率、变速箱挡位、传动系效率和传动比以及车桥对驱动轮的水平推力 F_H 等参数相关，因此难以准确计算出车辆的滚动阻力[10]。

根据国家标准《汽车动力性台架试验方法和评价指标》(GB/T 18276—2017)对汽车在试验台上行驶的滚动阻力系数要求，驱动轮的滚动阻力 $F'_{rr,fw}$ 计算公式为

$$F'_{rr,fw} = f_{ben} m_{fag} \tag{5.29}$$

$$f_{ben} = A_{exp} f_{road} \tag{5.30}$$

其中，f_{ben} 为前轴滚筒组的滚动阻力系数；经验系数 A_{exp} 的取值与车速相关，如表 5.3 所示。

表 5.3 经验系数 A_{exp} 的取值方式

条件	A_{exp}
$v_x \geqslant 70\text{km/h}$	2
$v_x < 70\text{km/h}$	1.5

3. 试验台内阻

试验台的旋转部件(如轴承座、差速器和联轴器等)之间存在摩擦力，从而产生内部阻力，即试验台内阻。测试过程中试验台内阻会造成传动机构功率损失，额外消耗测试车辆发动机输出的能量。因此，测试过程需要考虑试验台内阻，否则会增大测试结果的误差。大量研究表明，试验台内阻可近似地表示为车速(滚筒转速)的二次函数[11]：

$$F_n \approx k_2 u_{rol}^2 + k_1 u_{rol} + k_0 \tag{5.31}$$

其中，u_{rol} 为滚筒表面的边缘线速度(km/h)；$k_0 \sim k_2$ 为试验台内阻的多项式系数。

4. 试验台惯性阻力

驱动轮带动滚筒运转过程中，试验台中所有部件的惯量所引起的惯性阻力也会作用在驱动轮上。试验台中的滚筒、轴系、加载电机等部件的运动形式均为绕轴转动，因此试验台的惯性阻力只包含所有旋转部件所产生的惯性力偶矩，其中

以滚筒的惯性力偶矩为主[12]，因此试验台惯性阻力的计算表达式为

$$F_{\text{ine,ben}} \approx 2\frac{J_1\dot{\omega}_1}{r_{\text{rol}}} \tag{5.32}$$

5.2.3　基于扭矩控制的道路载荷模拟方法

1. 车身平动惯量模拟

车辆在试验台上行驶时与地面保持相对静止，车身所具有的平动惯量为零，导致试验台测试结果与道路测试之间因车身平动惯量的差异而产生较大误差。为了与道路试验条件保持一致，试验台利用飞轮组的转动惯量来模拟车辆在道路上行驶时的平动动能[13]。

首先，分析车辆在试验台上和在道路上行驶时的车身平动动能。汽车在道路上行驶时的动能 E 为

$$E = \frac{1}{2}m_{\text{veh}}v_x^2 + \frac{1}{2}I_{\text{fw}}\omega_{\text{fw}}^2 + \frac{1}{2}I_{\text{rw}}\omega_{\text{rw}}^2 + E_0 \tag{5.33}$$

其中，E 为动能(J)；I_{fw} 和 I_{rw} 分别为车辆前、后轮的转动惯量(N·m)；ω_{fw} 和 ω_{rw} 分别为车辆前、后轮的角速度(rad)；E_0 为车辆传动系统的旋转动能。

汽车在试验台上行驶时的动能 E' 为

$$E' = \frac{1}{2}I_{\text{fw}}\omega_{\text{fw}}^2 + \frac{1}{2}I_{\text{rw}}\omega_{\text{rw}}^2 + J_1\omega_1^2 + \frac{1}{2}J_3\omega_3^2 + E_0 \tag{5.34}$$

其中，J_3 为后轴滚筒组的转动惯量(N·m)；ω_3 为后轴滚筒组的角速度(N·m)。

两者间的动能差值即飞轮组需要模拟的车辆平动动能：

$$\frac{1}{2}J_{\text{fly}}\omega_{\text{fly}}^2 = E - E' = \frac{1}{2}m_{\text{veh}}v_x^2 - J_1\omega_1^2 - \frac{1}{2}J_3\omega_3^2 \tag{5.35}$$

其中，J_{fly} 为飞轮的转动惯量(N·m)；ω_{fly} 为飞轮的角速度(rad)。

行驶过程中轮胎与滚筒的边缘线速度相等，且不存在相对滑动，此时扭矩控制器需要输入足够大的控制电流，通过强大的磁场令内、外转子以相同的转速同步转动，实现滚筒与飞轮同步联动，则有

$$\omega_{\text{fly}} = \omega_1 = \omega_3 \tag{5.36}$$

将式(5.27)和式(5.36)代入式(5.35)可得

$$J_{\text{fly}} = m_{\text{veh}}r_{\text{rol}}^2 - 2J_1 - J_3 \tag{5.37}$$

由式(5.37)可知，确定测试车辆的质量、滚筒的转动惯量及半径即可计算试验台需要模拟的转动惯量，并据此组合不同的飞轮来实现车辆平动惯量的模拟。

2. 车辆行驶阻力模拟

自动驾驶汽车在行驶过程中发动机的有效输出功率等于车辆内部(如传动系)的损耗功率与车辆所受到所有外部阻力的损耗功率之和，由 5.2.1 节和 5.2.2 节的分析可得

$$
\begin{aligned}
P_e &= P_t + P_{inc} + P_{ine} + P_{air} + P_{rr} + \cdots \\
&= P_t + P_{inc} + P'_{ine} + P_{ine,ben} + P'_{rr} + P_n + P_l
\end{aligned}
\tag{5.38}
$$

其中，P_e 为车辆发动机的有效输出功率；P_t 为车辆内部损耗功率；P_{inc} 为车辆在道路上行驶受到的坡度阻力损耗功率；P_{ine} 为道路上的车辆惯性阻力损耗功率；P_{air} 为空气阻力损耗功率；P_{rr} 为道路滚动阻力损耗功率；P'_{ine} 为试验台上的车辆惯性阻力损耗功率；$P_{ine,ben}$ 为试验台的惯性阻力损耗功率；P'_{rr} 为试验台滚动阻力损耗功率；P_n 为试验台内阻的损耗功率；P_l 为试验台加载阻力的损耗功率。以上所有物理量的单位均为 W。

自动驾驶汽车在道路上行驶与在试验台上行驶时的车辆速度及俯仰角度相同，因此式(5.38)可转化为力的方程：

$$
F_{air} + F_{ine} + F_{rr} = F'_{ine} + F_{ine,ben} + F_n + F'_{rr} + F_l
\tag{5.39}
$$

其中，F_l 为扭矩控制器对滚筒施加的阻力。整理式(5.39)可得 F_l 的表达式为

$$
F_l = F_{air} + F_{ine} + F_{rr} - F'_{ine} - F_{ine,ben} - F_n - F'_{rr}
\tag{5.40}
$$

由式(5.40)可知，为了真实地模拟车辆在试验台上的行驶阻力，需要确定试验台的内阻和滚动阻力系数。由于试验台内部结构复杂，本节采用滑行试验来确定试验台的内阻 F_n 和滚动阻力系数 f_{ben}。

3. 试验台内阻 F_n 估计

首先，采用空载滑行试验法采集试验台的测试数据[14]，随后通过回归分析法确定试验台内阻 F_n 的多项式系数：试验台空载运行，通过扭矩控制器将滚筒表面的边缘线速度加速到特定数值后切断动力源，令滚筒仅在试验台内阻的作用下滑行，并记录滚筒在不同速度区间内的滑行时间 Δt_n。利用动能守恒定律可得

$$
F_n \frac{u_1 + u_2}{2} \Delta t_n = \frac{1}{2} J_{fly} \frac{u_2^2 - u_1^2}{r_{rol}^2}
\tag{5.41}
$$

其中，u_1 为滑行试验中某一速度区间的低速(m/s)；u_2 为该速度区间的高速(m/s)。

表 5.4 为试验台空载滑行试验数据，试验台内阻和滚筒滑行速度间的拟合曲线如图 5.8 所示。

表 5.4　试验台空载滑行测试数据

速度区间/(km/h)	平均速度/(km/h)	滑行时间/s	损失功率/kW	阻力/N
92～84	88	9.698	7.11	291
84～76	80	10.453	6.03	270
76～68	72	11.199	5.06	252
68～60	64	12.066	4.17	234
60～52	56	13.344	3.29	212
52～44	48	14.254	2.65	198
44～36	40	15.297	2.06	185
36～28	32	17.104	1.47	165
28～20	24	19.005	0.99	149
20～12	16	21.626	0.58	131
12～4	8	26.132	0.24	108

可以看出，滚筒滑行速度越高，试验台的内阻越大，通过多项式拟合得出的回归方程如式(5.42)所示：

$$F_n = 0.0009u_{rol}^2 + 2.1277u_{rol} + 94.58 \tag{5.42}$$

其中，拟合表达式的相关指数为 0.9981，表明拟合效果较好，可以准确地计算出不同速度下的试验台内阻。

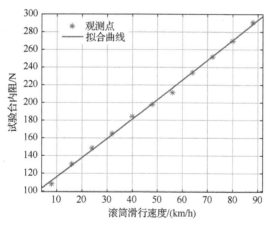

图 5.8　试验台内阻与滚筒滑行速度的关系曲线

4. 试验台滚动阻力系数 f_{ben} 估计

随后，采用滑行试验法来确定试验台的滚动阻力系数。首先调整被测车辆的轮胎胎压至规定气压，随后车辆在试验台上空载行驶并加速到某一高速 u_4 (m/s)，然后切断动力源，使车辆仅在滚动阻力和试验台内阻的作用下滑行至某一低速 u_3 (m/s)，记录在不同速度区间的滑行时间 $\Delta t'_n$，利用动能守恒定律可得

$$(F_n + F'_{rr})\frac{u_3 + u_4}{2}\Delta t'_n = \frac{1}{2}m'(u_4^2 - u_3^2) \tag{5.43}$$

$$m' = \frac{\sum I_w}{r_w^2} + \frac{I_f i_g^2 i_0^2 \eta_\tau}{r_w^2} + \frac{J_{fly}}{r_{rol}^2} \tag{5.44}$$

其中，m' 为试验台及车辆的所有旋转部件的总转动惯量的当量质量。

表 5.5 为试验台滚动阻力滑行试验数据，滚动阻力系数和车辆滑行速度的拟合曲线如图 5.9 所示。

表 5.5　试验台滚动阻力系数测试数据

速度区间/(km/h)	平均速度/(km/h)	滑行时间/s	内阻/N	滚动阻力/N	滚动阻力系数	f_{ben}/f_{road}
92~84	88	6.398	288	153	0.0123	2.050
84~76	80	6.779	272	144	0.0116	1.939
76~68	72	7.292	249	139	0.0112	1.868
68~60	64	7.694	230	135	0.0109	1.818
60~52	56	8.127	216	134	0.0108	1.798
52~44	48	8.591	199	130	0.0105	1.748
44~36	40	8.960	185	127	0.0102	1.707
36~28	32	9.650	170	122	0.0099	1.647
28~20	24	10.340	153	119	0.0096	1.066
20~12	16	11.476	128	118	0.0095	1.586
12~4	8	12.762	110	111	0.0090	1.495

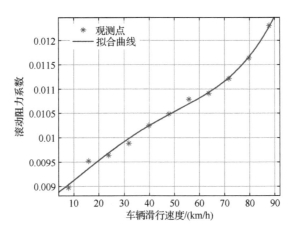

图 5.9　试验台滚动阻力系数与车辆滑行速度的关系曲线

从试验结果可以看出，试验台滚动阻力系数 f_{ben} 与道路滚动阻力系数 f_{road} 的比值与经验系数 A_{exp} 的取值范围相同，说明试验台滚动阻力系数的测量结果与国家标准《汽车动力性台架试验方法和评价指标》(GB/T 18276—2017)的要求相符。此外，由于滚动阻力系数的数量级较小，本节首先对采集的数据进行归一化，随后进行多项式拟合，得出的试验台滚动阻力系数回归方程如式(5.45)所示：

$$F'_{rr} = 10^{-4} \times \left(2u_{rol}^3 + u_{rol}^2 + 7u_{rol} + 104\right) \tag{5.45}$$

其中，拟合表达式的相关指数为 0.9947，表明拟合效果较好，可以准确地计算不同速度下的试验台滚动阻力系数。

综上所述，试验台扭矩控制器需要加载的目标阻力 F_l 和目标扭矩 M_l 为

$$F_l = \frac{C_d A_F v_x}{21.15} + m_{veh} a_x + f_{road} \frac{2F_C l_r \cos\alpha}{l_f + l_r} - 2\frac{J_1 \dot{\omega}_1}{r_{rol}} + \cdots$$
$$- 0.0002u_{rol}^3 - 0.0010u_{rol}^2 - 2.1284u_{rol} - 94.5904 \tag{5.46}$$
$$M_l = F_l r_{rol}$$

在确定扭矩控制器需要输出的力矩之后，通过自适应比例-积分-微分(proportional-integral-derivative，PID)控制模块计算脉宽调制信号并下发至滚筒组的伺服驱动器，伺服驱动器将依据预设的三环控制参数实现对轮胎阻力的加载[15]，从而精确模拟车辆在道路上行驶过程中的平动惯量和阻力。图 5.10 为道路载荷模拟的控制流程图。通过伺服系统可以将实车道路测试或者封闭试验场测试转移到室内实验室进行，在极大降低测试成本的同时实现了对同一场景的重复测试。

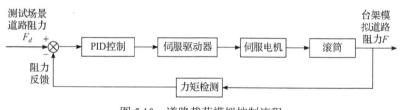

图 5.10　道路载荷模拟控制流程

5.3　道路曲率模拟

自动驾驶汽车行驶过程中的车-路耦合工况不仅体现在路面附着系数和道路横纵向坡度导致的车辆姿态的动态变化。自动驾驶汽车行驶时，前轮偏转过程中轮胎与路面的交互也必须同真实驾驶工况中车-路交互过程一致[16]。

现有自动驾驶汽车试验台简化了车辆转向部分的设计，使得汽车前转向轮与支撑滚筒间的高速旋转导致横向摩擦力非常小，进而产生相对滑动。这种现象使

得轮胎产生的转向力矩不足以驱动滚筒转动，从而造成转向角传递严重失真[17]。这种失真不仅使试验台无法正常支持车辆完成横向运动，而且还会严重影响车身的稳定性。针对上述问题，本节基于试验台设计一种道路曲率模拟子系统，通过前轮转向随动控制算法预测并调控车轮与滚筒之间的转向角偏差，实现前轴滚筒组跟随车轮同步转动，从而减小转向过程中汽车前轮的侧向力，保持车轮与滚筒的相对稳定，保障车辆在试验台上行驶过程中安全转向。

图 5.11 为前轮转向随动子系统的机械结构和工作原理图。该子系统主要用于在前轮偏转工况的驾驶环境中，保证测试的正常进行。通过自动驾驶汽车前轮轮胎两侧安装的激光测距传感器计算前轮的当前偏角，根据车辆车载自动诊断(on-board diagnostic，OBD)系统获取的方向盘转角信息对激光测距传感器计算的偏角进行修正，再由偏角计算单元生成相应的控制信号，控制偏转同步带偏转相应角度[18]，对被测自动驾驶汽车前轮进行转向随动。

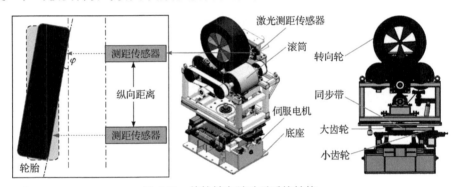

图 5.11　前轮转向随动子系统结构

5.3.1　转向随动系统控制架构

基于激光测距传感器的转向随动系统已经取得了部分进展[18]，但是由于单片机感知信息来源单一，单纯依靠检测的轮胎变化量作为控制输入，无法有效降低控制过程中干扰数据和启动转动时反应时延所造成的影响。为解决上述问题，在被测智能车辆的方向盘上安装陀螺仪并将检测数据通过 ZigBee 网络发送给单片机，改进后的转向随动系统结构如图 5.12 所示。

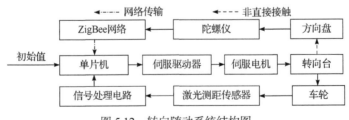

图 5.12　转向随动系统结构图

单片机将激光测距传感器检测的车轮转角和陀螺仪检测到的方向盘转角经过控制算法处理后，生成控制驱动器的符号脉冲和方向脉冲，从而达到通过控制伺服电机实现带动转向台转动的目的，实现转向台的转向随动。转向随动系统机械结构如图 5.11 所示，其随动基本原理是根据传感器采集到的位置指令控制电机转动，电机经过减速器降速增矩后带动小齿轮转动，小齿轮通过同步带带动大齿轮及转向台转动，从而实现转向随动。

电机的驱动模块和控制模块是转向随动系统测控电路的主要组成部分[19]。其中，电机控制模块由以 STM32 单片机为核心的外围电路组成，主要包括信号放大电路、通信电路、编码器差分电路、信号采样电路等；电机驱动模块主要有整流电路、光耦隔离电路、逆变器以及电流检测电路等。转向随动系统测控电路原理如图 5.13 所示。

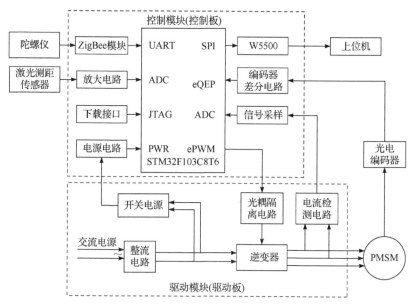

图 5.13　转向随动系统测控电路原理图

JTAG(joint test action group)是一个标准化的接口，主要用于芯片和电路板级别的测试及调试

控制模块以 STM32F103C8T6 单片机为核心，依据激光传感器和陀螺仪采集的距离信息以及编码器反馈的电机位置、转速信息，输出控制电机的脉冲指令。ZigBee 模块和单片机的通用异步收发传输器(universal asynchronous receiver/ transmitter，UART)接口相连，将陀螺仪采集的方向盘转角信息发送给单片机。放大电路模块由三个集成运算放大器 ADOPO7CN 级联而成，实现对激光测距传感器输出电压模拟信号的放大和滤波调理，和单片机的 ADC 引脚相连。W5500 网络接口和单片机的串行外设接口(serial peripheral interface，SPI)相连，将传输的数

据发送至上位机，完成随动过程数据的显示、管理、保存等工作；该单片机配备了增强型正交编码模块，可以直接与编码器相连接实现对电动机转子位置的计算，并且基于获取得到的位置来计算转速。信号采样电路是为了对电动机的实时电流和相电压进行采集，为了简化电路设计，不再采用外置的采样芯片，而是直接用STM32F103C8T6 单片机内置的 ADC 功能。采样的数据为转向随动系统稳定运行提供参数依据和状态反馈。

驱动模块以逆变器为核心，主要由整流电路、光耦隔离电路、电流检测电路等模块组成。其中整流电路用于对输入的交流电源进行整流滤波处理，然后由逆变器电路产生三相交流电压来控制永磁同步电机(permanent-magnet synchronous motor，PMSM)正常工作所需要的脉冲宽度调制(pulse width modulation，PWM)。最后由开关电源将整流后的电流输送至电源电路，电源电路通过电源管理口给单片机供电。光耦隔离电路与单片机的增强型脉宽调制器 ePWM 的输出接口相连，采用晶体光电耦合器抑制电压性噪声，确保输出的符号脉冲和方向脉冲能精确控制电机。基于高精度的霍尔传感器使用电流采样电路，确保电流采样模块可以为控制系统提供精准的参数反馈。

5.3.2　基于永磁同步电机的控制模型

由于三相永磁同步电机控制的转向随动系统是一个强耦合、复杂的非线性系统，为了实现对转向随动系统高效准确的控制，所设计的永磁同步电机控制算法需要鲁棒性强、响应快、精度高。这一过程中，需要构建合适的数学控制模型，解决三相 PMSM 的控制策略和随动系统的摩擦阻力补偿问题，并设计合适的系统控制策略。

1. 三相 PMSM 的基本数学模型

转向随动系统的伺服电机转子结构是表贴式，这种结构简单，同时转动惯量小便于得到最优控制，此外该结构漏磁系数小，且成本较低。在对 PMSM 建立数学模型时，由于其机电结构复杂，参数多变，需要对其简化分析，即三相 PMSM满足下列条件：

(1) 忽略电机铁芯的饱和；

(2) 忽略温度和频率变化对电阻的影响；

(3) 不计电机中的涡流和磁滞损耗；

(4) 采用对称三相正弦波电流为电机电流；

(5) 三相绕组的自感和互感均为线性；

(6) 各绕组对称磁势满足正弦分布，即沿气隙圆周正弦分布。

在自然坐标系下，PMSM 的三相电压方程为

$$u_{3s} = R_{tp}i_{3s} + \frac{\mathrm{d}}{\mathrm{d}t}\psi_{3s} \tag{5.47}$$

磁链方程为

$$\psi_{3s} = L_{3s}i_{3s} + \psi_f F_{3s}(\theta_e) \tag{5.48}$$

式中，u_{3s}、R_{tp} 和 i_{3s} 分别为三相绕组的相电压、电阻和电流；ψ_{3s} 为三相绕组的气隙磁链；L_{3s} 为三相绕组的电感；$F_{3s}(\theta_e)$ 为三相绕组的磁链；ψ_f 为转子磁钢在定子绕组中产生的耦合磁链。各参数满足：

$$u_{3s} = \begin{bmatrix} u_A \\ u_B \\ u_C \end{bmatrix}, \quad R_{tp} = \begin{bmatrix} R & 0 & 0 \\ 0 & R & 0 \\ 0 & 0 & R \end{bmatrix}, \quad i_{3s} = \begin{bmatrix} i_A \\ i_B \\ i_C \end{bmatrix} \tag{5.49}$$

$$\psi_{3s} = \begin{bmatrix} \psi_A \\ \psi_B \\ \psi_C \end{bmatrix}, \quad F_{3s}(\theta_e) = \begin{bmatrix} \sin\theta_e \\ \sin(\theta_e - 2\pi/3) \\ \sin(\theta_e + 2\pi/3) \end{bmatrix} \tag{5.50}$$

$$L_{3s} = L_{3m}\begin{bmatrix} 1 & \cos(2\pi/3) & \cos(4\pi/3) \\ \cos(2\pi/3) & 1 & \cos(2\pi/3) \\ \cos(4\pi/3) & \cos(2\pi/3) & 1 \end{bmatrix} + L_{3l}\begin{bmatrix} 1 & 0 & 0 \\ 0 & 1 & 0 \\ 0 & 0 & 1 \end{bmatrix} \tag{5.51}$$

其中，L_{3m} 和 L_{3l} 分别为定子互感和定子漏感。

由电机能量转换原理可知，磁场储能对机械角位移求偏导[20]可得电磁转矩，故可得

$$T_e = \frac{1}{2}p_n\frac{\partial}{\partial\theta_m}(i_{3\sigma}^{\mathrm{T}} \cdot \psi_{3s}) \tag{5.52}$$

电机的机械运动方程为

$$J\frac{\mathrm{d}\omega_m}{\mathrm{d}t} = T_e - T_L - B\omega_m \tag{5.53}$$

其中，p_n 为三相 PMSM 的极对数；ω_m 为电机转动的机械角速度；J 和 T_L 分别为转动惯量和负载转矩；B 为电机轴阻尼系数。

式(5.47)~式(5.53)推导了三相 PMSM 在自然坐标系下的基础数学模型，该数学模型是一种相对比较复杂的强耦合多变量系统，为方便后期设计控制器，需要通过坐标变换来降阶解耦。

2. 坐标变换

为了便于计算，需要简化自然坐标系下的三相 PMSM 数学模型，一般采用

Clark 变换和 Park 变换完成坐标转换。自然坐标系(图中 *ABC* 坐标系)、静止坐标系(*αβ* 坐标系)、同步旋转坐标系(*dq* 坐标系)之间的关系[21]如图 5.14 所示。坐标系变换后，变换前后电流所产生的旋转磁动势和电动机的功率保持不变。

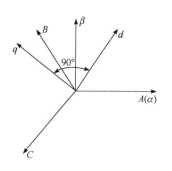

图 5.14　常用坐标系之间的关系

一般地，Clark 变换即把自然坐标系 *ABC* 变换到静止坐标系 *αβ* 的坐标变换过程，反 Clark 变换即 *αβ* 坐标系转换成 *ABC* 坐标系的过程[22]。在约束条件的影响下，可以简单地获得

$$\begin{bmatrix} f_\alpha \\ f_\beta \\ f_0 \end{bmatrix} = \begin{bmatrix} \dfrac{2}{3} & -\dfrac{1}{3} & -\dfrac{1}{3} \\ 0 & \dfrac{\sqrt{3}}{3} & -\dfrac{\sqrt{3}}{3} \\ \dfrac{\sqrt{2}}{3} & \dfrac{\sqrt{2}}{3} & \dfrac{\sqrt{2}}{3} \end{bmatrix} \begin{bmatrix} f_A \\ f_B \\ f_C \end{bmatrix} \tag{5.54}$$

其中，*f* 代表电机的电压、电流或者磁链等变量。反 Clark 变换可以表示为

$$\begin{bmatrix} f_A \\ f_B \\ f_C \end{bmatrix} = \begin{bmatrix} 1 & 0 & \dfrac{\sqrt{2}}{2} \\ -\dfrac{1}{2} & \dfrac{\sqrt{3}}{2} & \dfrac{\sqrt{2}}{2} \\ -\dfrac{1}{2} & -\dfrac{\sqrt{3}}{2} & \dfrac{\sqrt{2}}{2} \end{bmatrix} \begin{bmatrix} f_\alpha \\ f_\beta \\ f_0 \end{bmatrix} \tag{5.55}$$

下面简单介绍一下 Park 变换，即静止坐标系 *αβ* 变换到同步旋转坐标系 *dq* 的过程，反之则是反 Park 变换，其坐标变换如下：

$$\begin{bmatrix} f_d \\ f_q \end{bmatrix} = \begin{bmatrix} \cos\theta_e & \sin\theta_e \\ -\sin\theta_e & \cos\theta_e \end{bmatrix} \begin{bmatrix} f_\alpha \\ f_\beta \end{bmatrix} \tag{5.56}$$

$$\begin{bmatrix} f_\alpha \\ f_\beta \end{bmatrix} = \begin{bmatrix} \cos\theta_e & -\sin\theta_e \\ \sin\theta_e & \cos\theta_e \end{bmatrix} \begin{bmatrix} f_d \\ f_q \end{bmatrix} \tag{5.57}$$

通过式(5.54)~式(5.57)变换，可推导出如下变换，该变换即自然坐标系 *ABC* 与同步旋转坐标系 *dq* 的变换过程：

$$\begin{bmatrix} f_d \\ f_q \\ f_0 \end{bmatrix} = \begin{bmatrix} \dfrac{2\cos\theta_e}{3} & \dfrac{2\cos(\theta_e - 2\pi/3)}{3} & \dfrac{2\cos(\theta_e + 2\pi/3)}{3} \\ -\dfrac{2\sin\theta_e}{3} & -\dfrac{2\sin(\theta_e - 2\pi/3)}{3} & -\dfrac{2\sin(\theta_e + 2\pi/3)}{3} \\ \dfrac{1}{3} & \dfrac{1}{3} & \dfrac{1}{3} \end{bmatrix} \begin{bmatrix} f_A \\ f_B \\ f_C \end{bmatrix} \tag{5.58}$$

$$\begin{bmatrix} f_A \\ f_B \\ f_C \end{bmatrix} = \begin{bmatrix} \cos\theta_e & -\sin\theta_e & \dfrac{1}{2} \\ \cos(\theta_e - 2\pi/3) & -\sin(\theta_e - 2\pi/3) & \dfrac{1}{2} \\ \cos(\theta_e + 2\pi/3) & -\sin(\theta_e + 2\pi/3) & \dfrac{1}{2} \end{bmatrix} \begin{bmatrix} f_d \\ f_q \\ f_0 \end{bmatrix} \tag{5.59}$$

3. PMSM 模型简化重构

综上所述，如果将定子绕组中互感与自感系数的时变特性采用不变常数进行描述，可以采用坐标系 dq 相关变量替代坐标系 ABC 相关变量。这个方法可使计算过程简单化，极大地提高控制效率。在实际应用中，使用 dq 旋转坐标系下的数学模型来分析和设计永磁同步电机伺服控制系统是一种经常被应用的方法[23]。式(5.60)～式(5.65)为 dq 旋转坐标系下永磁同步电机的数学模型。

电压方程：

$$u_q = R_{st}i_q + L_q\frac{d}{dt}i_q + L_d i_d n_p \omega_{mr} + \psi_f n_p \omega_{mr} \tag{5.60}$$

$$u_d = R_{st}i_d + L_d\frac{d}{dt}i_d + L_q i_q n_p \omega \tag{5.61}$$

定子磁链方程：

$$\psi_d = L_d i_d + \psi_f \tag{5.62}$$

$$\psi_q = L_q i_q \tag{5.63}$$

电磁转矩方程：

$$T_e = \frac{3}{2}n_p(\psi_d i_q - \psi_q i_d) = \frac{3}{2}n_p[\psi_f i_q - (L_d - L_q)i_d i_q] \tag{5.64}$$

机械运动方程：

$$T_L = J_r\frac{d\omega_{mr}}{dt} + B_f\frac{d\theta_o}{dt} + T_m \tag{5.65}$$

式(5.60)～式(5.65)中参数说明如下。

u_d、u_q：d、q 轴定子电压分量。

R_{st}：定子电枢绕组电阻。

i_d、i_q：d、q 轴定子电流分量。

L_d、L_q：电机 d、q 轴的主电感。

n_p：电机转子的磁极对数。

ω_{mr}：电机转子角速度。

ψ_d、ψ_q：气隙磁链。

ψ_f：转子磁钢在定子绕组中产生的耦合磁链。

J_r、B_f、T_m、θ_o：转子与负载的转动惯量、摩擦系数、电机负载转矩、转子的机械位置与起始角的夹角。

4. PMSM 伺服系统矢量控制

PMSM 伺服系统由外环位置环、中环速度环、内环电流环这三个闭环控制组成。伺服控制系统中电流环的控制决定着系统性能的好坏，对电机驱动系统的性能控制具有重要意义，对系统控制精度和响应速度有直接影响。

由式(5.64)可以明显看到矢量控制的原理是通过改变电流 i_d 和 i_q 的相位和幅值控制电机转矩。在实际应用过程中，电流的多种不同组合都会影响电机和逆变器的输出，从而影响系统效果。本系统选用的是基于 $i_d = 0$ 的矢量控制，且 $L_d = L_q$，磁链和转矩简化为

$$\psi_d = L_d i_d + \psi_f \tag{5.66}$$

$$\psi_q = L_q i_q \tag{5.67}$$

$$T_e = \frac{3}{2} n_p \psi_f i_q \tag{5.68}$$

将 $i_d = 0$ 代入式(5.60)得到电机的 q 轴电压方程为

$$u_q = R_{\text{st}} i_q + L_q \frac{\mathrm{d}}{\mathrm{d}t} i_q + \psi_f n_p \omega_{\text{mr}} \tag{5.69}$$

对式(5.69)进行拉普拉斯变换得

$$i_q(s) = \frac{1/R_{\text{st}}}{1 + \tau_q s} u_q(s) - \frac{1/R_{\text{st}}}{1 + \tau_q s} \psi_f n_p \omega_{\text{mr}}(s) \tag{5.70}$$

式中，$\tau_q = L_q / R$ 是电动机定子 q 轴绕组的时间常数。将 $E_f(s) = \psi_f n_p \omega_{\text{mr}}(s)$ 代入式(5.70)得

$$i_q(s) = \frac{1/R_{\text{st}}}{1 + \tau_q s} \left(u_q(s) - E_f(s) \right) = \frac{1}{R_{\text{st}} + L_q s} \left(u_q(s) - E_f(s) \right) \tag{5.71}$$

由式(5.53)得

$$T_e - T_L = J_r \frac{\mathrm{d}\omega_{\text{mr}}}{\mathrm{d}t} + B_f \frac{\mathrm{d}\theta}{\mathrm{d}t} = J_r \frac{\mathrm{d}\omega_{\text{mr}}}{\mathrm{d}t} + B_f \omega_{\text{mr}} \tag{5.72}$$

经拉普拉斯变换得

$$\omega_{\mathrm{mr}}(s) = \frac{1}{Js + B_f}\left(T_e(s) - T_L(s)\right) \tag{5.73}$$

又由 $\omega = \mathrm{d}\theta / \mathrm{d}t$ 得

$$\theta(s) = \frac{1}{s}\omega_{\mathrm{mr}}(s) \tag{5.74}$$

综上,可以得到图 5.15 所示的永磁同步电机动态结构。其中,输入量为 q 轴定子电压分量 u_q 和负载转矩 T_m,输出量为转子位置 θ。

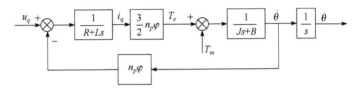

图 5.15 永磁同步电机动态结构

5. 黏滞力补偿设计

转向随动系统的摩擦力矩是影响伺服系统控制精度的一个重要因素,本部分在 LuGre 摩擦模型基础上对负载上的摩擦力矩进行描述,采用模糊滑模控制方法对被控对象的摩擦补偿进行研究。前馈摩擦补偿控制原理如图 5.16 所示。

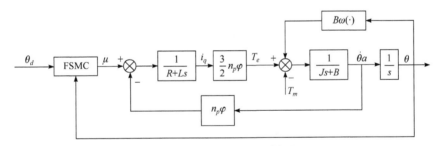

图 5.16 前馈摩擦补偿控制原理

图 5.16 中,实际位置输出为 θ,输入位置信号是 θ_d,实际摩擦力大小由摩擦观测器根据转向随动系统的移动速度估计得出。为了较精确地描述转向随动系统摩擦的动态和静态特性,满足该系统的补偿设计和应用,接触面间弹性刚毛的形变率可描述摩擦力的动态行为,z 满足:

$$\frac{\mathrm{d}z}{\mathrm{d}t} = \omega_{\mathrm{rel}} - \delta_0 \frac{|\omega_{\mathrm{rel}}|}{g(\omega_{\mathrm{rel}})}z \tag{5.75}$$

其中,ω_{rel} 为刚毛的相对角速度;δ_0 是刚毛刚度系数;$g(\omega_{\mathrm{rel}})$ 用于表征 Stribeck 效应,具有非对称性,恒大于零,且随着 ω_{rel} 的增大而增大,可定义为

$$\delta_0 g(\omega_{\text{rel}}) = M_c + (M_s - M_c)\mathrm{e}^{-\left(\frac{\omega_{\text{rel}}}{\omega_s}\right)^2} \tag{5.76}$$

其中，M_c、M_s 分别为库伦摩擦力矩、最大静摩擦力矩；ω_s 为 Stribeck 角速度。故可推导出总摩擦力矩 M_r 为

$$M_r = \delta_0 z + \delta_1 \frac{\mathrm{d}z}{\mathrm{d}t} + \delta_2 \omega_{\text{rel}} \tag{5.77}$$

其中，δ_1 为微观阻尼系数；δ_2 为黏滞摩擦系数。

5.3.3 基于滑模变结构的转向随动控制模型

自动驾驶汽车在测试过程中，复杂的运动状态会对转向随动系统产生较大的扰动，使得系统产生误差，降低测试精准度，从而影响整个测试系统的效果[24]。为了解决这类问题，国内外控制领域的学者进行了许多全面而又深入的控制策略研究，滑模变结构控制因其独有的控制特性而比较适合运用在转向随动系统的控制中[24]。针对该系统，提出了滑模变结构控制策略，该策略有很强的鲁棒性，并且该策略对外部扰动和内部参数的改变都有很好的包容性，因而在伺服系统的实际控制应用中备受青睐。

1. 滑模变结构控制基本原理

设在系统 $\dot{x} = f(x)(x \in \mathbf{R})$ 的状态下存在一个超曲面 $s(x) = s(x_1, x_2, \cdots, x_n) = 0$，它将系统切分成上下两个模块，即 $s(x) > 0$ 和 $s(x) < 0$，在该曲面上存在三种趋近状态，如图 5.17 所示。

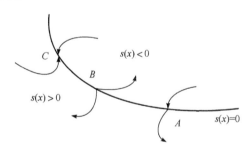

图 5.17 滑模超曲面划分

图 5.17 中有 A、B、C 三个点，每个点上的箭头走向代表着该点的物理含义，这也就决定了当系统状态量运动到 $s(x) = 0$ 切换面附近时，存在三种方向各异的运动趋势：穿越运动、侧滑运动和趋近运动。其中，A 点处的箭头穿过切换面，与之相应的是状态量的第一种运动形式，A 称为通常点；B 点处的箭头从切换面指向两侧，对应第二种运动形式，B 点称为起始点；C 点处的箭头由两侧指向切

换面，对应第三种运动形式，C 点称为终止点。

从各个点的定义可以看出 C 点在实际的控制应用中具有较大价值，也是滑模控制中的主要研究对象。通过设计相关参数，可使得切换面上的点都向终止点聚拢。在该过程中会形成一个"滑模区"，在该区域内的点都会被强制吸入，区域内点的运动称为"滑模运动"。根据终止点的运动性质，系统状态量趋近滑模面需满足以下两个条件：

(1) 当 $s(x) > 0$ 时，系统状态量 $s(x)$ 减小，由正方向趋近滑模面 $s(x) = 0$，即 $\lim \dot{s}(x) \leqslant 0$；

(2) 当 $s(x) < 0$ 时，系统状态量 $s(x)$ 上调，由负方向趋近滑模面 $s(x) = 0$，即 $\lim \dot{s}(x) \geqslant 0$。

即

$$\lim \dot{s}s \leqslant 0 \tag{5.78}$$

根据式(5.78)，可以利用 Lyapunov 函数对稳定性进行分析，将函数定义为

$$v(x_1, x_2, \cdots, x_n) = [s(x_1, x_2, \cdots, x_n)]^2 \geqslant 0 \tag{5.79}$$

当同时满足式(5.78)和式(5.79)时，系统状态量可在一定的控制时限内收敛于滑模面且稳定于 $s(x) = 0$。

2. 滑模变结构控制器设计

滑模控制主要可以分为两个阶段，选择切换函数和求取控制律，两者只有相互契合才能保证滑模动态的形成及其运动点的稳定抵达[25]。切换函数选择后就确定了滑模动态，所以在求取控制律时要满足前者设计需求，使系统变量终止在滑模平面，并避免抖振给系统带来的不稳定影响。

1) 切换函数设计

传统滑模切换函数：

$$s(x) = CX \tag{5.80}$$

式中，$X = [x, x^{(1)}, \cdots, x^{(n)}]$；$C = [c_1, c_2, \cdots, 1]$。

积分滑模切换函数：

$$s(x) = c_0 \int_{-\infty}^{t} x \mathrm{d}\tau + CX \tag{5.81}$$

当系统在滑模面运动时必须满足如下条件：

$$c_0 \int_{-\infty}^{t} x \mathrm{d}\tau + c_1 x + c_2 \dot{x} + \cdots + x^{(n)} = 0 \tag{5.82}$$

为了使系统在各种初始条件下都有很好的鲁棒性，需要满足式(5.83)，即 $t = 0$，$s = 0$。

$$\int_{-\infty}^{t} x \mathrm{d}\tau = \frac{c_1 x + c_2 \dot{x} + \cdots + x^{(n)}}{c_0} \tag{5.83}$$

积分滑模面可以始终处于滑模运动状态，这可减少稳态误差并增强系统的全局鲁棒性。但是切换函数引入了积分量，会增加系统的时滞，降低系统的响应速度。目前切换函数多选用动态滑模切换函数，函数表达如下：

$$s(x) = x_1 + c x_2 \tag{5.84}$$

动态滑模切换函数中引入了微分环节，可以有效抑制系统的抖振。但是微分环节对噪声的干扰十分敏感，不利于系统的稳定，需要通过设计合适的控制律来改善控制效果。

2) 控制律设计

常用的控制律可分为函数切换控制、等效控制和由状态变量构成的控制，函数切换控制需严格满足式(5.85)，该公式可满足滑模变结构控制的存在性、可达性和稳定性。

$$u = \begin{cases} u_i^+, & s > 0 \\ u_i^-, & s < 0 \end{cases} \tag{5.85}$$

其中函数也可以是常数，可以通过滑模控制求取过程来获得。

等效控制的函数表达如下：

$$u = u_{\mathrm{eq}} + k_f \, \mathrm{sgn}(s(x)) \tag{5.86}$$

其中，k_f 是常数；u_{eq} 是等效控制部分，代表系统滑模控制过程中的控制量；$k_f \mathrm{sgn}(s(x))$ 是切换部分，用于解决实际控制中内部的参数突变以及外部的扰动，保证系统各个运动点向滑模面趋近。

由状态变量构成的控制函数表达如下：

$$u = \varphi X + k_f \, \mathrm{sgn}(s(x)) \tag{5.87}$$

其中，$\varphi = [\varphi_1, \varphi_2, \cdots, \varphi_n]$ 是对系统状态变量进行加权得到的，状态变量的大小取决于滑模到达条件。

5.4　道路坡度模拟

在整车在环仿真测试过程中，道路坡度的模拟精度会直接影响自动驾驶汽车控制策略实施的准确性及驾驶舒适性[4]。本节基于斯图尔特(Stewart)并联机构设计了一种道路坡度模拟子系统，实时地模拟虚拟测试场景中道路的坡度和斜率，保证自动驾驶汽车在测试过程中的运动状态更加接近实际情况。

5.4.1　基于 Stewart 并联机构解耦控制的路面坡度模拟方法

道路坡度模拟主要包括两部分：纵向坡度模拟和横向坡度模拟。其中纵向坡度模拟主要用于模拟自动驾驶汽车在行驶过程中道路的俯仰角，横向坡度模拟主要用于模拟被测自动驾驶汽车在行驶过程中的侧倾角[4]。道路坡度模拟子系统的核心是俯仰/侧倾角控制模组，主要包括设有位移传感器的俯仰/侧倾举升机构以及相应的支撑组件和伺服执行机构，其控制原理如图 5.18 所示。

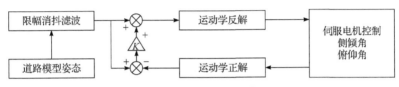

图 5.18　道路坡度模拟控制原理

限幅消抖滤波是将虚拟场景中道路模型参数分成低幅和高幅两个部分，低幅部分直接将目标指令发送给控制部分，而高幅部分由于测试台架结构的限制需要在完成一个动作复位后方可继续执行目标指令。运动学反解算法是通过虚拟场景中车辆所在处的道路参数计算出俯仰角和侧倾角的控制角度，并通过伺服电机控制测试平台运动，实现相应的位姿。运动学正解算法是将当前的位姿参数与目标位姿参数求差，经过比例系数 K 放大后作为运动学反解的反馈信号[15]。

道路坡度模拟子系统的结构为双侧并联运动平台，确保了较高的结构刚度的前提下，能够给自动驾驶汽车提供较大的活动空间，通过伺服电机带动传动丝杠运动进而实现道路的横向坡度模拟与纵向坡度模拟。基于此，将自动驾驶汽车简化为十七自由度车辆动力学模型，包括 2 个车轮转向自由度、1 个横拉杆移动自由度、4 个悬架的垂直运动、4 个车轮的自旋运动、3 个纵向速度以及 3 个纵向角速度。通过实时控制测试平台的俯仰角与侧倾角模拟自动驾驶汽车在真实道路行驶工况中的道路横/纵坡度，进而实现对物理世界道路中车-路耦合工况的逼真模拟，保证了测试的客观、准确[15]。

道路坡度模拟可以建模为多自由度运动平台的正逆运动学求解问题。目前，主要有两类多自由度运动平台：基于串联结构的运动平台具备工作空间大、求解简单等优点，但同时结构刚度低、具备较大的末端执行误差并且运动惯性较大；并联式结构运动平台工作空间不大，运动学求解相对较难，但是具有较强的结构刚性、运动惯性小且末端执行误差可相互抵消[15]。

通过对自动驾驶汽车典型测试场景进行分析，对极限工况下汽车道路交互的状态进行计算，确定了基于并联结构的运动平台足以满足汽车在道路上行驶的工作空间要求[26,27]。因此，通过并联机构平台实现道路横向、纵向甚至横纵复合工况的坡度模拟。道路坡度模拟子系统可以简化为一个 3-RPS 并联机构，如图 5.19 所示[28]。

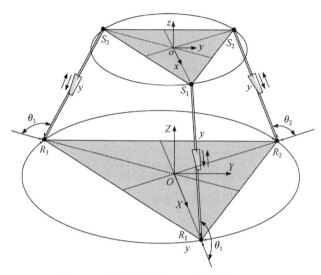

图 5.19 道路坡度模拟子系统等效机构图

该机构输入量为三个连杆 $S_{p1}R_{p1}$、$S_{p2}R_{p2}$、$S_{p3}R_{p3}$ 的伸缩量 L_{p1}、L_{p2}、L_{p3}。建立定坐标系 $A_{parallel}$: O-XYZ，动坐标系 $B_{parallel}$: o-xyz。上运动平台的三个球铰 S_{pi} 分布在等边三角形上。平台具备特别的几何学特征，即上运动平台和被测车辆的质心与等边三角形的几何中心重合，因此可以通过等边三角形几何中心(即形心)的求解公式进行求解。输出量为上运动平台 S_{p1} S_{p2} S_{p3} 的姿态。

其运动学逆解结果如下：

$$L_{p1}^2 = R_d^2\left[\left(a_{xX}\tau + \frac{X_o^A}{R_d} - 1\right)^2 + \left(a_{yX}\tau + \frac{Y_o^A}{R_d}\right)^2 + \left(a_{zX}\tau + \frac{Z_o^A}{R_d}\right)^2\right] \tag{5.88}$$

$$L_{p2}^2 = \frac{R_d}{4}\left[\left(-a_{xX}\tau + \sqrt{3}a_{xY}\tau + 2\frac{X_o^A}{R_d} + 1\right)^2 + \left(-a_{yX}\tau + \sqrt{3}a_{yY}\tau + 2\frac{Y_o^A}{R_d} + \sqrt{3}\right)^2 \right.$$
$$\left. + \left(-a_{zX}\tau + \sqrt{3}a_{zY}\tau + 2\frac{Z_o^A}{R_d}\right)\right] \tag{5.89}$$

$$L_{p3}^2 = \frac{R_d}{4}\left[\left(-a_{xX}\tau - \sqrt{3}a_{xY}\tau + 2\frac{X_o^A}{R_d} + 1\right)^2 + \left(-a_{yX}\tau - \sqrt{3}a_{yY}\tau + 2\frac{Y_o^A}{R_d} + \sqrt{3}\right)^2\right.$$
$$\left. + \left(-a_{zX}\tau - \sqrt{3}a_{zY}\tau + 2\frac{Z_o^A}{R_d}\right)\right]$$

(5.90)

其中，R_d 为下运动平台几何中心与转动副距离；$\tau = r^p / R_d$，r^p 为上运动平台几何中心与球铰的距离；a_{xX} 为坐标系 B_{parallel} 的 x 轴对坐标系 A_{parallel} 的 X 轴方向余弦，其余类似。考虑转动副约束条件：

$$\tau a_{yX} + \frac{Y_o^A}{R_d} = 0$$

(5.91)

$$\tau a_{yX} + \sqrt{3}\tau a_{yY} + 2\frac{Y_o^A}{R_d} = -\sqrt{3}\left(-\tau a_{xX} - \sqrt{3}\tau a_{yZ} + 2\frac{X_o^A}{R_d}\right)$$

(5.92)

$$-\tau a_{yX} - \sqrt{3}\tau a_{yY} + 2\frac{Y_o^A}{R_d} = \sqrt{3}\left(-\tau a_{xX} - \sqrt{3}\tau a_{yZ} + 2\frac{X_o^A}{R_d}\right)$$

(5.93)

其运动学正解结果如下：

$$x_{\text{parallel}} = \frac{1}{\left|S_{p1}^A - o^A\right|}[(X_{S_{p1}}^A - X_o^A)i + (Y_{S_{p1}}^A - Y_o^A)j + (Z_{S_{p1}}^A - Z_o^A)k]$$

(5.94)

$$y_{\text{parallel}} = \frac{1}{\left|S_{p2}^A - S_{p3}^A\right|}[(X_{S_{p2}}^A - X_{S_{p3}}^A)i + (Y_{S_{p2}}^A - Y_{S_{p3}}^A)j + (Z_{S_{p2}}^A - Z_{S_{p3}}^A)k]$$

(5.95)

其中，$X_o^A = \frac{1}{3}\sum_{i=1}^3 X_{S_{pi}}^A$，$Y_o^A = \frac{1}{3}\sum_{i=1}^3 Y_{S_{pi}}^A$，$Z_o^A = \frac{1}{3}\sum_{i=1}^3 Z_{S_{pi}}^A$ 为动坐标系 B_{parallel} 的坐标原点在定坐标系 A_{parallel} 中的坐标表示，z 轴根据坐标系正交关系 $z = xy$ 确定；i、j、k 分别为坐标轴方向的单位向量。

5.4.2　基于试验台的车辆俯仰动力学模型构建

车辆俯仰角的模拟精度对自动驾驶汽车测试中的道路模拟效果有着直接影响。为了提高测试结果的权威性，本节基于转鼓试验台构建被测车辆的俯仰动力学模型来描述其在试验台上的俯仰运动。

图 5.20 为在试验台上的车辆俯仰动力学模型示意图，其中，点 P_{rot} 为车辆俯仰运动的旋转中心；θ_{bp} 为车辆在试验台上的俯仰角(rad)，仰角为正；$h_{C,P_{\text{rot}}}$ 为车辆重心 CG 与旋转中心 P_{rot} 之间的高度差；$l_{C,P_{\text{rot}}}$ 为两点间的纵向距离；$l_{P_{\text{rot}},f}$ 和 $l_{P_{\text{rot}},r}$ 分别为 P_{rot} 点到车辆前、后轴的纵向距离；$F_{\text{li},f}$ 和 $F_{\text{li},r}$ 分别为伺服电机加载在

滚筒组托板上的垂直作用力(举升力)，通过控制车轮的举升高度来模拟车辆在试验台上的俯仰角。

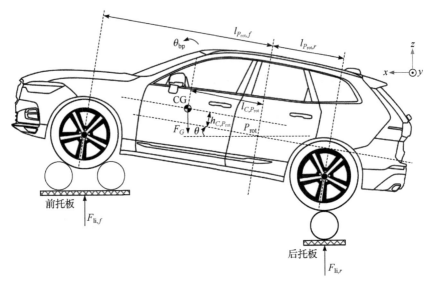

图 5.20　试验台俯仰角模拟示意图

本节通过拉格朗日方程来求解试验台举升机构需要施加的垂直作用力 $F_{li,f}$ 和 $F_{li,r}$，由于该过程涉及车辆重力势能的计算，且托板的运动方向与地面垂直，所以本节以地面作为坐标系，其中 z 为垂直于地面向上的坐标轴。图 5.20 所示的俯仰动力模型具有 2 个自由度，它们分别由两个广义坐标 q_1 和 q_2 来描述：

$$\begin{cases} q_1 = z \\ q_2 = \theta \end{cases} \tag{5.96}$$

其中，q_1 描述车辆在 z 轴方向上的平移自由度；q_2 描述车辆绕 y 轴俯仰的旋转自由度。

此外，本节引入辅助变量 z_f 和 z_r 用于描述前、后轮相对于地面的垂直位置，它们均可以用广义坐标的函数来确定，即

$$\begin{cases} z_f = z + l_{P_{rot},f} \sin\theta \\ z_r = z - l_{P_{rot},r} \sin\theta \end{cases} \tag{5.97}$$

以车辆为研究对象，其在俯仰运动过程中主要受到试验施加的举升力，该举升力为非保守力，因此对应的拉格朗日方程为

$$\frac{d}{dt}\frac{\partial L_{lag}}{\partial \dot{q}_i} - \frac{\partial L_{lag}}{\partial q_i} = Q_i \tag{5.98}$$

$$L_{\text{lag}} = T_{\text{vs}} - V_{\text{vs}} \tag{5.99}$$

其中，L_{lag} 为拉格朗日算子，它是车辆系统的动能 T_{vs} 与势能 V_{vs} 之差；q_i 为第 i 个广义坐标；Q_i 为 q_i 对应的广义力。

结合图 5.20 可得，车辆系统的动能 T_{vs} 包括旋转动能和沿 z 轴运动的平动动能：

$$T_{\text{vs}} = \frac{1}{2} m_{\text{veh}} \dot{z}^2 + \frac{1}{2} I_{\text{veh}} \dot{\theta}^2 \tag{5.100}$$

其中，I_{veh} 为车辆在试验台上进行俯仰运动时的转动惯量。

车辆在试验台上运动过程中的势能主要为重力势能，由于车辆的旋转中心和重心位置不重合，因此车辆的势能 V_{vs} 的计算公式如下：

$$V_{\text{vs}} = m_{\text{veh}} g(z - h_{C,P_{\text{rot}}} + l_{C,P_{\text{rot}}} \sin\theta) \tag{5.101}$$

将式(5.100)和式(5.101)代入式(5.99)，可得试验台上车辆的拉格朗日算子 L 为

$$L_{\text{lag}} = \frac{1}{2} m_{\text{veh}} \dot{z}^2 + \frac{1}{2} I_{\text{veh}} \dot{\theta}^2 - m_{\text{veh}} g(z - h_{C,P_{\text{rot}}} + l_{C,P_{\text{rot}}} \sin\theta) \tag{5.102}$$

根据式(5.98)可得车辆俯仰的运动方程为

$$\begin{cases} \dfrac{\mathrm{d}}{\mathrm{d}t}\dfrac{\partial L_{\text{lag}}}{\partial \dot{z}} - \dfrac{\partial L_{\text{lag}}}{\partial z} = m_{\text{veh}} \ddot{z} - m_{\text{veh}} g \\[2mm] \dfrac{\mathrm{d}}{\mathrm{d}t}\dfrac{\partial L_{\text{lag}}}{\partial \dot{\theta}} - \dfrac{\partial L_{\text{lag}}}{\partial \theta} = I_{\text{veh}} \ddot{\theta} + m_{\text{veh}} g l_{C,P_{\text{rot}}} \cos\theta \end{cases} \tag{5.103}$$

接下来根据虚功原理确定广义力 Q_1 和 Q_2。虚功的计算方式如式(5.104)所示。虚功原理表明，当车辆在俯仰运动过程中处于平衡时，外部施加力 $F_{\text{li},f}$ 和 $F_{\text{li},r}$ 对虚位移 Δr 产生的虚功为零，由此可以根据力和相应的虚位移来确定广义力。

$$\Delta W = \sum_j F_j \Delta r_j \overset{\text{def}}{=} \sum_i Q_i \Delta q_i \tag{5.104}$$

虚位移的计算公式为

$$\Delta r_j = \sum_i \frac{\partial r_j}{\partial q_i} \Delta r_j \tag{5.105}$$

则对于前、后轮的垂直位移 Δr_f 和 Δr_r，有

$$\begin{cases} \dfrac{\partial z_f}{\partial z} \Delta z + \dfrac{\partial z_f}{\partial \theta} \Delta\theta = \Delta z + l_{P_{\text{rot}},f} \Delta\theta \cos\theta \\[2mm] \dfrac{\partial z_r}{\partial z} \Delta z + \dfrac{\partial z_r}{\partial \theta} \Delta\theta = \Delta z - l_{P_{\text{rot}},r} \Delta\theta \cos\theta \end{cases} \tag{5.106}$$

将式(5.106)代入式(5.104)可得车辆的虚功 ΔW 为

$$\Delta W = F_{\text{li},f}\left(\Delta z + l_{P_{\text{rot}},f}\Delta\theta\cos\theta\right) + F_{\text{li},r}\left(\Delta z - l_{P_{\text{rot}},r}\Delta\theta\cos\theta\right)$$

$$= \cdots \tag{5.107}$$

$$= \left(F_{\text{li},f} + F_{\text{li},r}\right)\Delta z + \left(F_{\text{li},f}l_{P_{\text{rot}},f}\cos\theta - F_{\text{li},r}l_{P_{\text{rot}},f}\cos\theta\right)\Delta\theta$$

由此可知 q_1 和 q_2 对应的广义力 Q_1 和 Q_2 分别为

$$\begin{cases} Q_1 = F_{\text{li},f} + F_{\text{li},r} \\ Q_2 = \left(F_{\text{li},f}l_{P_{\text{rot}},f} - F_{\text{li},r}l_{P_{\text{rot}},f}\right)\cos\theta \end{cases} \tag{5.108}$$

将式(5.108)代入式(5.103)即可求得车辆在试验台上俯仰运动的微分方程:

$$\begin{cases} F_{\text{li},f} + F_{\text{li},r} = m_{\text{veh}}\ddot{z} - m_{\text{veh}}g \\ \left(F_{\text{li},f}l_{P_{\text{rot}},f} - F_{\text{li},r}l_{P_{\text{rot}},r}\right)\cos\theta = I_{\text{veh}}\ddot{\theta} + m_{\text{veh}}gl_{C,P_{\text{rot}}}\cos\theta \end{cases} \tag{5.109}$$

根据车辆系统在俯仰过程中的初始条件和实时测量数据,配合数值解法即可求解式(5.109)中的微分方程,从而解出举升力 $F_{\text{li},f}$ 和 $F_{\text{li},r}$,最终实现车辆在试验台上俯仰角的模拟。

在测试过程中,首先根据虚拟测试场景发送的道路模型信息提取道路的纵向坡度,随后根据构建的车辆俯仰动力学模型计算出伺服驱动器需要施加的作用力;然后控制俯仰举升机构执行动作,驱动相关支撑组件运动;最后通过位移传感器测量输出控制量并实现闭环控制,在额定范围内连续、精确地模拟不同道路工况下的车辆俯仰姿态[29]。

5.5 车-路耦合状态重构性能验证与分析

为验证设计的整车在环一体化测试平台在道路工况模拟方面的性能,本节开展充分的实车试验,分别在封闭测试场地和试验台上采集并对比同一测试车辆的行驶数据,对试验台道路工况模拟的准确性和稳定性进行验证。

5.5.1 试验场地与设备选取

1. 试验场地

为了开展试验台道路工况模拟性能的测试,本节以道路测试数据作为试验台性能评价的基准。考虑试验人员与车辆的安全,选择在长安大学车联网与智能汽车试验场(CAVTest)开展实车试验[30,31]。CAVTest是交通运输部认定的自动驾驶封闭场地测试基地,其鸟瞰图如图 5.21 所示,该试验场建有全长 2.4km 的高速环形跑道,1.1km 直线试车道,支持单车最高 120km/h 的行驶速度[32,33]。图 5.21 中的直线为选定的试验路段，长度为 1000m，宽度为 7m，路面铺装材质为混凝土，纵向坡度在 0.1% 以内。

图 5.21　长安大学车联网与智能汽车试验场鸟瞰图

2. 试验设备

试验采用一辆搭载自动驾驶机器人的燃油车作为测试验证平台车，如图 5.22 所示，车辆型号为长安 CS35，其详细参数如表 5.6 所示。自动驾驶机器人选自北京艾尔动力科技有限公司，如图 5.23 所示，其设备技术规格如表 5.7 所示。测试车辆的行驶速度通过周立功 USB-CAN-2E-U 分析仪读取车载自动诊断系统发送的 CAN 报文来进行采集、处理与分析。

(a) 测试车辆　　　　　　　　　　　　　　(b) 自动驾驶机器人

图 5.22　试验车辆与驾驶机器人

表 5.6　长安 CS35 关键参数

序号	项目	参数	单位
1	尺寸	4170×1810×1670	mm×mm×mm
2	轴距	2560	mm
3	轮距	1560	mm
4	整备质量	1340	kg
5	最大功率	115	kW
6	最大扭矩	210	N·m

| (a) 中央控制器 | (b) 方向盘控制机构 | (c) 油门/制动控制机构 |

图 5.23　艾尔动力驾驶机器人

表 5.7　艾尔动力驾驶机器人参数列表

序号	项目	参数	单位
1	版本	V2.0	——
2	最高车速	60	km/h
3	最高方向盘转速	1080	(°)/s
4	最大轨迹跟踪横向误差	0.3	m
5	最大速度控制误差	1	km/h

　　试验车辆的行驶过程由自动驾驶机器人操控，首先向中央控制器发送控制指令，随后由中央控制器将指令转化为控制信号并驱动伺服电机转动，从而控制油门、制动和方向盘的执行机构。由于测试验证平台车仅通过安装自动驾驶机器人来进行智能化改造，并没有对测试车辆的基本机械结构、动力系统和传动系统进行改动，所以平台车的关键参数与原车出厂参数保持一致。

　　前轴可旋转式九自由度转鼓试验台的技术参数如表 5.8 所示。

表 5.8　前轴可旋转式九自由度转鼓试验台技术参数

项目	参数	项目	参数
试验台外形尺寸 长×宽×高 /(mm×mm×mm)	6675×4000×3345	试验台质量/kg	2800(前轴 2×1000，后轴 2×400)
自重/t	37	俯仰角/(°)	±5
额定轴荷/kg	1500	驱动轮转角/(°)	±50
滚筒直径/mm	452	测试速度/(km/h)	0～100
轮距调整范围/mm	1400～1700	速度示值误差/%	±0.5%或±0.2km/h
轴距调整范围/mm	1800～3200	速度分辨率/(km/h)	0.1

5.5.2　试验方案设计

本节主要参考国家标准《汽车道路试验方法通则》(GB/T 12534—1990)和《轻型汽车道路负载　底盘测功机再现》(GB/T 43404—2023)来设计道路测试试验和试验台测试试验[34]，规定了试验条件和试验方法。

1. 试验条件设置

确保试验车辆的技术状况和安全性能良好，且在道路试验和试验台试验前均须经过充分预热并达到稳定状态。

确保试验车辆的轮胎压力调整至推荐胎压，轮胎表面保持清洁，胎体花纹须清晰可见。

道路试验要求天气条件良好，无雨无雾天气，相对湿度小于 95%，气温为 0～40℃，风速不大于 3m/s；试验台试验要求室内温度为(23±5)℃。

道路试验要求路面清洁、干燥、平坦；试验台试验要求滚筒表面洁净、干燥、无异物。

试验台试验前须按照制造商说明书进行预热，直到内部摩擦损失稳定。

2. 试验方法

在完成试验条件设置之后开始进行实车试验，首先给驾驶机器人下发方向盘伺服电机控制指令，将车辆方向盘保持在零位，以确保试验过程中车辆保持直线行驶；随后变速箱挂入前进挡(D 挡)，并下发加速踏板控制指令，使试验车辆分别在真实道路和转鼓试验台上以相同的油门开度向前加速行驶；待车速稳定后，将变速箱挂入空挡，同时通过驾驶机器人控制指令松开加速踏板，让车辆自由滑行直至车速稳定，试验结束。

考虑到试验过程中可能存在的突发情况，为了保证试验车辆与试验人员的安全，试验过程中，车辆在真实道路和试验台上的最高行驶速度不超过 40km/h。在不同油门开度下进行对比试验，详细的试验工况如表 5.9 所示。

表 5.9　测试工况设计

测试工况	油门开度/%	稳定行驶速度/(km/h)
1	10	15±3
2	13	25±3
3	15	35±3

过程中从车辆 OBD 系统采集并记录车辆的行驶速度，经过滤波后计算车辆的加速度，随后通过对比车辆在两种条件下的速度和加速度，评估试验台模拟道

路工况的性能。

在完成试验台道路载荷模拟试验后，为验证试验台模拟道路坡度的性能，本节在虚拟仿真测试软件 PreScan 中构建斜坡道路，令试验车辆以稳定速度在试验台上行驶，并在行驶过程中采集虚拟车辆的俯仰角及试验台模拟的俯仰角。考虑到试验台俯仰角模拟的限位所引发的过冲或振荡，以及俯仰角模拟过程中车辆与相关人员的安全性，这里设定虚拟场景中的道路坡度极限为 4°，车辆行驶速度控制在 20km/h，虚拟场景中设计的测试道路横断面如图 5.24 所示。

图 5.24　坡度模拟测试中的道路横断面示意图

5.5.3　评价指标设计

由上述试验方案可知，实车试验的本质是在真实道路和试验台模拟两种工况下，保持相同的车辆动力输出，观察车辆在行驶过程中的速度变化，即加速度来估计车辆受到的行驶阻力。因此，本节引入速度一致性和加速度一致性作为试验台性能的评价指标。

1. 速度一致性

速度一致性是指一次测试中，车辆在真实道路上和试验台上的速度变化趋势的相似性，它可以用来评价试验台模拟的行驶工况是否准确地反映了真实道路上的车辆行驶工况，本节使用 Pearson 相关系数作为速度一致性的度量[35]，重点观察两种工况下车速变化趋势的差异。对于一次测试中的两个速度序列 $v_{t,\text{road}}$ 和 $v_{t,\text{ben}}$，速度相关系数 R_V 的计算方式如下：

$$R_V = \frac{\sum (v_{t,\text{road}} - \overline{v}_{\text{road}})(v_{t,\text{ben}} - \overline{v}_{\text{ben}})}{\sqrt{\sum (v_{t,\text{road}} - \overline{v}_{\text{road}})^2 (v_{t,\text{ben}} - \overline{v}_{\text{ben}})^2}} \tag{5.110}$$

其中，$\overline{v}_{\text{road}}$ 和 $\overline{v}_{\text{ben}}$ 分别为 $v_{t,\text{road}}$ 和 $v_{t,\text{ben}}$ 的平均值。

2. 加速度一致性

加速度一致性是指一次测试中，车辆在真实道路上和试验台上的加速度的差异程度。与相关系数不同，加速度一致性重点观察两种工况下车辆加速度之间的差异。平均绝对误差(mean absolute error，MAE)可以直观地体现测试数据与参考数据间的平均差异程度。此外，由于测试过程中瞬时的环境变化可能引发车辆加速度的突变(异常值)，而 MAE 对异常值的敏感度较低，具有较好的稳健性，所以这里以 MAE 作为加速度一致性的度量，对于一次测试中的两个加速度序列 $a_{t,\mathrm{road}}$ 和 $a_{t,\mathrm{ben}}$，加速度 MAE 的计算公式如下：

$$\mathrm{MAE}_a = \frac{1}{N}\sum_{t=1}^{N}|a_{t,\mathrm{road}} - a_{t,\mathrm{ben}}| \tag{5.111}$$

其中，N 为加速度序列的样本数量。

5.5.4　试验结果分析

在不同油门开度下对测试车辆在真实道路和试验台上进行实车试验，得到的速度和加速度曲线如图 5.25 所示，评价指标的计算结果如表 5.10 所示。

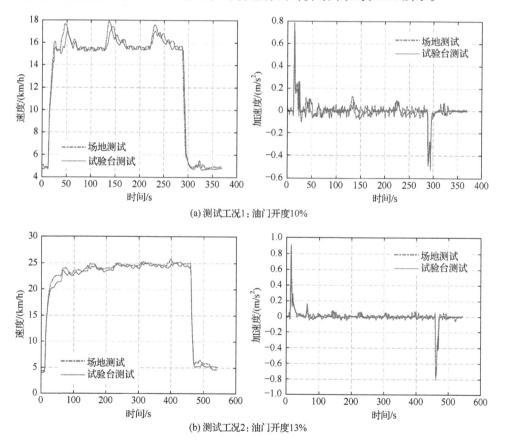

(a) 测试工况1：油门开度10%

(b) 测试工况2：油门开度13%

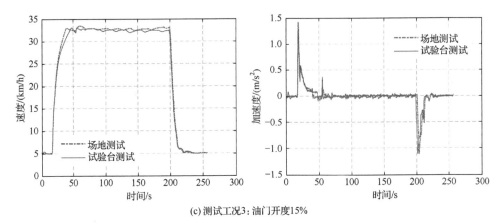

(c) 测试工况3: 油门开度15%

图 5.25　测试车辆以三种油门开度在场地和试验台上行驶的运动状态曲线

表 5.10　三种测试工况下的场地和试验台测试结果统计

测试工况	速度相关系数 R_v	加速度 MAE
1	0.996	0.032
2	0.997	0.025
3	0.995	0.042

试验结果表明,车辆在试验台上的动力学特性与在真实道路上的表现高度一致,即试验台可以准确地模拟真实的道路工况。具体地,三种油门开度下的试验台行驶曲线与真实道路的行驶曲线紧密吻合,速度相关系数均大于等于 0.995,加速度 MAE 保持在 0.05 以下,说明试验台可以准确地模拟车辆在道路上行驶的平动惯量和阻力。深入观察加速度曲线可知,在真实路况下的加速行驶和自由滑行阶段车辆变速箱会适时调整挡位,当车辆在试验台上以相同的油门开度进行加速和滑行时,变速箱的换挡时机与在真实道路上行驶情况相近,且最大加/减速度的幅值也与真实路况下的驾驶数据相符,进一步说明试验台可以真实、准确地模拟道路工况,保持与真实道路高度一致的动力学特性。

图 5.26 为试验台模拟道路坡度的试验结果,其中虚线是虚拟道路坡度真值,实线是试验台道路坡度模拟值。由图可知,试验台模拟的坡度曲线走势与虚拟道路的坡度曲线走势整体一致,表明试验台在接收到虚拟场景发送的道路信息后能够及时响应并模拟道路坡度,但仍存在一定的滞后性。通过分析发现,该现象主要由数据传输过程中的网络通信延迟和试验台部件机械延迟(如执行器响应时间和旋转部件的惯性等)所引起。此外,延迟还导致了试验台坡度模拟的幅值小于真值的幅值,因为当试验台接收到控制指令并输出至最大幅值时,延迟导致试验台不能立即执行并达到目标位置,此时若试验台从虚拟场景处接收到新的控制指令,

则会直接响应并执行新的指令，进而导致试验台俯仰角的实际峰值会低于虚拟道路坡度的幅值。

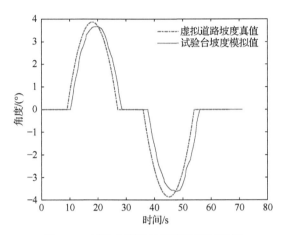

图 5.26　试验台道路坡度模拟测试结果

参 考 文 献

[1] 郝茹茹, 赵祥模, 周洲. 整车防抱死制动系统台架检测与道路对比试验. 农业机械学报, 2013, 44(4): 21-26.

[2] 郝茹茹, 赵祥模, 马建, 等. 一种新型汽车 ABS 整车检测系统. 交通运输工程学报, 2011, 11(5): 69-75.

[3] 郝茹茹. 汽车 ABS 整车台架检测方法与试验研究. 西安: 长安大学, 2013.

[4] 薛丁瑞. 基于整车在环的自动驾驶运动规划与控制系统测评方法研究. 西安: 长安大学, 2023.

[5] 郑小翔. 基于滚动阻力动态加载和运动参数预估的底盘测功机试验技术研究. 杭州: 浙江大学, 2018.

[6] 中华人民共和国国家质量监督检验检疫总局, 中国国家标准化管理委员会. 汽车加速性能试验方法. GB/T 12543—2009. 北京: 中国标准出版社, 2009.

[7] 王华泾. 基于虚拟整车试验台的商用车动力性试验方法研究. 重庆: 重庆理工大学, 2020.

[8] Rajamani R. Vehicle Dynamics and Control. Berlin: Springer, 2011.

[9] 中华人民共和国国家质量监督检验检疫总局, 中国国家标准化管理委员会. 汽车动力性台架试验方法和评价指标. GB/T 18276—2017. 北京: 中国标准出版社, 2017.

[10] Xing Z C, Wang G Y, Gong Z P, et al. Double-drum test bench for variable load transfer simulation by electromechanical inertia compensation. Sensors, 2019, 19(19): 4322.

[11] 刘武. 底盘测功机加载力建模仿真及实验研究. 长春: 吉林大学, 2018.

[12] de Menezes Lourenço M A, Eckert J J, Silva F L, et al. Vehicle and twin-roller chassis dynamometer model considering slip tire interactions. Mechanics Based Design of Structures and Machines, 2023, 51(11): 6166-6183.

[13] 赵祥模, 徐志刚, 田彬, 等. 一种无人车在环快速仿真测试系统和方法: 中国,

CN201810745904.5. 2020.

[14] 王晓东. 底盘测功机模拟车辆道路行驶阻力加载力研究. 西安: 长安大学, 2010.

[15] 王文威. 基于转鼓平台的智能汽车整车在环加速测试研究与实现. 西安: 长安大学, 2020.

[16] Wang Y, Hu J, Wang F, et al. Tire road friction coefficient estimation: Review and research perspectives. Chinese Journal of Mechanical Engineering, 2022, 35(1): 6.

[17] 王润民, 赵祥模, 徐志刚, 等. 一种自动驾驶整车在环虚拟仿真测试平台设计. 汽车技术, 2022, (4): 1-7.

[18] 赵祥模, 王文威, 王润民, 等. 智能汽车整车在环测试台转向随动系统. 长安大学学报(自然科学版), 2019, 39(6): 116-126.

[19] 凌涛. 永磁同步电机位置伺服控制系统设计与实现. 赣州: 江西理工大学, 2018.

[20] 欧阳红林. 多相永磁同步电动机调速系统控制方法的研究. 长沙: 湖南大学, 2005.

[21] 唐龙. 多相永磁同步电机不对称运行的研究. 长沙: 湖南大学, 2013.

[22] 白钧生, 冯浩, 白新力, 等. Clarke 变换中系数 $\sqrt{2/3}$ 的推导. 微电机, 2012, 45(7): 79-81.

[23] 桑勇, 李锋涛, 代月帮, 等. 面向伺服电机的 STM32 单片机控制系统设计. 机电工程技术, 2015, (11): 65-72.

[24] 王振. 无人车运动控制系统设计与实现. 西安: 长安大学, 2016.

[25] Zhao J S, Liu X, Feng Z J, et al. Design of an Ackermann-type steering mechanism. Proceedings of the Institution of Mechanical Engineers, Part C: Journal of Mechanical Engineering Science, 2013, 227(11): 2549-2562.

[26] Olma S, Kohlstedt A, Traphöner P, et al. Substructuring and control strategies for hardware-in-the-loop simulations of multiaxial suspension test rigs. IFAC-PapersOnLine, 2016, 49(21): 141-148.

[27] Böhm M, Stegmaier N, Baumann G, et al. The new PowerTrain and hybrid test bench at the University of Stuttgart. MTZ Worldwide EMagazine, 2011, 72(9): 60-63.

[28] 刘辛军, 汪劲松, 李剑锋, 等. 一种新型空间 3 自由度并联机构的正反解及工作空间分析. 机械工程学报, 2001, (10): 36-39.

[29] 赵祥模, 承靖钧, 徐志刚, 等. 基于整车在环仿真的自动驾驶汽车室内快速测试平台. 中国公路学报, 2019, 32(6): 124-136.

[30] Wang R M, Zhao X M, Xu Z G, et al. CAVTest: A closed connected and automated vehicles test field of Chang'an University in China. SAE International Journal of Connected and Automated Vehicles, 2021, 4(4): 423-435.

[31] 李骁驰, 赵祥模, 徐志刚, 等. 面向智能网联交通系统的模块化柔性试验场. 中国公路学报, 2019, 32(6): 137-146.

[32] 刘丁贝, 张心睿, 王润民, 等. 封闭测试场条件下基于 DSRC 的车联网通信性能测试. 汽车工程学报, 2020, 10(3): 180-187.

[33] Wang R M, Zhang X R, Xu Z G, et al. Research on performance and function testing of V2X in a closed test field. Journal of Advanced Transportation, 2021, 2021(1): 9970978.

[34] 中华人民共和国国家质量监督检验检疫总局, 中国国家标准化管理委员会. 汽车道路试验方法通则. GB/T 12534—1990. 北京: 中国标准出版社, 1990.

[35] Zhang M Q, Li W Z, Zhang L, et al. A pearson correlation-based adaptive variable grouping method for large-scale multi-objective optimization. Information Sciences, 2023, 639: 118737.

第6章 面向整车在环测试的交通流建模方法

整车在环测试的场景中不能只有单一被测车辆，也要有周围交通流环境[1]。本章重点介绍跟车模型和宏观交通流模型，并对模型的稳定性进行分析和验证。

6.1 概 述

6.1.1 交通仿真模型的分类

交通仿真模型根据不同的标准和需求可以进行多种分类。仿真模型可以按照细节程度，分为宏观仿真模型、中观仿真模型和微观仿真模型。宏观仿真模型关注整体交通流的行为，中观仿真模型则侧重于车流的具体表现，而微观仿真模型则深入单个车辆和行人的行为。其次，按照操作方法，仿真模型可以分为动态仿真模型和分析模型，动态仿真模型侧重于模拟实际操作过程，而分析模型则更多用于理论分析和预测。

仿真模型依据仿真过程可以分为随机模型和确定模型。随机模型考虑了现实世界中的不确定性因素，而确定模型则假设所有参数都是已知的。根据变量独立程度，模型又可以分为离散模型、半离散模型和连续模型，这些分类反映了模型对现实世界描述的精确度。仿真模型依据应用规模可以分为网络模型、区间模型、十字路口模型和路段模型等，这些模型分别适用于不同规模和类型的交通系统研究。表 6.1 是几种典型的交通仿真模型。

表 6.1 几种典型的交通仿真模型

模型类型	模型名称	特点
微观仿真模型	Mixic 模型(1995)	离散、随机、多车道、仿真模型
	Simone 模型(1999)	离散、随机、多车道、仿真模型
	Pelops 模型(1998)	离散、随机、多车道、仿真模型
	安全距离模型(1990)	连续、确定、单车道、分析模型
	刺激-反应模型(1988)	连续、确定、单车道、分析模型
	心理距离模型(1974)	连续、随机、多车道、仿真模型
	Fosim 模型(1995)	离散、随机、多车道、仿真模型

续表

模型类型	模型名称	特点
微观仿真模型	元胞自动机模型(1996)	离散、随机、城市路网仿真模型
	粒子模型(2000)	离散、随机、仿真模型
	Integration 模型	离散、确定、路网仿真模型
中观仿真模型	车头距分布模型(1998)	连续、随机、交叉路口分析模型
	简化的气体动力模型	连续、确定、汇流道分析模型
	改进的气体动力模型	连续、确定、汇流道分析模型
	多道的气体动力模型	连续、确定、多道分析模型
	多类型的气体动力模型	连续、确定、汇流道分析模型
	多类型多车道模型(1999)	连续、确定、多道分析模型
	车辆团模型(1978)	连续、确定、汇流道分析模型
宏观仿真模型	LWR 模型(1955)	连续、确定、汇流道分析模型
	Payne 模型(1971,1979)	连续、确定、汇流道分析模型
	Helbing 模型(1996,1997)	连续、确定、汇流道分析模型
	蜂窝传播模型(1998)	离散、确定、路网仿真模型
	Metanet 模型(1998)	离散、确定、路网仿真模型
	半离散模型(1990)	半离散、随机、汇流道分析模型
	Freflo 模型(1979)	离散、确定、路网仿真模型
	Master 模型(1999)	离散、确定、多车道分析模型

宏观仿真模型专注于车辆整体流的研究，它将交通流视为一种连续的流体，忽略了个别车辆的细节行为，如变道、超车等。在这种模型中，交通流的动态特性通过速度、流量和密度等宏观参数来描述，这些参数能够反映出整个交通系统的总体运行状况。由于其研究对象的抽象化，宏观仿真模型的输入数据相对简单，计算量较小，因此对计算机资源的需求也较低。这使得宏观仿真模型非常适合用于大型路网的整体交通流分析，该模型能够在较短时间内快速掌握交通系统总体特性，从而为交通规划和管理提供科学的战略性决策支持。

中观仿真模型则在宏观仿真模型的基础上引入了对个体车辆的研究。在中观仿真模型中，车辆被分组标志，模型关注的是这些车辆群体在路段和节点的流入流出行为。中观仿真模型能够提供比宏观仿真模型更为详细的交通流信息，它适用于评估交通控制策略和干预措施的可行性，以及分析交通流在不同网络条件下的响应。中观仿真模型在一定程度上兼顾了计算的效率以及模型的细节，是介于宏观仿真模型和微观仿真模型之间的桥梁。

微观仿真模型[2]则将研究焦点放在单个车辆上，每个车辆在模型中都有明确的标志和定位，模型详细描述了车辆与周围交通环境的相互作用。在微观仿真模型中，每个仿真步长都会更新车辆的速度、加速度等动态特性，能够精确模拟交通流的短时间波动，真实地反映车辆的跟驰、超车、换道等微观行为[3]。尽管微观仿真模型在计算上非常耗费资源，对计算机性能要求较高，在过去更多地被用于中小型路网的仿真，但随着并行处理技术的进步，微观仿真模型的应用范围已经扩展到大型交通网络的仿真，提供了更为精细的分析工具。

6.1.2　微观仿真模型概述

微观仿真模型作为近年来的研究热点，可对个体车辆行为进行精细刻画和高度逼真的交通流模拟，成为交通分析领域的重要工具。

该模型针对每一个车辆进行深入研究，利用标志和定位技术，细致地刻画车辆与周边交通环境的互动。在每个仿真时间单元，模型都会更新车辆的速度、加速度等动态属性，以实现对交通流短期动态变化的精准模拟，从而真实地再现车辆的跟驰、超车、换道等微观交通行为[4]。

微观仿真模型依赖于精细的道路网络布局和车辆行为规则，能够模拟车辆在道路网络中的动态移动以及它们之间的交互作用，并通过图形用户界面清晰地展示仿真过程和最终结果。该模型的核心功能涵盖如下。

(1) 建立多样的路网几何形状：模型能够清晰地表示路网的各组成部分，包括交叉口、交通信号灯、车道等。

(2) 生成多种车辆类型：设定车辆的长度、宽度、初速度、起始地和目的地等属性，以模拟现实世界中的车辆多样性。

(3) 及时更新车辆状态：在每个仿真步长内更新车辆的速度、加速度等特性，模拟车辆的跟驰、换道、超车等行为。

(4) 跟踪并分析车辆：获取每辆车的状态参数，如车辆密度、平均等待时间、速度等，为交通分析提供数据支持。

(5) 模拟车辆诱导：实现控制中心与被诱导车辆之间的信息交换，动态调整交通流，以提高路网的整体效率。

(6) 评估交通控制策略：真实模拟各种交通控制策略的效果，并进行系统评价，为交通管理提供决策支持。

(7) 提供图形化界面：通过直观的图形界面展示仿真结果，便于分析和决策。

微观仿真模型一般分为车辆跟驰模型[5]和元胞自动机模型(或称粒子跳跃模型)。车辆跟驰模型运用动力学方法，将车辆视为相互作用的粒子，研究在单一车道上车辆跟随前车的状态。这类模型通常基于物理原理，通过建立车辆之间的相互作用力方程来描述跟驰行为。

元胞自动机模型将道路划分为由单个元胞组成的离散网格,每个元胞的状态代表车辆的状态,从而构建了一个时间和空间都离散化的动态模拟系统。元胞自动机的特点是规则简单,但能够产生复杂的集体行为,非常适合模拟复杂的动力学系统,如城市交通流。元胞自动机模型不是由严格定义的物理方程确定的,而是由一系列简单的规则构成,这些规则在仿真过程中不断迭代,从而产生复杂的交通行为模式。

总之,微观仿真模型以其高度精细化、灵活性和真实性的特点,为构建整车在环测试场景中的交通流提供了强有力的工具。

6.2　基于元胞自动机的城市交通网络基础元素建模

交通网络是城市交通活动的基础,它由道路和交叉口构成,道路作为线状基础设施,承载着行驶的车辆;交叉口则作为点状的交会点,连接着不同的道路,为车辆提供通行和转向的节点。在进行交通系统模拟之前,必须对城市道路网络的基础组成部分进行构建,这涉及路段、交叉口以及交通信号灯等核心要素的模型创建。路段模型用于描述道路的物理属性,如长、宽、车道数及交通流的分布情况等。交叉口模型用于描述车辆在交叉口处的行驶规则,如信号灯控制、交通流组织等。交通信号灯模型用于模拟信号灯的周期性变化,以及由此产生的交通流变化。本节重点介绍城市网络基本交通元素基于元胞自动机的建模方法[6],包括路段、交叉口和交通信号灯的建模技术。同时,本节还将介绍本仿真系统的发车模型,该模型用于模拟车辆在城市路网中的生成和分布,以及车辆在不同路段和交叉口处的行驶行为。

6.2.1　路段建模

本节探讨的城市路网由多条多车道混杂路网构成,每段道路最多设有 8 个车道,以双向六车道或双向八车道为主。图 6.1 展示了双向六车道的道路布局。

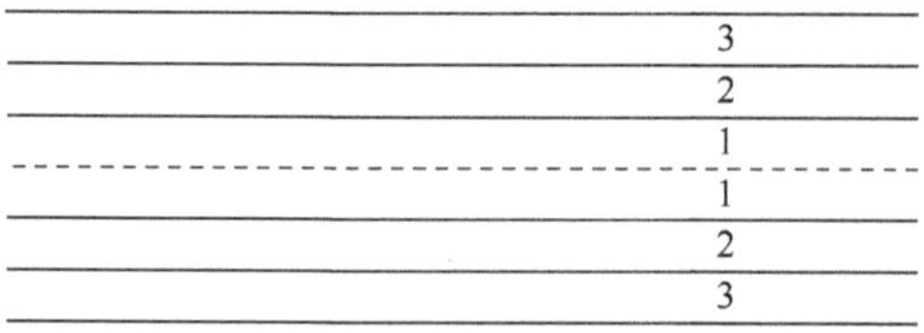

图 6.1　双向六车道道路布局

系统将车道离散化为一系列元胞,每个元胞的状态反映了车道上的车辆分布情况,具体表现为有车或无车。通过元胞的状态可以准确计算出车道上的车辆数目和密度等信息,从而为交通流量的分析和控制提供依据。这种离散化的处理方式有助于简化复杂的道路交通流模型，提高仿真计算的效率。如图 6.2 所示，图中采用方格来代表元胞，而车辆则以圆圈的形式标志。

图 6.2　车道上元胞的划分

在车辆行驶过程中，确保车辆间保持一定的安全距离是至关重要的。本节在模拟过程中，将每个元胞的真实距离设定为 7.5m，以保证车辆在行驶过程中能够保持适当的安全距离。此外，为了确保相邻两个元胞的车辆间有足够的空间，每个元胞最多只能容纳一辆车。这样的设置不仅能够确保车辆在行驶过程中的安全，还能够为交通流量的分析和控制提供更为准确的数据[7]。

6.2.2　交叉口建模

在城市交通网络的建模过程中，重点在于对交叉口的细致模拟，因为交通堵塞和冲突事件往往集中在交叉口区域。本节主要关注十字形交叉口的仿真[8]，如图 6.3 所示，这种交叉口结构是城市交通系统中常见的类型。

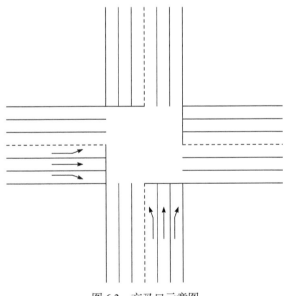

图 6.3　交叉口示意图

在交叉口的仿真模型中，首先将道路分为两个方向：进入交叉口的路径和离开交叉口的路径。如图 6.3 所示，每条道路都有三条车道，分为左转车道、直行车道和右转车道。这些车道通过箭头指示的方向来表示。为了更真实地模拟交通流量，设计了不同的行驶路线，确保车辆按照"左转转大弯，右转转小弯"的原则行驶。

在模拟过程中，将路口细分为若干个元胞单元，称为 Cell，每个元胞单元的状态映射了车辆在路段上的状况。正如图 6.4 展示的那样，与路口相接的路段划分为两个相对行驶的连接部分，称为 Link，一个是指向路口的 Link，另一个是离开路口的 Link。整个路口由 8 个 Link 组成，编号按照逆时针方向进行，指向路口的 Link 编号为 1、3、5、7，离开路口的 Link 编号为 0、2、4、6。每个 Link 内设有三条车道，称为 Lane。以指向路口的 Link1 为例，它包含三条车道，从下往上分别是左转车道 Lane0、直行车道 Lane1 以及右转车道 Lane2。

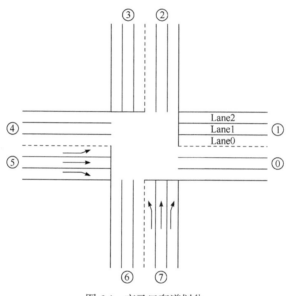

图 6.4　交叉口车道划分

如图 6.5 所示，在 Link7 的实例中，车辆可以选择三条不同的路线进行左转，分别驶向 Link4 的不同车道，或者选择直行路线直接驶入 Link2，或者选择右转路线进入 Link0。具体来说，左转和右转各有三条路线可选，而直行则只有一条路线。这种路线的设置允许左转车辆灵活选择前往 Link4 的路线，右转车辆也有三条不同的路线可选择前往 Link0，而直行车辆则只能沿着单一的路线前往 Link2。因此，对于 Link7，当车辆进入交叉口时，存在七种不同的行驶路径可供选择。

类似地，所有驶入交叉口的连接都可以划分为七条路径，这些路径在本节中称为 Cross_Lane。对每条 Cross_Lane 的坐标和长度进行计算，并将它们分割成若干个元胞，从而实现了交叉口的离散化处理。通过监测这些元胞的状态，可以确定车辆的存在与否，并依据演化规则不断更新元胞的状态，以此模拟车辆在交叉口的动态行驶过程。

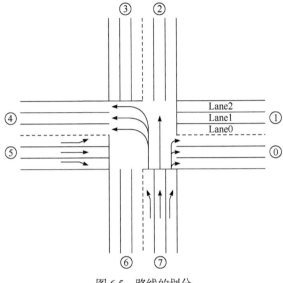

图 6.5　路线的划分

6.2.3　交通信号灯建模

在真实交通流环境中，通过交通信号灯的合理设置来引导车辆行驶是至关重要的。一个合理的交通信号灯配时方案能够有效预防交通堵塞和交通事故的发生。在实际交通环境中，对于处于同一直线上的道路，它们的交通信号灯配置通常是相同的。依据这一观察结果，本节在每个路口配置了 6 个交通信号灯，具体布局如图 6.6

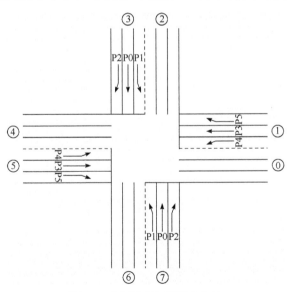

图 6.6　交通信号灯的设立方法

所示。这些信号灯每三个为一组，控制一条直线上的一对道路。例如，P0~P2 控制垂直方向的道路，而 P3~P5 则控制水平方向的道路。就每个信号灯的具体作用而言，P0 和 P3 负责调控直行车道，P1 和 P4 负责管理左转车道，而 P2 和 P5 则负责指挥右转车道。

不同的交通信号灯配时方案会导致不同的仿真结果。例如，图 6.7 展示了一种常见的配时方案，其中灰色区域表示绿灯，黑色区域表示红灯。在横坐标上，P2 和 P5 是专门用于控制右转车道的信号灯。从图中可以看出，右转车道始终显示绿灯，这意味着右转车辆在行驶过程中不受限制。

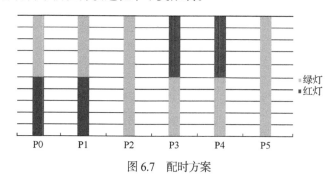

图 6.7　配时方案

6.2.4　断面发车模型

在微观交通仿真中，断面发车模型是一个核心组成部分，它代表了交通仿真的起点，精确地重现路网上车辆的分布，是实现逼真交通仿真的关键所在。通过分析车辆到达交叉口的统计数据，本节发现泊松分布能够很好地拟合不同时间段和不同流向的车辆到达的分布情况。基于这一发现，本节采用泊松分布来构建断面发车的数学模型。

1. 发车规律与泊松分布原理

交通仿真系统是探索交通问题的有效工具，因此其发车模型应当具备广泛的适用性和高度的真实性。通过对真实交通流数据的深入分析，发现在城市街道、高速公路等车辆流量较大的区域，车辆到达的时间符合某种特定的分布。表 6.2 呈现了西安市长安南路八里村路段在 19:50~20:40 这一时间段内的车流统计数据，涵盖了100 组车流量数据，每组数据统计了 15s 内到达的车辆数。

表 6.2　车辆数-观测频率数据表

车辆数/(辆/15s)	<3	4	5	6	7	8	9	10	11	12	13	14	>15
观测频率/次	1	3	6	6	13	13	11	15	12	10	5	3	2

通过分析表 6.2 中的数据可以发现，车辆到达的数量在某个特定时间段内相对集中，这意味着在这个时间段内车辆到达的概率较高。对于一些特殊的情况，如交通流量异常大或者异常小，发生的频率相对较低，可以看成低概率事件。图 6.8 就是根据表 6.1 的数据制作的车辆到达概率图。

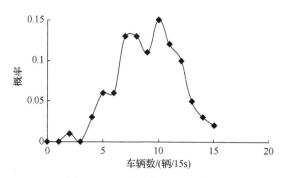

图 6.8　测量的车辆到达概率图

通过观察图 6.8，可以观察到车辆到达数的概率分布呈现出一种集中的趋势，而那些数量较少或较多的车辆到达的概率则相对较低。这表明，除了少数的扰动点，车辆到达的数量在大多数情况下是均匀分布的。为了验证这一观察的普遍性，在西安市友谊路测绘路段进行了多个时间段的车辆到达情况测量。在每个时间段内，收集了 100 组数据，每组数据记录了在 15s 间隔内到达的车辆数。这些数据所对应的概率统计分析结果展示在图 6.9 中。

图 6.9 揭示了一个有趣的现象：尽管在不同的时间段内，通过特定区域的车辆数会有明显的波动，但整体来看，车辆到达数的概率分布仍然保持着较高的集中度。这些波动可能受多种随机因素的影响，如交通流量的不规则性、突发事件的干扰等。然而，除了这些随机扰动，车辆到达的数量在大多数时候都呈现出相对均匀的分布。

为了更好地模拟车辆进入仿真区域的随机性，本节采用了概率论的原理来建立发车数学模型。泊松分布因其能够准确描述单位时间内随机事件发生的次数，被选为描述车辆到达分布的数学工具。泊松分布是概率论中的一个重要分布，它广泛应用于各种随机事件的发生频率的描述。

泊松分布的概率公式如式(6.1)所示：

$$P\left(X_{ra}=k_x\right)=\mathrm{e}^{k_x}\frac{\lambda_{\mathrm{avg}}^{k_x}}{k_x!},\quad k_x=0,1,2,\cdots \tag{6.1}$$

其中，$P\left(X_{ra}=k_x\right)$ 表示在单位时间内随机事件恰好发生 k_x 次的概率；λ_{avg} 是单位时间内随机事件发生的平均次数；e 是自然对数的底数；$k_x!$ 表示 k_x 的阶乘。

通过泊松分布，可以计算出在特定时间段内，仿真区域内预期到达的车辆数，

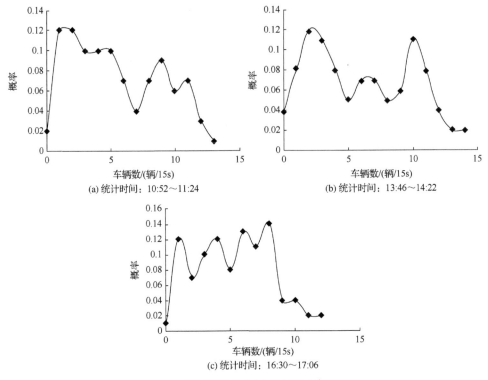

图 6.9　不同时间段内车辆到达数概率统计图

并根据这个预期值来调整仿真模型中的车辆生成策略。这样的模拟方法有助于更真实地反映现实世界中的交通流动态势，为交通规划和管理提供科学的依据。

在本节所述的发车模型中，定义 N_{arr} 为在采样时间 t_{samp} 内实际到达的车辆数，而 λ 则表示在同一采样时间 t_{samp} 内车辆的平均到达率，有 $\lambda = \alpha_{\text{avg}} t_{\text{samp}}$，其中 α_{avg} 为车辆的平均到达率。则有

$$P\left(N_{\text{rand}}\right) = \mathrm{e}^{-\alpha_{\text{avg}} t_{\text{samp}}} \frac{\left(\alpha_{\text{avg}} t_{\text{samp}}\right)^n}{N_{\text{arr}}!} \tag{6.2}$$

其中，$P\left(N_{\text{rand}}\right)$ 为不同车辆到达数所对应的概率分布，通过在固定的采样时间内对某一特定断面进行车辆数的统计，可以得到式(6.2)中的关键参数。例如，参考表 6.2 中记录的测量数据，可以确定这些参数。首先，可以根据车辆数量 n_t 与观测频率 p_{obs} 来计算预期的数值，则有

$$\alpha_{\text{avg}} = \sum_{t_{\text{samp}}=0}^{15} n_t p_{\text{obs}} = \frac{9.13 \text{辆}}{15 \text{s}} \tag{6.3}$$

其中,在采样时间设定为 15s 的情况下,车辆的平均到达率 α_{avg} 可通过公式 $N_{\mathrm{arr}}/15\mathrm{s}$ 计算得出。具体来说, $\alpha_{\mathrm{avg}} = 0.6087$ 辆/s。将这个计算得到的 α_{avg} 值代入式(6.2)中,可以得到不同车辆到达数所对应的概率分布,这些概率值列于表 6.3 中。

表 6.3　测量数据

车辆数/(辆/15s)	观测频率/次	实际检测到的概率	计算得到的频率
0	0	0	0.0001
1	0	0	0.0010
2	1	0.01	0.0045
3	0	0	0.0137
4	3	0.03	0.0314
5	6	0.06	0.0573
6	6	0.06	0.0872
7	13	0.13	0.1137
8	13	0.13	0.1298
9	11	0.11	0.1316
10	15	0.15	0.1202
11	12	0.12	0.0998
12	10	0.1	0.0759
13	5	0.05	0.0533
14	3	0.03	0.0348
15	2	0.02	0.0212

将泊松分布模型计算得出的概率分布与实际测量数据所绘制的概率曲线进行对比,如图 6.10 所示,试验数据表明,采用泊松分布作为基础构建的发车模型,能够精确地模拟真实的交通流量情况。

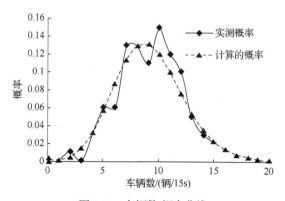

图 6.10　车辆数-概率曲线

2. 断面发车模型的计算方法

本部分采用泊松分布来模拟车辆在一定时间内进入仿真区域的频率。车辆进入仿真区域的过程可以视为一个随机事件，这一事件可以通过将车辆进入的时间间隔视为另一个随机事件来进行数学上的转化。这种转化使得泊松分布理论在描述车辆进入仿真系统时具备以下特点。

(1) 车辆的产生在不同的时间间隔内是相互独立的，不存在时间上的关联性，即无后效性。

(2) 对于足够小的时间间隔 Δt，车辆在时间区间 $(t, t + \Delta t)$ 内产生的概率与时间点 t 无关，车辆生成的规律性与时间间隔 Δt 的长短直接相关，显示出一种时间上的均匀分布特性。

(3) 在足够小的 Δt 内，一条车道上同时产生两辆或两辆以上车辆的概率极低，即车辆的产生具有稀疏性。

鉴于仿真系统所关注的是车辆生成的时间间隔而非单位时间内的车辆数量，因此必须探究时间间隔的分布规律。已知当事件的发生满足泊松分布时，有

$$P\left(t_{\mathrm{sa}}, t_{\mathrm{sam}}\right) = P\left\{X_{r\alpha}\left(t_{\mathrm{sa}}, t_{\mathrm{sam}}\right) = k_x\right\} = \frac{\left[\lambda_{\mathrm{avg}}\left(t_{\mathrm{sam}} - t_{\mathrm{sa}}\right)\right]^{k_x}}{k_x!} \mathrm{e}^{-\lambda_{\mathrm{avg}}\left(t_{\mathrm{sam}} - t_{\mathrm{sa}}\right)} \tag{6.4}$$

其中，t_{sam}、t_{sa} 分别为采样间隔的上、下限。在这种情况下，泊松事件流中的等待时间，即两次事件发生之间的间隔，遵循指数分布 $f(t)$：

$$f\left(t\right) = \begin{cases} \lambda_{\mathrm{avg}} \mathrm{e}^{-\lambda_{\mathrm{avg}} t_{\mathrm{samp}}}, & t \geqslant 0 \\ 0, & t < 0 \end{cases} \tag{6.5}$$

利用指数分布模型来仿真车辆发车间隔时间，式(6.4)可以改写为式(6.6)：

$$\begin{aligned} P\left(t_{\mathrm{sa}}, t_{\mathrm{sam}}\right) &= P\left\{X_{r\alpha}\left(t_{\mathrm{sa}}, t_{\mathrm{sam}}\right) = N_{\mathrm{arr}}\right\} \\ &= \frac{\left[\alpha_{\mathrm{avg}}\left(t_{\mathrm{sam}} - t_{\mathrm{sa}}\right)\right]^{N_{\mathrm{arr}}}}{n!} \mathrm{e}^{-\alpha_{\mathrm{avg}}\left(t_{\mathrm{sam}} - t_{\mathrm{sa}}\right)} \end{aligned} \tag{6.6}$$

通过应用指数分布模型，可以模拟车辆相继发车之间的时间间隔，其中 α_{avg} 为单位时间内的平均车辆到达率，N_{arr} 为采样时间内实际到达的车辆数。基于这一理论，相继车辆发车的时间差呈现出指数分布模式，该模式可通过概率密度函数来具体表征：

$$f\left(t\right) = \begin{cases} \alpha_{\mathrm{avg}} \mathrm{e}^{-\alpha_{\mathrm{avg}} t_{\mathrm{samp}}}, & t \geqslant 0 \\ 0, & t < 0 \end{cases} \tag{6.7}$$

可以计算出分布函数，如式(6.8)所示：

$$f(t) = \begin{cases} 1 - e^{-\alpha_{avg}t_{samp}}, & t \geqslant 0 \\ 0, & t < 0 \end{cases} \tag{6.8}$$

在概率论和统计学中，指数分布是一种连续型概率分布，由于在计算机系统中生成均匀分布的离散随机数相对简单，所以本节初步探讨如何利用定义在区间(0,1)上的均匀分布随机数来模拟产生符合指数分布特性的连续型随机数，该方法的理论基础如下所述。

(1) 生成 n 个在(0,1)区间上呈均匀分布的随机数 $r_1, r_2, \cdots, r_n$。

(2) 根据分布函数 $F(t)$ 的特质，其为单调递增函数，取值范围在 $0 \sim 1$，适用于 $t \in (0, +\infty)$ 的区间。设定 r_1 为 $F(t_1)$ 的概率值 $P(T \leqslant t_1)$，即 $r_1 = F(t_1) = P(T \leqslant t_1)$，这表明随机变量 t_i 的概率分布可以通过 r_i 来描述，其中 $r_i = F(t_i)$。由此，可以推导出式(6.9)：

$$r_i = 1 - e^{-\alpha_{avg}t_i} \tag{6.9}$$

进而计算出 t_i：

$$t_i = -\frac{1}{\alpha_{avg}} \ln(1 - r_i) \tag{6.10}$$

鉴于随机变量 r_i 服从定义在区间(0,1)上的均匀分布 $U(0,1)$，因此通过对 r_i 进行简单的线性变换得到的 $1 - r_i$ 同样遵循这一均匀分布。基于此，可以将原始公式简化为式(6.11)，从而便于计算：

$$t_i = -\frac{1}{\alpha_{avg}} \ln(r_i) \tag{6.11}$$

进一步，应用此简化公式，可以求出符合指数分布的随机数 t_i。随后，将之前计算得到的 α_{avg} 值(0.6087辆/s) 代入式(6.11)中，便可以计算出在不同随机概率条件下车辆相继产生的时间间隔，如图 6.11 所展示。

3. 不同起讫点的发车模型

在城市的交通运输系统中，可以观察到两类不同的车辆运行模式。第一类是那些起点和终点均为固定的车辆，如按照固定路线循环的公交车和每日通勤的私人汽车。第二类是起点和终点都不固定的车辆，典型的如出租车等车辆。为了模拟更加真实的城市交通情况，本节将这两种模式都纳入考虑，并分别建立了两种不同的发车模型：固定起讫点发车模型和随机起讫点发车模型。

(1) 固定起讫点发车模型，涉及的车辆的发车位置、目的地及行驶路径均是预

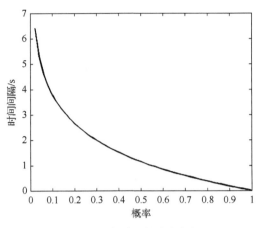

图 6.11　概率-时间间隔图

设的。仿真系统允许用户根据个人需求来设定特定的发车线路。用户可以在可扩展标记语言(extensible markup language，XML)配置文件中输入所需的固定路线数据，系统会在加载路网数据的同时导入这些固定路线信息，识别出线路的起点和终点道路，从而保证生成的车辆严格按照设定路线运行。

(2) 相对地，随机起讫点发车模型涉及的车辆起点和终点都是随机决定的，并且会使用最短路径算法来确定车辆的具体行驶路线。在这种模型中，车辆的产生遵循泊松分布规律。

6.3　基于元胞自动机的车辆动态行为建模

在完成基本交通流环境构建后，应重点关注驾驶员的行为模式和车辆运行特性两大要素。本节专注于探讨如何运用元胞自动机对车辆的动态行为进行建模[9]，重点介绍几种具有代表性的元胞自动机模型，并且阐述本节中的仿真系统所采用的特定元胞自动机模型。

6.3.1　车辆行为建模原理

在线性行驶模式下，驾驶员操控车辆的行为可区分为自由行驶和非自由行驶两大类。在道路车辆稀疏、车间距较大的情况下，车辆之间互不影响，驾驶员可以根据个人期望的速度行驶，努力达到法规允许的最大速度。这种驾驶行为称为自由行驶。相反，当车辆密度达到一定程度时，车辆间距缩小，周边车辆的行为对当前车辆构成影响，此时发生的是非线性行驶。

在这种模式下，车辆间的相互作用及交通流的变化成为交通研究领域的核心关注点，对车辆动态行为的建模主要针对此类非自由行驶状态。具体来说，车辆的

动态行为可以细分为跟车行为和换道行为
(图 6.12),因此建模工作围绕这两种基本行为
展开。

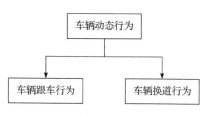

图 6.12　车辆动态行为的分类

1. 基于元胞自动机的车辆跟车行为建模
原理

跟车行驶是交通流中一种常见的车辆行
驶模式,主要发生在车辆密度较高的路段上。在这种模式下,一辆车(称为"后车")
的行驶速度和位置受到其前方车辆(称为"前车")的直接影响[10]。驾驶员需要根据
前车的实时位置和速度来调整自己的行车速度,以确保维持一个安全的间距,防止
追尾事故的发生。这种驾驶行为要求驾驶员持续集中注意力,对前车动态变化做出
快速反应。简而言之,跟车行驶是一种在保障安全的前提下,根据前车的行驶状态
动态调整自身行驶状态的行为模式。值得注意的是,这种前后车之间的相互作用具
有不对称性,即后车对前车的运行影响有限。如图 6.13 所示,车辆 j 的行驶受到来
自前车 $j-1$ 的直接影响,而车辆 $j-1$ 却不受车辆 j 的影响。

图 6.13　车辆跟车行为

针对单行道上超车操作受限的场景,无换道元胞自动机模型用以模拟车队中后
车紧跟前车的行驶状况。在探索元胞自动机模型的研究中,出现了多个具有代表性
的模型,如第 184 号规则模型、密度-摩擦-惯性(density-friction-inertia,DFI)模型、
NaSch 模型和巡航控制极限模型等。接下来,本节简要介绍这些模型的基本特点。

1) 第 184 号规则模型

Wolfram 提出的第 184 号规则模型,是元胞自动机中一个基础且简洁的模型,
被设计用于模拟一维路径上车辆的运动。在这一模型中,所有车辆均沿着相同的方
向移动。在元胞自动机模型中,车辆的行为规则如下:如果车辆前方没有车辆,它
将向前移动一个单元格;如果前方有车辆,它将停留在原地。表 6.4 详细展示了第
184 号规则模型的演化规则,此规则映射函数中含有三个状态变量,每个状态变量
有两种状态,输入状态一共有如下八种组合方式,即表 6.4 中 t_{samp} 时刻的八种状态:
111、110、101、100、011、010、001、000。表 6.4 中 $t_{samp}+1$ 时刻状态由上一时刻
决定,"1" 与 "0" 分别代表此时刻元胞被车辆占据与否的状态。

表 6.4 第 184 号规则模型的演化规则

t_{samp}	111	110	101	100	011	010	001	000
$t_{samp}+1$	1	0	1	1	1	0	0	0

表 6.4 中记录了在 $t_{samp}+1$ 时刻，中间位置上的元胞是否被车辆占据的状态，用数字"1"表示有车辆，"0"表示无车辆。可用数学公式精确描述车辆速度和位置的更新机制。

速度更新规则：

$$V_{i_{veh}}\left(t_{samp}+1\right)=\min\left\{g_{i_{veh}}\left(t_{samp}\right),1\right\} \tag{6.12}$$

位置更新规则：

$$X_{i_{veh}}\left(t_{samp}+1\right)=X_{i_{veh}}\left(t_{samp}\right)+V_{i_{veh}}\left(t_{samp}+1\right) \tag{6.13}$$

其中，$V_{i_{veh}}\left(t_{samp}\right)$、$X_{i_{veh}}\left(t_{samp}\right)$、$g_{i_{veh}}\left(t_{samp}\right)$ 分别为时间点 t_{samp} 上，车辆 i_{veh} 的速度、位置以及它与前车之间的间隔距离。根据此规则，车辆的最大速度限制为一个元胞长度，尽管这一设定具有一定的简化性，但该模型为后续基于元胞自动机的交通流模型的发展奠定了重要基础。

2) DFI 模型

在 20 世纪 90 年代，Fukui 和 Ishibashi 对 Wolfram 的第 184 号规则模型进行了创新，推出了 DFI 模型。这一模型在两个关键领域进行了改进：首先，它提高了车辆的最高速度限制，由原来的每时间步长移动 1 元胞增加到 V_{max}，即车辆所能达到的最大速度；其次，该模型允许车辆直接达到其潜在的最高速度。与此同时，车辆位置更新的基本规则保持不变，而速度控制的规则被重新定义如下：

$$V_i\left(t_{samp}+1\right)=\min\left\{g_i\left(t_{samp}\right),V_{max}\right\} \tag{6.14}$$

在此模型中，当车辆接近拥堵区域时，为了防止碰撞，能够立即将速度减至零。图 6.14 展示了 DFI 模型的速度-密度关系，从中可以观察到，在不同的最大速度设定下，车辆速度与密度之间的曲线走势呈现一致性。具体来说，随着最大速度的提升，车辆在密度逐渐增加时的速度增长更为迅速。然而，一旦达到某一临界密度后，车辆速度则开始下降。随着车辆的最大速度增加，所需的临界密度会相应降低。

3) NaSch 模型

在 1992 年，Nagel 与 Schreckenberg 提出了具有划时代意义的 NaSch 模型，它被视为元胞自动机领域的基础模型之一。它以简单的规则来描述车辆在道路上的运动情况，包括车辆的加速、减速、随机慢化以及运动过程，是一个离散时间的元胞自动机模型，常用于模拟高速公路交通流。该模型将道路划分为一系列连续的元胞

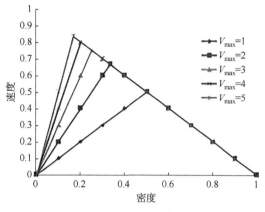

图 6.14　速度-密度关系图

单元，每个元胞单元的状态要么是空的，要么包含一辆车。每辆车的速度和位置根据以下规则在每个时间步 $t \rightarrow t+1$ 进行更新。

加速：车辆速度增加，但不超过其最大速度 $V_{\max}$，即 $V_n \rightarrow \min\{V_n + 1, V_{\max}\}$，它揭示了不同驾驶者之间的行为差异，并反映了外部环境对驾驶行为的影响。

减速：为了避免与前车碰撞，车辆速度减小至与前车距离相等，即如果前车位于元胞 $n+1$，则车辆 n 的速度为 $V_n \rightarrow \min\{V_n, d_n\}$，其中，$d_n = X_{n+1} - X_n - 1$ 是车辆 n 与前车之间的距离，X_n 表示车辆 n 的位置。此规则是基于安全考虑对车速进行的必要调整，以防止与前车发生碰撞。

随机慢化：以随机慢化概率 P 来控制车辆速度是否减小 1 单位，以此模拟驾驶行为的随机波动性：$\text{if}(\text{rand}() < P)$，$V_n \rightarrow \max\{V_n - 1, 0\}$，其中，$\text{rand}()$ 返回一个 $[0,1]$ 间的随机数。此规则通过引入随机慢化机制，既模拟了不规律的减速现象，同时也考虑了偶尔的加速情况，从而体现了不同驾驶者之间的行为差异和外部环境的影响。

位置更新：根据更新后的速度移动车辆：$X_n \rightarrow X_n + V_n$。

在图 6.15 中，元胞链图 6.15(a)展示了时刻 t 各车辆的位置与速度，其中车辆最大速度设定为 2。按照 NaSch 模型的规则，首先进行的是加速过程，结果如图 6.15(b)所示。随后，根据前车距离对速度进行必要的减速调整，这一步骤如图 6.15(c)反映。此外，按照特定概率引入随机减速来模拟真实交通中的不确定因素，相关的结果同样展现在图 6.15(c)中。最终，根据调整后的速度确定车辆在下一时刻 $t+1$ 的位置。

NaSch 模型作为模拟实际道路交通现象的基础模型之一，其能够精准地再现诸如自发性交通拥堵和车辆时停时走的波动现象。例如，图 6.16 显示了实际航拍下的车辆轨迹，其中线条的交汇点展示了堵塞的自发形成。观察这些数据，可以明显看到堵塞如何从源头点开始，向道路上游传播并逐步消散的过程。

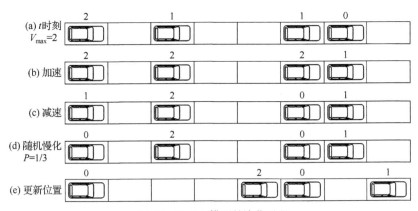

图 6.15　NaSch 模型的演化过程

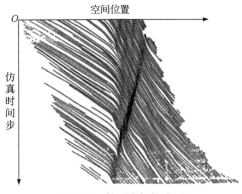

图 6.16　航测车辆轨迹图

图 6.17 展示了 NaSch 模型在不同随机慢化概率下的基本流量图。定义达到最大交通流量 q_{max} 时的密度为临界密度 ρ_c。由图可知，当车流密度低于 ρ_c 时，交通处于自由流动状态；而当密度超过 ρ_c 时，则转为拥堵状态。此外，随着随机慢化

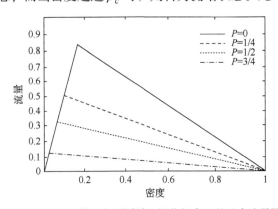

图 6.17　NaSch 模型在不同随机慢化概率下的基本流量图

概率 P 的增加，最大流量 q_{max} 降低，同时临界密度 ρ_c 也呈现下降趋势。

4) 巡航控制极限模型

由前述介绍可知，NaSch 模型在包含随机慢化概率的情况下，会引发车辆时而行驶时而停止的现象，甚至在低密度的自由流动状态下也能形成交通拥堵。为了克服这一局限性，Nagel 和 Paczyski 在 1995 年对模型进行了优化，推出了巡航控制极限模型。该模型在加速、减速以及位置更新方面与 NaSch 模型保持一致，关键区别在于随机慢化的处理机制。

在这一新模型中，已达到最大速度的车辆不受随机慢化的影响，只有那些未达到最大速度的车辆才受到随机慢化的作用。具体到随机慢化步骤如下。

随机慢化：以随机概率 P_c，令 $v_{n_{veh}} \rightarrow \max\{v_{n_{veh}} - 1, 0\}$，其中 P 为随机概率。

$$P_c = \begin{cases} 0, & v_{n_{veh}} = V_{max} \\ p, & v_{n_{veh}} < V_{max} \end{cases} \tag{6.15}$$

图 6.18 呈现了巡航控制极限模型的流量-密度关系。观察图可以发现，当车流密度达到某一特定值时，交通状态会从自由流突变为拥挤流。这种状态的转变与随机慢化的概率以及车辆能够达到的最大速度紧密相关。

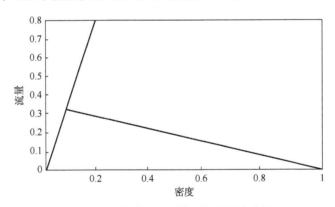

图 6.18　巡航控制极限模型的流量-密度图

图 6.19 则反映了巡航控制极限模型的速度-密度关系。在低密度条件下，交通流维持在自由流状态，车辆可达到并保持最大速度。但随着密度的增加，车间距缩小，车辆速度受前车影响开始下降。当车辆速度低于最大速度时，随机慢化的概率将导致车辆出现停停走走的状态。如果车辆密度持续增加，最终将进入拥堵状态，此时车辆速度将降至最低，即零。

2. 基于元胞自动机的车辆换道行为建模原理

换道行为是驾驶员在行驶途中从一条车道移至邻近车道的动作。这一决策和执

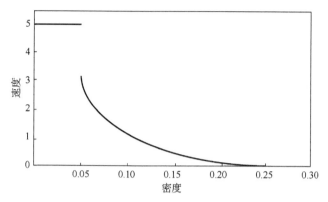

图 6.19　巡航控制极限模型的速度-密度图

行过程受驾驶员对当前道路环境的解读(包括速度限制、障碍物及交通控制标志等)、对周边车辆状况的实时洞察(如车速与位置)及个体驾驶风格的影响。驾驶员会基于这些信息调整其行车策略,以达成行驶目标[11]。例如,若前方车辆导致本车无法达到预期速度,而旁边的车道似乎能提供更快速度时,驾驶员可能会考虑换道,这是调整策略的一部分。

换道的动因可以细分为三大类:强制性换道、预期性换道和随意性换道。强制性换道通常发生在遇到必须变更路线的情形,如道路转弯、堵塞、禁行或道路终点。预期性换道指驾驶员在接近这类情况前选择提前换道[12]。随意性换道则多在当前车道前方有慢车,无法维持期望速度时发生,若旁边车道可提速,则可能选择换道。

在微观交通仿真中,换道模型同跟驰模型一样重要,但发展尚显缓慢。目前存在几个著名的换道模型,如 Sparmann、Gipps 以及基于间隙接受和加减速结构的模型,它们各自提供了独特的视角来解析和预测驾驶员的换道行为。

1) Sparmann 换道模型

Sparmann 换道模型是一种经典的心理学驱动的换道决策模型,该模型被集成在诸如 VISSIM 等交通仿真软件中。在 Sparmann 换道模型中,换道决策被分为多个层次,反映了驾驶员在做出换道决定时所经历的复杂心理过程。这种分层决策旨在更精细地模拟驾驶员面对换道情境时的思维和行动模式。

在最上层,模型首先判断换道的必要性。这一决策基于当前车道和目标车道的条件对比,如当前车道前方是否有慢车或障碍物,以及目标车道是否能够提供更快的行驶速度。如果存在换道的必要,驾驶员则会进一步考虑下一个决策层。

中间层是安全性评估,即驾驶员会审视目标车道的间隙是否充足,以确保换道动作不会引发碰撞。这一判断依据车辆间的相对速度和距离来确定。如果间隙足够且换道安全,驾驶员将进入下一个决策环节。

最下层是执行决策,此阶段涉及实际的换道操作。驾驶员将根据前两层的决策结果来决定是否执行换道，并调整车辆速度以适应新车道的条件。

这种分层决策过程使得 Sparmann 换道模型能够更逼真地重现驾驶员在复杂交通环境中的决策路径，从而提高模型预测的准确性与实用性。

Sparmann 换道模型与驾驶心理跟驰模型类似，认为实际影响因素如距离和相对速度对换道决策有显著作用，这些影响可通过特定的感知阈值来界定。根据 Sparmann 的研究，换道行为只有在驾驶员的心理反应超出这些预设的感知阈值时才会发生。通过对实际换道行为的观察与测量，Sparmann 对换道模型进行了标定，并确定了各种感知阈值。

2) Gipps 换道模型

Gipps 换道模型由 Peter Gipps 在 20 世纪 80 年代提出，是一个模拟驾驶员在密集交通中换道行为的微观交通模型。该模型基于心理学和概率论，强调驾驶员的主观判断和风险评估，以及不同驾驶风格对换道决策的影响。Gipps 换道模型是一个序列决策过程，涉及多个子模块和算法。在评估是否执行换道时，模型按照以下步骤进行。

(1) 初始条件检测：检测车辆是否正在接近其偏好速度，或是否受前方慢速车辆的阻碍。估算在当前车道继续行驶的未来速度，以及如果换道可能达到的速度。

(2) 必要性计算：基于当前和目标车道的预期行驶速度，评估换道的必要性。考虑车辆到达目的地的需求，以及当前车道可能存在的障碍物。

(3) 利益评估：比较当前车道与目标车道在预期速度、到达目的地的时间等方面的优势。考虑换道可能带来的额外行程长度和风险。

(4) 间隙检测：分析目标车道的交通情况，包括前方和后方车辆的位置和速度。计算可用的接受间隙，即车辆能够安全插入的空间。

(5) 风险评估：评估与目标车道中每辆车相互作用的风险，包括碰撞风险和紧急制动的可能性，使用算法估计换道操作的安全程度[13]。

(6) 决策生成：基于上述所有因素，生成一个综合决策分数，反映换道的紧迫性和安全性。若决策分数超过某个阈值，则模型选择执行换道，否则保持当前车道。

(7) 执行与反馈：一旦决定换道，模型将执行换道操作，并监控换道后的实际情况。根据实际结果调整模型参数，以优化未来决策。

这一复杂且细致的决策流程确保了 Gipps 换道模型能够模拟真实驾驶员在多变交通环境中的行为，特别是在密集交通条件下的决策过程。

3) 间隙接受模型

在换道过程中，车辆需首先检查目标车道前后的车辆位置和速度，以确保它们之间有足够的空间进行安全换道。自 20 世纪 60 年代起，研究人员开发了许多间隙接受模型，以描述车辆如何基于相邻车道上车辆之间的间隙大小来做出是否换道的决策。在这些模型中，二值选择模型和间隙概率选择模型最为常见。

在二值选择模型中，驾驶员设定一个预定的最小安全距离，然后比较目标车道上前后车辆与待换道车辆之间的实际距离是否超过这个最小安全距离。如果实际距离大于最小安全距离，那么驾驶员会选择换道；否则，驾驶员会决定不换道。这种模型将间隙的判断和换道决策分开处理，没有考虑驾驶员在实际交通中的互动和协作。在车辆较少且存在较大间隙的情况下，换道更容易发生；而在车辆密度较高时，换道机会较少。

间隙概率选择模型假设驾驶员的心理承受能力可以由一个概率分布来描述，这个分布决定了他们可以接受的临界间隙值。在仿真中，为不同的驾驶员生成基于该分布的临界间隙值，然后将实际间隙值与这些临界间隙值进行比较，以决定是否进行换道。如果实际间隙值小于驾驶员的临界间隙值，驾驶员可能会拒绝换道；如果实际间隙值大于驾驶员的临界间隙值，驾驶员可能会接受换道。在某些情况下，如果需要强制换道，可以设置换道概率为 1，以确保换道行为的发生。典型的间隙概率选择模型包括 Herman 和 Weiss 的指数分布模型、Drew 等的对数正态分布模型，以及 Miller 的均匀分布模型。

合理的车道变换对于保持交通的连贯性和提升道路的通行效率具有显著作用，不当的换道行为会引起交通阻塞甚至混乱，危害到交通的平稳运行。驾驶员在决定是否换道时的正确判断对于保障行车安全极为关键。故而探讨车道变换行为对于理解交通流特性、减少交通拥堵以及制定相应的预防策略具有深远的意义。

间隙接受模型的产生是基于对驾驶员换道行为的观察和研究。在 20 世纪中叶，随着汽车数量的增加和交通密度的上升，研究人员开始关注道路交通流中的车辆相互作用和驾驶员行为。他们发现，驾驶员在决定是否换道时，会评估目标车道中的间隙大小，并与自己的临界间隙进行比较。

基于这些观察，研究人员开发了间隙接受模型，以模拟驾驶员在不同交通情况下做出的换道决策。最早的间隙接受模型可以追溯到 20 世纪 50 年代，由心理学家和交通工程师共同提出。他们通过对驾驶员的行为进行试验和调查，收集了大量数据，并使用统计方法来分析和建模驾驶员的决策过程。

最初的间隙接受模型相对简单，主要侧重于物理间隔和车流动力学。随着时间的推移，模型逐渐变得更加复杂和精细，开始考虑更多因素，如驾驶员的个体差异、驾驶风格、道路条件等。现代的间隙接受模型通常结合了概率论、统计学、心理学和交通工程学等多个学科的理论和方法，以更准确地模拟和预测驾驶员的换道行为。如今，间隙接受模型已成为微观交通仿真中不可或缺的一部分，被广泛应用于交通规划、安全分析、自动驾驶系统设计等领域。它们为理解交通流中车辆的相互作用提供了重要的理论支持和实践指导。该模型主要涉及以下几个关键步骤和概念。

(1) 间隙的定义：间隙是指目标车道中车辆与前车之间的时间间隔或空间间隔，

足够让当前车辆安全进入并进行换道操作。

(2) 临界间隙的选择：每个驾驶员都有一个临界间隙，即他们愿意接受的最小间隙。这个临界值取决于驾驶员的驾驶风格、车速、路况等因素。

(3) 间隙的测量：驾驶员会实时监测目标车道的多个间隙，并与他们的临界间隙进行比较，包括前方间隙(与目标车道前车的间隔)和后方间隙(与目标车道后车的间隔)。

(4) 概率计算：根据当前的交通情况和驾驶员的临界间隙，模型会计算出一个概率值，表示驾驶员接受当前间隙的可能性。

(5) 决策制定：如果计算出的概率高于某个预设阈值，驾驶员将决定执行换道；否则，他们将等待下一个可用间隙[14]。

(6) 反馈与调整：一旦驾驶员做出决策，他们会根据实际情况调整自己的临界间隙，并继续监测新的间隙。

(7) 安全性考虑：在整个决策过程中，驾驶员会不断评估换道的安全性，确保在执行换道操作时不会与其他车辆发生碰撞。

(8) 多因素综合分析：除了间隙大小，驾驶员还会考虑其他因素，如目标车道的车速、道路条件、交通密度等，以做出最终的换道决策。

(9) 持续更新：驾驶员会根据实时交通状况不断更新他们的决策，以确保换道操作的安全性和有效性。

6.3.2　车辆跟驰行为建模

本节采用两种不同的模型来模拟车辆的跟车行为。第一种是基于元胞自动机的速度差规则(velocity difference rule，VDR)模型，该模型通过考虑车辆速度、距离和反应时间等因素来模拟车辆在交通流中的跟车行为。第二种是应用于城市路网的元胞空间上的 Gipps 模型[15]，该模型综合考虑了驾驶员的心理和行为因素，以及道路条件和交通环境等因素，以模拟车辆在城市交通中的跟车行为。

1. 利用 VDR 模型进行建模

VDR 模型是交通流建模领域内 NaSch 模型的进阶版本，旨在更精确地复现及预测实际道路交通现象。NaSch 模型作为描述交通流基本特性的基础框架，通过简化规则捕捉交通动态本质。然而，为了模拟更为复杂的交通行为，VDR 模型在 NaSch 模型基础上引入了慢启动机制，特别针对静止车辆启动过程的模拟。

在 VDR 模型中，慢启动规则仅适用于速度为零的车辆，这意味着这些车辆在启动时会面临更大的随机减速概率。具体而言，VDR 模型调整了随机减速概率的计算方式，使其成为车速的函数，从而体现了低速或停止状态下车辆在加速过程中的犹豫和延迟。与 NaSch 模型相比，VDR 模型通过这种基于速度的随机减速机制，能够更真实地反映实际交通中的启动延迟现象。

VDR 模型的随机慢化概率如式(6.16)所示：

$$P(V) = \begin{cases} P_0, & V = 0 \\ P_{ra}, & V \neq 0 \end{cases} \tag{6.16}$$

在交通流动力学分析中，观察到随机慢化概率与车辆速度之间存在函数关系，且观察到初始减速概率 P_0 高于一般随机慢化概率 P。这表明，那些在上一时间步速率为零的车辆，其在随后时间步中提升速度的可能性相对较低。至于其他交通行为规则，它们与 NaSch 模型保持一致性。值得注意的是，随机减速概率的判定是在车辆进行加速操作之前完成的，即该概率的确定是在车辆速度经过上一时间步更新之后。

在 VDR 模型中，随机减速概率被设计为车辆速度的函数，这一设计体现了车辆行为对速度的依赖性，特别是对于在前一时刻速度为零的车辆，即那些处于停止状态的车辆，它们在下一时刻加速的概率相对较低，这通过参数 $P_0 > P$ 来体现。这种设计反映了实际交通中车辆从静止状态启动时可能面临的物理限制和驾驶员的犹豫心理。除了这一点，VDR 模型在其他规则上与 NaSch 模型保持一致，继承了其基本框架和模拟逻辑。

在模型的执行顺序上，随机减速概率的确定位于车辆加速步骤之前。这意味着车辆在上一时刻的速度更新完成后，会根据当前的速度状态来确定随机减速的概率，从而影响后续的加速决策。

模拟试验结果表明，VDR 模型在变化的车辆密度条件下，其时空演化图(见图 6.20)展现了典型的"走走停停"交通行为模式。该模拟试验的数据分析显示，在

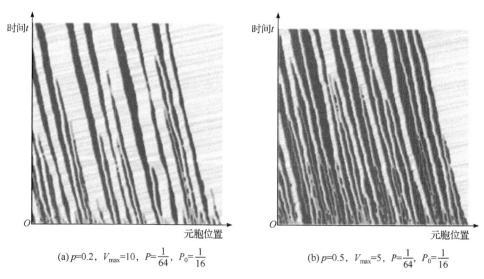

(a) $p=0.2$, $V_{max}=10$, $P=\dfrac{1}{64}$, $P_0=\dfrac{1}{16}$　　　(b) $p=0.5$, $V_{max}=5$, $P=\dfrac{1}{64}$, $P_0=\dfrac{1}{16}$

图 6.20　VDR 模型时空演化图

车辆最大速度和减速概率维持恒定的条件下，车辆密度的提升会导致交通流中的"走走停停"现象愈发突出，同时交通拥堵的发生概率也随之提高。这一发现与交通流理论中关于密度与流量关系的基本观点相吻合，即车辆密度的增加会引致车流速度的下降，进而影响道路的通行能力。

图 6.21 展示了在仿真系统中，通过 VDR 模型所得到的速度-密度关系图。该图清晰地描绘了随着车辆密度增加，平均车速逐渐下降的趋势。这一现象与交通流理论中的基本结论相一致，即在车辆数目增多，道路占用率提高的情况下，车辆必须减速以维持安全距离，从而导致整体交通流速度的降低。这种速度与密度之间的负相关关系是交通工程和交通流研究中的一个重要概念，VDR 模型能够准确地捕捉这一现象，进一步验证了其在模拟实际道路交通动态方面的适用性和准确性。

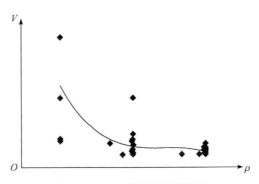

图 6.21　VDR 模型速度-密度图

2. 基于 Gipps 模型建模

Gipps 提出了一种基于道路交通环境参数分析的车辆跟驰模型，该模型在安全距离模型的基础上实现了较大的创新。此模型如式(6.17)所示：

$$a_{n_{veh}}\left(t_{samp}+\tau\right)=L_{n_{veh}}\frac{\left(V_{n_{veh}-1}\left(t_{samp}\right)-V_{n_{veh}}\left(t_{samp}\right)\right)^{k_{mp}}}{\left(X_{n_{veh}-1}\left(t_{samp}\right)-X_{n_{veh}}\left(t_{samp}\right)\right)^{m}} \tag{6.17}$$

其中，车辆 n_{veh} 在 $t_{samp}+\tau$ 时刻的加速度 $a_{n_{veh}}\left(t_{samp}+\tau\right)$ 是由多个因素决定的，包括前车在时刻 t_{samp} 的速度 $V_{n_{veh}-1}\left(t_{samp}\right)$ 和位置 $X_{n_{veh}-1}\left(t_{samp}\right)$，以及车辆 n_{veh} 在时刻 t_{samp} 的速度 $V_{n_{veh}}\left(t_{samp}\right)$ 和位置 $X_{n_{veh}}\left(t_{samp}\right)$。此外，模型中还包含了 k_{mp}、m、$L_{n_{veh}}$ 等调整模型以满足不同的交通条件和车辆特性的参数，其中 k_{mp} 通常代表与车辆当前状态相关的一个常数，通常和车辆的最大加速度、制动能力或者车身物理属性有关。可以理解为车辆加速/减速反应的一个标定因子。m 通常表示"安全距离"或"期望跟车距离"。$L_{n_{veh}}$ 代表车辆的长度，用于考虑跟车时车辆的物理占用空间。Gipps 的这一研究成果在交通流分析和安全驾驶研究方面具有重要意义，为理解车辆在复杂交通环境中的行为提供了新的视角。

Gipps 提出的该模型有两个方面的限制。

(1) 车辆的行驶速度不会超出驾驶员设定的目标速度。在车辆加速过程中，需要依靠发动机输出扭矩的增加来实现，而一旦加速完成，扭矩输出将回归至零。

$$
V_{n_{\text{veh}}}\left(t_{\text{samp}} + \tau\right) \leqslant V_{n_{\text{veh}}}\left(t_{\text{samp}}\right) + 2.5 a_{n_{\text{veh}}} \tau \left(1 - \frac{V_{n_{\text{veh}}}\left(t_{\text{samp}}\right)}{V_{\text{max}}}\right)\left(0.025 + V_{n_{\text{veh}}}\left(t_{\text{samp}}\right)/V_{\text{max}}\right)^{\frac{1}{2}} \quad (6.18)
$$

(2) 假设前车在时刻 t 采取最大减速度 b_{n-1}^{dec} 至完全停止，随后车在经过一定的反应时间 τ 后，也将采取紧急制动直至静止。根据模型规定，车辆停止后，与前车之间的距离应超过规定的安全间距。以下为该逻辑推理的详细表达。

设车辆 $n-1$ 在时刻 t 开始以最大减速度 b_{n-1}^{dec} 进行减速，其制动位置可表示为 $X_{n_{\text{veh}}-1}^{*}$。

$$
X_{n_{\text{veh}}-1}^{*} = X_{n_{\text{veh}}-1}\left(t_{\text{samp}}\right) - \frac{V_{n_{\text{veh}}-1}^{2}\left(t_{\text{samp}}\right)}{2 b_{n-1}^{\text{dec}}} \quad (6.19)
$$

跟随车辆 n 在反应时间 τ 后发现前车减速，随即以相同的最大减速度 b_{n-1} 进行紧急制动，其制动位置同样记为 X_{n-1}^{*}：

$$
X_{n_{\text{veh}}}^{*} = X_{n_{\text{veh}}}\left(t_{\text{samp}}\right) + \frac{\left(V_{n_{\text{veh}}}\left(t_{\text{samp}}\right) + V_{n_{\text{veh}}}\left(t_{\text{samp}} + \tau\right)\right)\tau}{2} - \frac{V_{n_{\text{veh}}}^{2}\left(t_{\text{samp}} + \tau\right)}{2 b_{n}^{\text{dec}}} \quad (6.20)
$$

考虑到行车安全，假设车辆 n 在实施最大减速度制动前存在一个缓冲时间 t_{buf}，因此车辆 n 的实际制动位置应修正为 X_{n}^{*}：

$$
\begin{aligned}
X_{n_{\text{veh}}}^{*} = {} & X_{n_{\text{veh}}}\left(t_{\text{samp}}\right) + \frac{\left(V_{n_{\text{veh}}}\left(t_{\text{samp}}\right) + V_{n_{\text{veh}}}\left(t_{\text{samp}} + \tau\right)\right)\tau}{2} + V_{n_{\text{veh}}}\left(t_{\text{samp}} + \tau\right) t_{\text{buf}} \\
& - \frac{V_{n_{\text{veh}}}^{2}\left(t_{\text{samp}} + \tau\right)}{2 b_{n}^{\text{dec}}}
\end{aligned} \quad (6.21)
$$

若设定前后车辆之间的安全距离为 s_{sa}，则需满足以下关系：X_{n-1}^{*} 与 X_{n}^{*} 之间的距离应大于或等于安全距离 s_{sa}，即

$$
X_{n_{\text{veh}}-1}^{*} - s_{\text{sa}} \geqslant X_{n_{\text{veh}}}^{*} \quad (6.22)
$$

也就是

$$X^*_{n_{\text{veh}}-1} - \frac{V^2_{n_{\text{veh}}-1}\left(t_{\text{samp}}\right)}{2b^{\text{dec}}_{n-1}} - s_{\text{sa}} \geqslant X_{n_{\text{veh}}}\left(t_{\text{samp}}\right) + \frac{\left(V_{n_{\text{veh}}}\left(t_{\text{samp}}\right) + V_{n_{\text{veh}}}\left(t_{\text{samp}}+\tau\right)\right)\tau}{2}$$
$$+ V_{n_{\text{veh}}}\left(t_{\text{samp}}+\tau\right)t_{\text{buf}} - \frac{V^2_{n_{\text{veh}}}\left(t_{\text{samp}}+\tau\right)}{2b^{\text{dec}}_n} \tag{6.23}$$

若 $t_{\text{buf}} = \tau / 2$，解不等式得

$$V_{n_{\text{veh}}}\left(t_{\text{samp}}+\tau\right)$$
$$\leqslant b^{\text{dec}}_n\tau - \sqrt{b^{\text{dec}2}_n\tau^2 - b^{\text{dec}}_n\left[2\left(X_{n_{\text{veh}}-1}\left(t_{\text{samp}}\right) - s_{\text{sa}} - X_{n_{\text{veh}}}\left(t_{\text{samp}}\right)\right) - V_{n_{\text{veh}}}\left(t_{\text{samp}}\right)\tau - \frac{V^2_{n_{\text{veh}}-1}\left(t_{\text{samp}}\right)}{b^{\text{dec}}_{n-1}}\right]} \tag{6.24}$$

在最小值函数的参数设置中，首个参数定义了车辆在无交通阻塞时的行驶速率，而第二个参数则用于描述车辆在遭遇交通拥堵并执行跟驰行为时的速率。

最小值函数的两个关键参数分别捕捉了交通流在不同状态下的本质特征。第一个参数涉及的是交通流畅、无阻塞情景下车辆的行驶速度，这通常反映了道路设计速度或车辆在理想条件下的最优行驶速度。第二个参数则描绘了交通密集、拥堵条件下车辆的跟驰速度，这是车辆在受限空间中为保持安全距离而调整其速度的表现。通过对这两个参数的综合考虑，最小值函数能够精确地模拟车辆在不同交通状况下的行为，为交通流建模和道路设计提供重要的参考依据。

本节涉及的交通流模型的各个参数设置如表 6.5 所示。

表 6.5 模型参数

Gipps 模型参数	参数值	备注
τ/s	1	反应时间
V_{max} /(m/s)	28	最大速度
a/(m/s²)	1.7	加速度
b/(m/s²)	3.0	减速度(估计值)
b_0/(m/s²)	2.8	减速度(实际值)
θ/s	0.5	安全时间间隙
s/m	6.5	最小安全距离

图 6.22 展示了在仿真试验中，应用 Gipps 模型进行的多种车辆密度下的时空模拟结果。

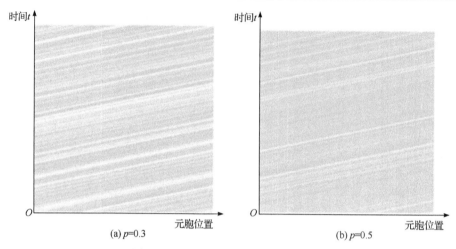

图 6.22　Gipps 模型的速度-密度基本图

6.3.3　车辆换道行为建模

　　本节探讨的换道模型与强制换道规则相似，其核心不在于追求速度上的优势，而在于车辆必须根据既定的行驶路线进行车道变换。例如，如图 6.23 所示，一辆车辆在 Link1 的 Lane1 直行道上行驶，但由于其目的地需经 Link6，故需要在到达路口前从 Lane1 变道至左转车道 Lane0，以保证能够按照预定路线顺利行进。这种换道行为主要是为了满足行驶路径的要求，而非基于速度上的优化考虑。

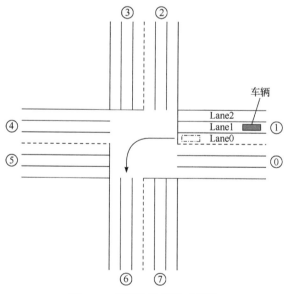

图 6.23　需要换道情况示意图

在本节讨论的换道模型中，引入了一个关键概念，即"最迟换道点"，如图 6.23 所示。在这一位置之前，车辆会不断寻找机会进行换道，这可能包括加速或减速以适应周围交通条件。若车辆在达到最迟换道点之前未能成功换道，它将在该点停车并等待可行的换道机会。如果等待时间过长，影响了后续交通并有可能导致交通堵塞，车辆将放弃在本路段换道的计划，继续沿当前车道驶入下一个路段。鉴于接下来的道路段落并不包含在车辆原始规划的行驶路径之中，故而需要针对从当前路段至目的地的全程进行路径的重新规划。

图 6.24 展示了一个具体的场景，其中车辆 n_{veh} 需要换到相邻的左转弯车道，即"目标车道"。在这个目标车道上，车辆 a 是车辆 n_{veh} 前方的车辆，而车辆 b 是后方的车辆。$L_{n_{veh},before}$ 和 $L_{n_{veh},back}$ 分别表示车辆 n_{veh} 与目标车道上的前车 a 和后车 b 之间的间隔距离。车辆 n_{veh} 要进行换道，必须满足与目标车道前后车辆的距离 $L_{n_{veh},before}$ 和 $L_{n_{veh},back}$ 足够大这一条件。如果车辆 n_{veh} 在到达最迟换道点之前仍未能成功换道，它需在此点停车等待换道机会[16]。过长的等待不仅会影响后续交通，甚至可能导致交通拥堵，因此如果等待时间过长，车辆 n_{veh} 将放弃换道计划，沿直行车道继续前行，穿过交叉口进入下一个路段，并需要重新计算前往目的地的路径。

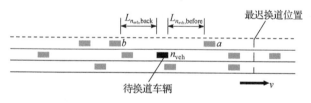

图 6.24　车辆换道示意图

在探索车辆换道行为的模型研究中，Chowhury 开发的对称双车道元胞自动机 (symmetric two-lane cellular automata，STCA)模型显得尤为突出。该模型基于元胞自动机理论，专注于双车道环境下的车辆换道规则。具体的换道规则由式(6.25)进行数学上的阐述：

$$C_{n_{veh}} = \begin{cases} 1 - C_{n_{veh}}, & L_{n_{veh}} < \min\left\{V_{n_{veh}} + 1, V_{max}\right\} \\ L_{n_{veh},before} > L_{n_{veh}}, & L_{n_{veh},back} > L_s \\ C_{n_{veh}}, & \text{其他} \end{cases} \quad (6.25)$$

其中，车道的标志 $C_{n_{veh}}$ 可以是 0 或 1，其中 $L_{n_{veh}}$ 代表车辆 n 与其所在车道前方车辆之间的车距。安全换道距离 L_s 被设定为等于 V_{max} 即最大速度。公式中的条件 $L_{n_{veh}} < \min\left\{V_{n_{veh}} + 1, V_{max}\right\}$ 表明车辆 n_{veh} 在其当前车道因前车而受限，无法达到期望速度。条件 $L_{n_{veh},before} > L_{n_{veh}}$ 表示在邻近车道行驶可能获得更高的速度，而

$L_{n_{veh},back} > L_s$ 确保换道动作不会威胁到安全，即车辆 n_{veh} 与目标车道后方车辆之间的距离超过了设定的安全换道距离。

根据这些条件，当车辆 n_{veh} 在其原车道因前方车辆而不能加速，且存在邻近车道可提供较高速度时，驾驶员可能会考虑换道。如果同时满足换道的安全条件，则执行换道；若不满足，则保持留在当前车道。这种模型是基于判断性的换道逻辑，并且将安全换道距离设为 $L_s = V_{max}$，这一设定可能过于严苛，与现实交通情境有所出入。

图 6.25 展示了现实交通中的一个常见情景，图中的元胞单元格以数字标志，每个数字代表了一辆车辆的速度等级。

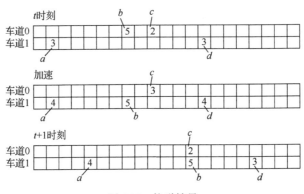

图 6.25　换道情景

在图 6.25 中，车辆 b 的最大速度设定为 5，但由于受到前方车辆 c 的制约，车辆 b 无法按照期望的速度行驶。此外，车辆 b 与相邻车道车辆 d 之间的距离 $L_{n_{veh},before}$ 大于与车辆 c 之间的距离 L_n，这触发了车辆 b 的换道意图。然而，车辆 b 与后方车辆 a 之间的距离并未达到 STCA 模型所要求的安全距离 $L_{n_{veh},back} = L_{safe} = V_{max}$，因此换道操作被禁止。尽管如此，如果车辆 b 依然尝试换道，如图 6.25 所示，换道后的车辆 b 将不会面临风险。由此可见，STCA 模型在换道条件上设置得较为严格，与实际情况有所出入。鉴于此，本节将针对 STCA 模型进行相应的改进。

假设车辆 b_{veh} 在换道后继续行驶一个单位时间，与后方车辆的距离设定为 $d_{b_{veh}}$，为了确保安全，规定 $d_{b_{veh}}$ 必须大于 1。基于这一假设，可以得出式(6.26)：

$$V_{a_{veh}}(t+1) + d_b = V_{b_{veh}}(t+1) + L_{b_{veh},back} \tag{6.26}$$

令 $d > 1$，可得

$$V_{a_{veh}}(t+1) + L_{b_{veh},back} - V_{b_{veh}}(t+1) > 1 \tag{6.27}$$

即

$$L_{b_{\text{veh}},\text{back}} > 1 + V_{a_{\text{veh}}}\left(t+1\right) - V_{b_{\text{veh}}}\left(t+1\right) \tag{6.28}$$

如果车辆与其相邻车道上后方车辆之间的距离符合式(6.28)的条件，那么在车辆换道后不会存在安全隐患。同样，为了确保车辆 b 在换道后不会与前方的车辆 d 发生碰撞，需要满足式(6.29)的条件：

$$L_n > 1 - V_{d_{\text{veh}}}\left(t+1\right) + V_{b_{\text{veh}}}\left(t+1\right) \tag{6.29}$$

在车辆考虑换道时，必须同时满足式(6.28)和式(6.29)的条件，以确保在目标车道的前后车辆之间进行换道时不会发生冲突。

本节提出的换道模型遵循以下规则：若车辆不处于适当的转向车道，则会产生换道的需求。接着系统会检查目标车道是否与当前车道相邻；若不相邻，则车辆将首先换到与目标车道相邻的车道上，再换到目标车道。若目标车道与当前车道相邻，则车辆将直接换到目标车道上。由于本节的换道模型类似于强制性换道模型，车辆会在最迟换道位置之前不断寻找换道机会。如果到达最迟换道位置仍未能成功换道，车辆将减速并停车等待换道机会。若等待时间过长，则会放弃换道。若满足式(6.30)，则表示车辆可以进行换道。

$$C_n = \begin{cases} 1 - C_n, & L_{n,\text{back}} > 1 + V_{n,\text{back}}\left(t+1\right) - V_n\left(t+1\right) \text{且} L_{n,\text{before}} > 1 - V_{n,\text{before}}\left(t+1\right) \\ & \qquad\qquad + V_n\left(t+1\right) \\ C_n, & \text{其他} \end{cases} \tag{6.30}$$

其中，$V_{n,\text{before}}\left(t+1\right)$ 和 $V_{n,\text{back}}\left(t+1\right)$ 是根据跟驰模型计算得出的目标车道上下一时刻前后方车辆的速度；$V_n\left(t+1\right)$ 为待换道车辆在下一时刻的速度。

在确保车辆换道安全性的基础上，本节的换道模型进一步增加了换道的可能性，从而有效提升了道路资源的使用效率[17]。为了深入对比本节提出的换道模型与 STCA 模型的性能，进行了详细的数值模拟分析。模拟结果如表 6.6 所示，该表格记录了在仿真平台上，应用 VDR 模型，在不同交通密度条件下，STCA 模型与本节换道模型在换道成功次数方面的平均值数据。这些数据清晰地展示了两种模型在不同交通场景下的表现及效率。

表 6.6　数值模拟数据

密度	需换道车辆总数	STCA 模型换道成功车辆数	本节的跟驰模型换道成功车辆数
0.05	9	5	7
0.1	21	10	18
0.15	40	23	33
0.2	46	12	32
0.25	61	29	46

续表

密度	需换道车辆总数	STCA 模型换道成功车辆数	本节的跟驰模型换道成功车辆数
0.3	56	22	40
0.35	70	23	35
0.4	89	22	50
0.45	93	16	45
0.5	99	24	51
0.55	129	32	53
0.6	143	26	58
0.65	117	6	38
0.7	166	12	50
0.75	168	7	44
0.8	176	0	27
0.85	194	0	28
0.9	197	0	22
0.95	206	0	9

基于表 6.6 中数据,可以观察到:在相同的车流密度和换道需求车辆数的条件下,本节提出的跟驰模型相较于 STCA 模型具备更高的换道成功率。这一优势显著提升了道路的使用效率,并有效减轻了因换道行为引发的交通拥堵。为了更精确地量化本节换道模型的性能优势,引入了"换道成功率"这一度量指标,其定义为成功换道的车辆数与请求换道的总车辆数之比,即表示具有换道需求车辆最终成功换道的概率。

换道成功率计算公式为成功换道车辆数除以总换道需求车辆数。在图 6.26 中,对比了两种模型在不同车辆密度下的换道成功率,其中"new"指的是本节提出的换道模型。图 6.26 数据清晰地显示,随着车辆密度的提升,两种模型的换道成功率均呈现下降趋势。但在相同车辆密度水平下,本节的模型展现出更高的换道成功率,

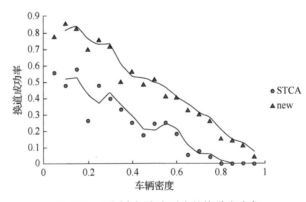

图 6.26　不同车辆密度对应的换道成功率

从而凸显了其在性能上的显著优势。

参 考 文 献

[1] Hossain M A, Tanimoto J. A microscopic traffic flow model for sharing information from a vehicle to vehicle by considering system time delay effect. Physica A: Statistical Mechanics and Its Applications, 2022, 585: 126437.

[2] Mullakkal-Babu F A, Wang M, van Arem B, et al. A hybrid submicroscopic-microscopic traffic flow simulation framework. IEEE Transactions on Intelligent Transportation Systems, 2021, 22(6): 3430-3443.

[3] 沈雷, 邓琼华, 唐森, 等. 基于微观仿真的城市公交专用道设置研究. 城市道桥与防洪, 2023, (12): 13-14, 25-27.

[4] 曹淑超, 孙菲阳, 李阳. 考虑时空分布特征的混合自行车流元胞自动机模型仿真方法. 交通信息与安全, 2022, 40(2): 98-107.

[5] 田钧方, 朱陈强, 贾宁, 等. 基于轨迹数据的车辆跟驰行为分析与建模综述. 交通运输系统工程与信息, 2021, 21(5): 148-159.

[6] 张月, 孙立山, 孔德文, 等. 基于元胞自动机模型的路侧停车行为对交通流的影响研究. 交通信息与安全, 2022, 40(3): 154-162.

[7] 傅成红, 李高伟, 高良鹏. 降雨天气下人机混驾交通流跟驰特性研究. 重庆交通大学学报(自然科学版), 2024, 43(5): 70-77.

[8] 王璐, 张书茂, 陈旸. 基于元胞自动机的无信号路口交通流仿真分析. 科技创新与应用, 2022, 12(5): 63-65, 69.

[9] 陈晓静. 高速公路交通流状态的元胞自动机模型仿真与推演. 无线互联科技, 2023, 20(12): 124-130.

[10] 陈越, 焦朋朋, 白如玉, 等. 基于深度强化学习的自动驾驶车辆跟驰行为建模. 交通信息与安全, 2023, 41(2): 67-75, 102.

[11] Ma C X, Li D. A review of vehicle lane change research. Physica A: Statistical Mechanics and Its Applications, 2023, 626: 129060.

[12] 韩天立, 马驰, 胡林治. 基于 GCN-Transformer 的车辆换道行为建模与轨迹预测方法. Modeling and Simulation, 2024, 13: 2754.

[13] 魏传宝, 曲大义, 康爱平, 等. 基于风险势场的网联自主车辆换道行为建模. 科学技术与工程, 2024, 24(20): 8754-8760.

[14] 曲大义, 黑凯先, 郭海兵, 等. 车联网环境下车辆换道博弈行为及模型. 吉林大学学报(工学版), 2022, 52(1): 101-109.

[15] Tan H T, Lu G Q, Wang Z J, et al. A unified risk field-based driving behavior model for car-following and lane-changing behaviors simulation. Simulation Modelling Practice and Theory, 2024, 136: 102991.

[16] 肖雪, 李克平, 彭博, 等. 基于决策-规划迭代框架的智驾车换道行为建模. 吉林大学学报(工学版), 2023, 53(3): 746-757.

[17] 赵林涛, 尚平, 冷军强. 考虑频繁换道倾向的交通流元胞自动机模型. 公路交通技术, 2021, 37(4): 132-137.

第7章 面向整车在环测试的临界测试场景加速生成方法

临界测试场景在自动驾驶汽车的研发与验证过程中至关重要。这些场景通常涉及危险、极端的交通工况，是评估和提高自动驾驶汽车安全性的关键。当前的临界测试场景生成方法主要依赖自然驾驶数据集和事故数据集，利用模型驱动或数据驱动的方式构建自动驾驶汽车与周围环境的交互模型，并通过采样、伪造、搜索、深度学习预测等各种方法生成临界测试场景[1]。虽然这种方式有效增加了临界测试场景的数量，为自动驾驶汽车的安全性验证奠定了基础，但过度依赖数据的特性。一方面，驾驶数据集中临界场景数量有限，仅通过分析现有驾驶数据集无法全面地了解临界场景在逻辑场景参数空间中的分布特性，影响临界测试场景的覆盖度；另一方面，数据集的样本质量(如噪声和误导性信息)会影响交互模型的准确性，进而影响临界场景的真实性[2]。

基于优化搜索的临界测试场景生成方法通过设定目标函数和临界度评价指标，在场景参数空间中广泛搜索，可以生成驾驶数据集中不存在的具体场景，提高场景的多样性和覆盖度[3]。由于临界测试场景在场景参数空间中通常呈现多模态分布，即场景空间中存在多个临界场景集群，因此优化算法容易陷入局部最优解，这限制了临界测试场景的广度和深度[4]。

本章以自动驾驶汽车自适应巡航控制功能的整车在环测试为例，详细阐述临界测试场景加速生成方法。为了同时保持临界测试场景的高覆盖率和搜索效率，本章提出一种基于优化搜索的全局-局部临界测试场景加速生成方法。全局搜索过程中以提出的 Gipps 跟驰优化算法为核心，以提出的制动威胁指数作为场景临界度的评价指标，在场景参数空间中找到所有临界场景所在的局部聚类区域；基于全局搜索生成的临界测试场景库，介绍一种基于敏感性分析的局部搜索方法确定每个临界场景聚类的搜索范围，并设计一种自适应搜索机制，通过预测未知场景的临界度识别并生成临界场景。

7.1 测试场景临界度指标设计

7.1.1 临界度指标选取

为了使场景加速生成的优化算法具有明确的搜索方向，需要在临界测试场景加速生成方法中定义临界度指标。目前基于时间的临界度指标 TTC(time-to-collision)广泛地应用于自动驾驶汽车的主动安全系统和安全测试中[5]。TTC 定义如下：同一条车道上的两辆车各自以当前的速度向前继续行驶，直到发生碰撞时所需要的时间。TTC 的计算公式如下：

$$\mathrm{TTC} = \frac{d_{\mathrm{rel}}}{|v_{\mathrm{rel}}|} \tag{7.1}$$

其中，d_{rel} 为两车的距离；v_{rel} 为两车的相对速度。由式(7.1)可知，TTC 越小，场景越危险。

　　TTC 在自动驾驶汽车安全测试中存在一些不足：一方面，TTC 对于两辆车运动状态维持不变的假设过于理想，不能有效地反映自动驾驶汽车的行驶状态和行车过程中的潜在风险；另一方面，逻辑场景空间通常是多维度的，且存在多个局部最优临界场景，仅通过 TTC 来搜索临界场景难以保证临界测试场景的覆盖度。

　　加/减速度可以有效反映车辆的行驶状态和运动能力，而基于加/减速度的临界度指标通过自动驾驶汽车的运动状态反映车辆在行驶过程中的安全性，有助于在场景生成过程中准确地识别临界场景。本节以制动威胁指数 BTN 作为临界度指标，其定义如下：在当前状态下，本车为避免与前车碰撞所需的纵向减速度与车辆以最大制动能力减速并驻车所需的最小纵向减速度之比[6]。制动威胁指数的计算公式如下：

$$\mathrm{BTN} = \frac{\mathrm{dec}_{\mathrm{req}}}{\mathrm{dec}_{\mathrm{min}}} \tag{7.2}$$

其中，$\mathrm{dec}_{\mathrm{req}}$ 为自动驾驶汽车为避免碰撞所需的纵向减速度；$\mathrm{dec}_{\mathrm{min}}$ 为自动驾驶汽车以最大制动能力驻车所需达到的最小纵向减速度。由式(7.2)可知，当 BTN≤1 时，意味着自动驾驶汽车可以避免纵向碰撞，当 BTN>1 时，本车一定会与前车发生碰撞。

7.1.2　制动威胁指数计算

　　本节以基于制动的主动避撞场景为例阐述 BTN 的计算方法，如图 7.1 所示，所需物理量如表 7.1 所示。在 BTN 的计算过程中，车辆的驾驶行为如下：领航车辆(leading vehicle，LV)在某一时刻以加速度 a_{LV}^{0} 进行制动，此时其车速为 v_{LV}^{0}；

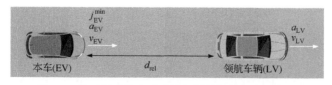

图 7.1　基于制动的主动避撞场景的初始状态示意图

位于 LV 后方 d_{rel}^0 (m)的本车(ego vehicle，EV)此时正以速度 v_{EV}^0、加速度 a_{EV}^0 进行匀变速直线运动，在感知到 LV 的制动会造成碰撞后，EV 的制动系统以最小急动度 $j_{\text{EV}}^{\min}$ (jerk)进行紧急制动，以避免与前车 LV 发生碰撞。

表 7.1　BTN 计算所需的物理量

变量	单位	描述	变量	单位	描述
$v_{\text{LV}}(t)$	m/s	前车纵向速度	$v_{\text{EV}}(t)$	m/s	本车纵向速度
$a_{\text{LV}}(t)$	m/s^2	前车纵向加速度	$a_{\text{EV}}(t)$	m/s^2	本车纵向加速度
$s_{\text{LV}}(t)$	m	前车纵向位置	$s_{\text{EV}}(t)$	m	本车纵向位置
$d_{\text{rel}}(t)$	m	两车间的距离	$j_{\text{EV}}^{\min} < 0$	m/s^3	本车最小急动度
t_d	s	本车制动的时间延迟	$\text{dec}_{\text{EV}}^{\max} < 0$	m/s^2	本车最大减速度

为了真实地反映紧急制动场景下的车辆动态响应[7]，计算 BTN 需做如下假设。

(1) LV 在制动过程中加速度 $a_{\text{LV}}(t)$ 不变，直至其速度 $v_{\text{LV}}(t)=0$。

(2) EV 在从施加制动信号到执行制动操作过程中需要经历时间延迟 t_d，该时间段内 EV 继续以加速度 a_{EV}^0 向前行驶。

(3) EV 在制动过程中始终以最小急动度 $j_{\text{EV}}^{\min}$ 进行制动，直至其加速度降至 $\text{dec}_{\min}$，如果此时车辆仍未停下，EV 则继续以 $\text{dec}_{\min}$ 匀减速行驶，直至其与 LV 相对静止。

基于上述假设进行细化，根据 $a_{\text{EV}}(t)$ 在制动过程中的加速度状态随时间的变化曲线，EV 的行驶状态共分为三个递进阶段，如图 7.2 所示。第一阶段为反应阶

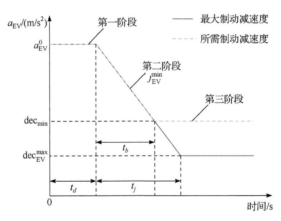

图 7.2　基于制动的主动避撞场景中 EV 的运动状态变化阶段

段，EV 维持当前加速度继续向前行驶 t_d 时间(s)；第二阶段为急减速阶段，EV 以 $j_{\mathrm{EV}}^{\min}$ 紧急制动，直至 $a_{\mathrm{EV}}(t)=\mathrm{dec}_{\min}$，其间经历 t_b 时间(s)；第三阶段为匀减速阶段，EV 保持 $\mathrm{dec}_{\min}$ 向前行驶，直至与 LV 相对静止。图中红色实线为 EV 所能达到的最大制动减速度，绿色虚线为 EV 为避免与 LV 碰撞所需的制动减速度。

首先根据主动避撞场景中 EV 和 LV 的初始状态(这里假设 EV 的初始位置为 0)，分别计算 EV 在三个阶段的行驶状态，并计算 LV 在制动过程中的行驶状态。EV 的运动状态方程如式(7.3)～式(7.5)所示。

第一阶段，$0 \leqslant t \leqslant t_d$：

$$\begin{cases} a_{\mathrm{EV}}^1(t)=a_{\mathrm{EV}}^0 \\ v_{\mathrm{EV}}^1(t)=v_{\mathrm{EV}}^0+a_{\mathrm{EV}}^0 t \\ s_{\mathrm{EV}}^1(t)=v_{\mathrm{EV}}^0 t+\dfrac{1}{2}a_{\mathrm{EV}}^0 t^2 \end{cases} \tag{7.3}$$

第二阶段，$t_d < t \leqslant t_d+t_b$：

$$\begin{cases} a_{\mathrm{EV}}^2(t)=a_{\mathrm{EV}}^{t_d}+j_{\mathrm{EV}}^{\min}(t-t_d) \\ v_{\mathrm{EV}}^2(t)=v_{\mathrm{EV}}^{t_d}+a_{\mathrm{EV}}^{t_d}(t-t_d)+\dfrac{1}{2}j_{\mathrm{EV}}^{\min}(t-t_d)^2 \\ s_{\mathrm{EV}}^2(t)=s_{\mathrm{EV}}^{t_d}+v_{\mathrm{EV}}^{t_d}(t-t_d)+\dfrac{1}{2}a_{\mathrm{EV}}^{t_d}(t-t_d)^2+\dfrac{1}{6}j_{\mathrm{EV}}^{\min}(t-t_d)^3 \end{cases} \tag{7.4}$$

其中，$a_{\mathrm{EV}}^{t_d}$、$v_{\mathrm{EV}}^{t_d}$ 和 $s_{\mathrm{EV}}^{t_d}$ 分别为第二阶段的初始运动状态，即 $t=t_d$ 时 EV 的加速度、速度和位置。

第三阶段，$t > t_d+t_b$：

$$\begin{cases} a_{\mathrm{EV}}^3(t)=a_{\mathrm{EV}}^{t_d+t_b} \\ v_{\mathrm{EV}}^3(t)=v_{\mathrm{EV}}^{t_d+t_b}+\mathrm{dec}_{\min}(t-t_d-t_b) \\ s_{\mathrm{EV}}^3(t)=s_{\mathrm{EV}}^{t_d+t_b}+v_{\mathrm{EV}}^{t_d+t_b}(t-t_d-t_b)+\dfrac{1}{2}\mathrm{dec}_{\min}(t-t_d-t_b)^2 \end{cases} \tag{7.5}$$

同理，$a_{\mathrm{EV}}^{t_d+t_b}$、$v_{\mathrm{EV}}^{t_d+t_b}$ 和 $s_{\mathrm{EV}}^{t_d+t_b}$ 分别为第三阶段的初始运动状态，即 $t=t_d+t_b$ 时 EV 的加速度、速度和位置。

LV 在制动过程中的运动状态方程如下：

$$\begin{cases} a_{\mathrm{LV}}(t)=a_{\mathrm{LV}}^0 \\ v_{\mathrm{LV}}(t)=v_{\mathrm{LV}}^0+a_{\mathrm{LV}}^0 t \\ s_{\mathrm{LV}}(t)=d_{\mathrm{rel}}^0+v_{\mathrm{LV}}^0 t+\dfrac{1}{2}a_{\mathrm{LV}}^0 t^2 \end{cases} \tag{7.6}$$

假设在第二阶段经过 t_b 后，EV 车速降为 0，即令 $v_{EV}(t_d + t_b) = 0$，则此时 t_b 的解为

$$t_b = -\frac{a_{EV}^0}{j_{EV}^{min}} + \sqrt{\frac{\left(a_{EV}^0\right)^2}{\left(j_{EV}^{min}\right)^2} - 2\frac{v_{EV}^0 + a_{EV}^0 t_d}{j_{EV}^{min}}} \tag{7.7}$$

由图 7.2 可知，dec_{EV}^{max} 为车辆的最大减速度，EV 在第二阶段最多需要 t_j，因此 t_b 和 dec_{min} 的计算公式为

$$\begin{cases} t_b = \min\left\{ t_j, -\dfrac{a_{EV}^0}{j_{EV}^{min}} + \sqrt{\dfrac{\left(a_{EV}^0\right)^2}{\left(j_{EV}^{min}\right)^2} - 2\dfrac{v_{EV}^0 + a_{EV}^0 t_d}{j_{EV}^{min}}} \right\} \\ \mathrm{dec}_{min} = \max\left\{ \mathrm{dec}_{EV}^{max}, a_{EV}^0 + j_{EV}^{min} t_b \right\} \end{cases} \tag{7.8}$$

然后计算 EV 避撞所需要的纵向减速度 dec_{req}。由于 EV 在第二阶段的行驶状态为非匀变速直线运动，所以这里通过比较 EV 和 LV 在 $t = t_d$ 和 $t = t_d + t_b$ 两个时刻的位置和速度信息来计算 dec_{req}，详细过程如下。

(1) 第一阶段判定。

如果 $s_{EV}^{t_d} > s_{LV}^{t_d}$，说明 EV 会与 LV 发生碰撞，此时 $\mathrm{dec}_{req} = -\infty$。而以 $-\infty$ 作为临界度会影响临界场景优化的搜索方向，导致算法难以收敛到局部最优解。针对该工况，假设 EV 以虚拟初始加速度 a_{EV}^{vir} 从 v_{EV}^0 开始减速，并在 t_d 时刻令 $d_{rel}(t_d) = 0$，即

$$s_{LV}(t_d) - s_{EV}^{vir}(t_d) = 0 \tag{7.9}$$

此时 dec_{req} 即方程(7.9)的解：

$$\mathrm{dec}_{req} = \tilde{a}_{EV,t_d}^{vir} = \frac{2\left[d_{rel}^0 + \left(v_{LV}^0 - v_{EV}^0\right)t_d \right]}{t_d^2} + a_{LV}^0 \tag{7.10}$$

若 $s_{EV}^{t_d} \leqslant s_{LV}^{t_d}$，则需要进一步比较两车的速度；若 $v_{EV}^{t_d} \leqslant v_{LV}^{t_d}$，说明无碰撞风险，此时 $\mathrm{dec}_{req} = a_{EV}^0$。否则进入第二阶段。

(2) 第二阶段判定。

如果 $s_{EV}^{t_d + t_b} > s_{LV}^{t_d + t_b}$，说明 EV 即使以最大制动能力减速也无法避免与 LV 发生碰撞。此时仍需要通过 EV 的虚拟初始加速度 a_{EV}^{vir}，联立式(7.4)、式(7.6)和式(7.7)，

在 $t = t_d + t_b$ 时求解方程(7.9)，求得解 $\tilde{a}_{\mathrm{EV},t_d+t_b}^{\mathrm{vir}}$ 为虚拟的初始加速度。根据 BTN 的定义，$\mathrm{dec}_{\mathrm{req}}$ 为经过急动度制动后的减速度，则此时 $\mathrm{dec}_{\mathrm{req}}$ 的表达式为

$$\mathrm{dec}_{\mathrm{req}} = \mathrm{dec}_{\mathrm{min}} - a_{\mathrm{EV}}^0 + \tilde{a}_{\mathrm{EV},t_d+t_b}^{\mathrm{vir}} \tag{7.11}$$

同理，如果 $s_{\mathrm{EV}}^{t_d+t_b} \leqslant s_{\mathrm{LV}}^{t_d+t_b}$，接下来要比较两车的速度。如果 $v_{\mathrm{EV}}^{t_d+t_b} \leqslant v_{\mathrm{LV}}^{t_d+t_b}$，说明无碰撞风险，此时求解方程 $v_{\mathrm{EV}}^2(t) = v_{\mathrm{LV}}(t)$ 得到解 $\tilde{t} > 0$，将 $\tilde{t}$ 代入式(7.4)即可得 $\mathrm{dec}_{\mathrm{req}}$；若 $v_{\mathrm{EV}}^{t_d+t_b} \leqslant v_{\mathrm{LV}}^{t_d+t_b}$，则进入第三阶段。

(3) 第三阶段判定。

由于初始速度 v_{EV}^0 过高，EV 在第二阶段未能实现驻车，因此 EV 在第三阶段的减速度为 $\mathrm{dec}_{\mathrm{EV}}^{\mathrm{max}}$。首先计算 EV 以减速度 $\mathrm{dec}_{\mathrm{EV}}^{\mathrm{max}}$ 驻车需要的时间 t_s，随后比较 EV 和 LV 在 $t = t_d + t_b + t_s$ 时的位置和速度。如果 $s_{\mathrm{EV}}^{t_d+t_b+t_s} > s_{\mathrm{LV}}^{t_d+t_b+t_s}$，说明 EV 由于初始速度过高且来不及刹停而与 LV 相撞。为计算 BTN 的数值，假设 EV 以虚拟最大减速度 $\mathrm{dec}_{\mathrm{max}}^{\mathrm{vir}}$ 全力制动，联立式(7.5)、式(7.6)和式(7.9)，求出的解 $\widetilde{\mathrm{dec}}_{\mathrm{max}}^{\mathrm{vir}}$ 即此时的 $\mathrm{dec}_{\mathrm{req}}$；若 $s_{\mathrm{EV}}^{t_d+t_b+t_s} \leqslant s_{\mathrm{LV}}^{t_d+t_b+t_s}$，则无碰撞风险，此时 EV 的速度已经降为 0，因此 $\mathrm{dec}_{\mathrm{req}} = \mathrm{dec}_{\mathrm{EV}}^{\mathrm{max}}$。

最后根据计算出的 $\mathrm{dec}_{\mathrm{min}}$ 和 $\mathrm{dec}_{\mathrm{req}}$，通过式(7.2)计算 EV 的 BTN。算法 7.1 详细描述了 BTN 计算过程中的具体步骤。

算法 7.1 　 $\mathrm{BTN} = \dfrac{\mathrm{dec}_{\mathrm{req}}}{\mathrm{dec}_{\mathrm{min}}}$

计算 $\mathrm{dec}_{\mathrm{min}}$

1.　$t_b = \min\left\{ t_j, -\dfrac{a_{\mathrm{EV}}^0}{j_{\mathrm{EV}}^{\mathrm{min}}} + \sqrt{\dfrac{\left(a_{\mathrm{EV}}^0\right)^2}{\left(j_{\mathrm{EV}}^{\mathrm{min}}\right)^2} - 2\dfrac{v_{\mathrm{EV}}^0 + a_{\mathrm{EV}}^0 t_d}{j_{\mathrm{EV}}^{\mathrm{min}}}} \right\}$

2.　$\mathrm{dec}_{\mathrm{min}} = \max\left\{ \mathrm{dec}_{\mathrm{EV}}^{\mathrm{max}}, a_{\mathrm{EV}}^0 + j_{\mathrm{EV}}^{\mathrm{min}} t_b \right\}$

计算 $\mathrm{dec}_{\mathrm{req}}$

第一阶段

3. **if** ($s_{\mathrm{EV}}^{t_d} > s_{\mathrm{LV}}^{t_d}$) **then**

4.　$\mathrm{dec}_{\mathrm{req}} = \dfrac{2\left[d_{\mathrm{rel}}^0 + \left(v_{\mathrm{LV}}^0 - v_{\mathrm{EV}}^0 \right) t_d \right]}{t_d^2} + a_{\mathrm{LV}}^0$

5. **else**

6.　**if** ($v_{\mathrm{EV}}^{t_d} \leqslant v_{\mathrm{LV}}^{t_d}$) **then**

7.　　$\mathrm{dec}_{\mathrm{req}} = a_{\mathrm{EV}}^0$

8.　**else**

9.　　　第二阶段

10.　**end if**

第二阶段

11.　**if** ($s_{EV}^{t_d+t_b} > s_{LV}^{t_d+t_b}$) **then**

12.　　　　$dec_{req} = dec_{min} - a_{EV}^0 + \tilde{a}_{EV,t_d+t_b}^{vir}$

13.　**else**

14.　　　**if** ($v_{EV}^{t_d} \leqslant v_{LV}^{t_d}$) **then**

15.　　　　　$a_{EV}^2(t) = a_{EV}^{t_d} + j_{EV}^{min}(t - t_d)$

16.　　　**else**

17.　　　　　第三阶段

18.　　　**end if**

19.　**end if**

第三阶段

20.　**if** ($s_{EV}^{t_d+t_b+t_s} > s_{LV}^{t_d+t_b+t_s}$) **then**

21.　　　　$dec_{req} = \widetilde{dec}_{max}^{vir}$

22.　**else**

23.　　　　$dec_{req} = dec_{EV}^{max}$

24.　**end if**

7.2　基于 Gipps 模型的临界场景全局优化搜索算法

在临界场景的优化搜索过程中,探索(exploration)决定临界场景的覆盖度与多样性,利用(exploitation)决定临界场景的准确性。过度探索会导致搜索算法缺乏优化方向,难以在有限的迭代次数内收敛到最优解,即测试场景的临界度较低,无法准确地测试自动驾驶汽车的能力;而过度利用会使算法陷入局部最优解,导致生成的临界场景高度相似,缺乏多样性,无法全面地测试自动驾驶汽车的能力及性能边界。为了保证临界场景的覆盖度和准确性,需要在保持广泛探索的同时又能合理地利用,实现高效的搜索过程,本节提出 Gipps 汽车跟驰优化(GCFO)算法。

7.2.1　GCFO 算法设计

1. GCFO 算法概述

Gipps 模型是一种广泛应用于交通流模拟与评估的跟驰模型[8]，它通过物理参数来描述车辆跟随前车的驾驶状态，根据车辆的最大加/减速能力、反应时间以及与前车的安全距离计算能够保证车辆安全的行驶速度 v_{safe}，计算公式如下：

$$v_{\text{safe}} = -\text{dec}_{\max}t_r^2 + \sqrt{\text{dec}_{\max}^2 t_r^2 + v_{\text{LV}}^2 + 2\text{dec}_{\max}\left(d_{\text{rel}} - s_0\right)} \tag{7.12}$$

其中，t_r 为反应时间；v_{LV} 为前车的速度；s_0 为与前车的安全距离。

由式(7.12)可知，Gipps 模型的主要特点是形式简单，参数较少。以 Gipps 模型作为优化算法的理论基础，有以下几种优势。

(1) Gipps 模型形式简洁，可以降低优化算法的复杂度和调参难度，有助于提高算法的调参效率，并降低过拟合的风险。

(2) 具有较好的适应性和通用性，以较小的调整来适应不同类型的优化问题，能够广泛应用于多种工程和科学优化问题。

GCFO 算法主要包括五个基本组成部分。

(1) 位置点。位置点代表一个具体测试场景，其表现形式是该具体测试场景中所有参数组成的向量，对应于 Gipps 模型中车辆的位置。

(2) 车辆代理。车辆代理是位置点的载体，用于在优化过程中探索新的位置点，对应于搭载了 Gipps 模型的车辆。

(3) 位置库。位置库是位置点的集合，其容量固定，用于在每次迭代中记录当前车辆代理所处的位置点。

(4) 测试场景库。测试场景库用来保存所有已测试过的场景及测试结果。当 GCFO 算法搜索到测试场景库中的具体测试场景时，直接从其中查询对应的测试结果，避免因重复测试所导致的测试效率低下。

(5) 临界测试场景库。临界测试场景库是测试场景库的子集，用于保存优化过程发现的所有临界测试场景及测试结果，进而对自动驾驶汽车的功能和性能加以分析。

基于上述五个部分，GCFO 算法在生成临界测试场景的过程中需要经过四项关键操作：初始化、机制切换、加速逼近、状态调整。初始化为搜索过程设置一组起始位置点；机制切换负责在加速逼近和状态调整之间进行自适应切换；加速逼近在优化过程中主要探索未知区域；状态调整在优化过程中主要利用已探索的区域。

图 7.3 为基于 GCFO 算法的临界测试场景加速生成流程，具体步骤如下。

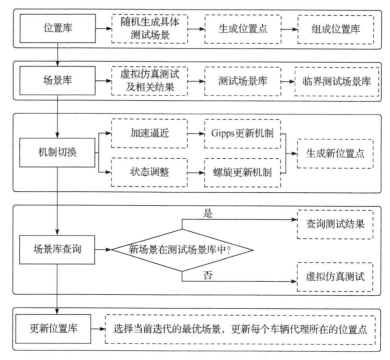

图 7.3　基于 GCFO 算法的临界测试场景加速生成流程

(1) 初始化。

① 在逻辑场景空间中随机选取 N_{agent} 个不重复的具体测试场景,将每个测试场景的所有参数组合成一个初始位置点,构成一个容量为 N_{agent} 的位置库。

② 在虚拟仿真平台中对 N_{agent} 个初始场景进行测试,并将相关结果存入测试场景库中,若其中存在临界场景,则同时将该测试场景及结果存入临界测试场景中。

③ 根据测试结果选择临界度最小的位置点作为最优解。

(2) 机制切换。

根据当前迭代次数计算机制切换因子的数值,并根据机制切换因子的数值选择接下来进行加速逼近或状态调整。

(3) 加速逼近或状态调整。

① 以计算出的最优解为搜索方向,在加速逼近过程中以 Gipps 更新机制生成新的位置点,或在状态调整过程中以螺旋更新机制生成新的位置点。

② 查询测试场景库,并在虚拟仿真平台中对新生成的场景进行测试,将相应的测试结果放入测试场景库和临界测试场景库中;若新位置点对应的测试场景已经在测试场景库中,则直接查询相关测试结果。

③根据当前迭代的测试结果选择最优解，并更新每个车辆代理中存放的位置点。

(4) 迭代搜索。

重复步骤(2)与步骤(3)，直至 GCFO 算法达到最大迭代次数或满足搜索要求。

(5) 数据处理与分析。

统计测试场景库和临界测试场景库的结果，分析临界测试场景的特性。

接下来详细论述 GCFO 算法的关键操作。

2. 测试函数

由于自动驾驶系统固有的黑盒特性，临界场景的识别必须经过虚拟仿真测试，而每一次虚拟仿真测试都需要在仿真平台中对虚拟测试环境初始化，其中涉及各种场景模型的加载和实时解算，如车辆动力学模型、传感器模型、场景三维渲染模型等，因而在 GCFO 算法中完成一次迭代要耗费较长的时间。为了快速得到 GCFO 算法的测试结果，提高调参效率和性能验证效率，本节选择 Schwefel 函数对 GCFO 算法进行参数调整和性能测试。

Schwefel 是一种常用于优化和测试算法性能的多峰值基准函数[9]，具有挑战性的搜索空间和独特的逆几何函数特性，被广泛用于优化问题的研究。本节的目标是生成临界测试场景，这可以近似为在 Schwefel 函数中寻找函数值小于某个阈值的离散点。Schwefel 函数值近似等同于场景临界度，Schwefel 函数值越小，说明测试场景越危险，当该函数值小于某一阈值时，说明已经发生碰撞事故。此外，Schwefel 函数具有大量的局部最小值，因此临界点分布在多个聚类中，这与临界测试场景在逻辑场景空间中的多模态分布特性一致。因此，可以利用 Schwefel 函数作为临界场景的代理函数对 GCFO 算法进行测试。同时，众多的局部最小值对 GCFO 算法保持较高的临界场景覆盖率带来很大挑战。Schwefel 函数的数学表示如式(7.13)所示，其函数图像如图 7.4 所示。

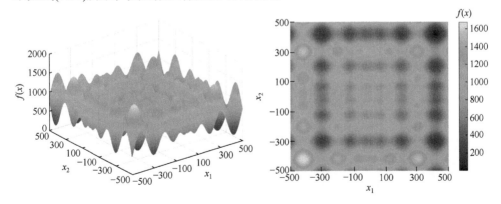

图 7.4　二维 Schwefel 函数图像

$$f(x) = 418.9829\text{dim} - \sum_{j=1}^{\text{dim}} x_j \sin\left(\sqrt{|x_j|}\right) \tag{7.13}$$

其中，$x = \{x_j \mid j = 1, 2, \cdots, \text{dim}\}$，$x$ 为所有输入变量构成的输入向量，dim 为输入向量的维度；x_j 为第 j 个输入变量的数值。

将二维 Schwefel 函数离散化，两个输入变量的定义域均为[−500, 500]，离散步长为 0.5，当 $f(x) < 400$ 时，该位置点被视为临界测试场景。通过遍历二维 Schwefel 函数，参数空间总共包括 4004001 个测试场景，其中临界测试场景有 218733 个，全局的最优临界场景所在的位置点为(421, 421)。如图 7.5 所示，临界测试场景共有 18 类，每一类分布在参数空间中的不同区域，且形状不规则，图中颜色表示场景的临界度。

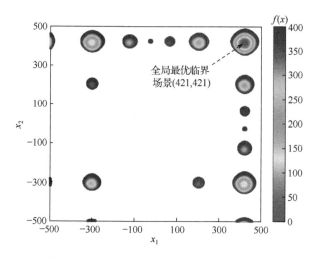

图 7.5 二维 Schwefel 函数的临界场景分布

3. 初始化

与其他启发式优化算法相似，GCFO 算法以一组随机生成的位置点作为全局搜索的起点，这些初始位置点均匀地分布在场景参数空间中的不同位置，为优化算法提供了一个广泛的搜索基础。初始化方法如式(7.14)所示：

$$X = \begin{bmatrix} x_{1,1} & \cdots & x_{1,j} & \cdots & x_{1,\text{dim}} \\ x_{2,1} & \cdots & x_{2,j} & \cdots & x_{2,\text{dim}} \\ \vdots & & \vdots & & \vdots \\ x_{N_{\text{agent}}-1,1} & \cdots & x_{N_{\text{agent}}-1,j} & \cdots & x_{N_{\text{agent}}-1,\text{dim}} \\ x_{N_{\text{agent}},1} & \cdots & x_{N_{\text{agent}},j} & \cdots & x_{N_{\text{agent}},\text{dim}} \end{bmatrix} \tag{7.14}$$

其中，X 是通过式(7.15)所取得的一组随机位置点；N_{agent} 是车辆代理的数量；dim 是场景参数空间的维度；$x_{i,j}$ 是第 i 个车辆代理中第 j 维场景参数的数值。

$$X = \text{rand}\left(N_{agent}, \text{dim}\right) \times \left(b_u - b_l\right) + b_l \tag{7.15}$$

其中，rand(·) 是随机数矩阵生成函数，通过均匀分布产生元素为 $[0,1]$ 的随机数矩阵，参数 N_{agent} 和 dim 分别指定了该矩阵的行数和列数；b_l 和 b_u 分别为所有场景参数的下界和上界所组成的两个向量。

在随后的优化过程中，当前最优场景的定义是：到目前为止，在所有迭代过程中搜索到的具有最小临界度的测试场景。

4. 机制切换

在迭代过程中 GCFO 算法需要根据不同阶段的需求和反馈信息，自动调整探索与利用的强度。为了实现更加灵活的搜索与利用比例调整，这里提出一种基于双曲正切函数(tanh 函数)的切换机制，从而自适应地调整探索与利用的比例。切换机制的自适应调整方式如下：

$$\alpha = 2 - \left(h / \text{Iter\_max}\right)^{\tanh^{-1}(h/\text{Iter\_max})} \tag{7.16}$$

其中，α 为自适应调整因子，其数值随迭代次数的变化曲线如图 7.6 所示；h 为当前迭代次数；Iter_max 为最大迭代次数。

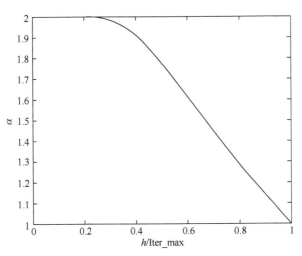

图 7.6　自适应调整因子随迭代次数变化数值

尽管全局优化搜索的前期侧重于广泛探索，后期侧重于深入利用，但是为了实现探索与利用之间的平衡，避免在迭代后期生成非临界场景或陷入局部最优，也需要在优化前期进行适当的利用，而在优化后期进行少量的探索。因此，本节在自适应调整因子的基础上引入随机性，如下所示：

$$A = r_1 \alpha \tag{7.17}$$

其中，A 为机制切换因子；r_1 为 $[0,1]$ 的随机数。当 $A > 1$ 时，优化搜索算法执行加速逼近操作；当 $A \le 1$ 时，优化搜索算法执行状态调整操作。

5. 加速逼近

如前所述，GCFO 算法将每个车辆代理作为搭载 Gipps 模型的车辆，并将当前探索到的最优场景作为所有车辆代理需要跟随的前车。在此基础上，GCFO 算法将 Gipps 模型中的物理元素(安全速度、反应时间、安全距离、相对距离及最大减速度)重新建模并应用于优化过程中，从而实现一种基于物理运动的车辆代理位置更新机制(称为 Gipps 更新机制)，具体的参数映射关系如表 7.2 所示。

表 7.2　Gipps 模型与 GCFO 算法的参数映射关系

Gipps 模型参数	GCFO 算法参数
反应时间 t_r	一次迭代，数值为 1
最大减速度 $\mathrm{dec_{max}}$	距离调整因子 B
前车速度 v_l	最优场景在上一次迭代移动的距离 v_{best}
相对距离 d_{rel}	车辆代理与当前最优场景之间的距离
最小安全距离 s_0	简化为 0
安全速度 v_{safe}	车辆代理在本次迭代中需要移动的距离

其中，Gipps 模型中的反应时间为模拟时间步长，因此与一次迭代对应，其数值为 1；在跟驰过程中，车辆的加速度总体呈现逐渐减小的趋势，与自适应调整因子的变化趋势相近，因此在优化算法中将 $\mathrm{dec_{max}}$ 映射为距离调整因子 B，其计算方法如式(7.18)所示，该方式有助于在优化过程中自适应调整候选解需要移动的距离；全局优化目标是令车辆代理无限逼近当前最优场景，因此在优化算法中将最小安全距离 s_0 设为 0。基于上述映射关系，GCFO 算法在加速逼近过程中探测场景参数空间的策略为基于当前车辆代理的位置进行非定向探索，具体如下：

$$B = r_2 \alpha \tag{7.18}$$

$$X_{(i,j)}^{h+1} = X_{(i,j)}^h + r_3 C \tag{7.19}$$

$$C = -B + \sqrt{B^2 + \left(v_{\text{best}}^j\right)^2 + 2B \left| 0.005 r_4 x_{\text{best}}^{(j)} - X_{(i,j)}^h \right|} \tag{7.20}$$

其中，B 为探索阶段的距离调整因子；$X_{(i,j)}^h$ 和 $X_{(i,j)}^{h+1}$ 分别为第 h 次和第 $h+1$ 次迭代中车辆代理的位置点；C 为基于 Gipps 更新机制计算出的移动距离；r_3 为 $[-1,1]$ 的随机数，用于随机决定车辆代理的位置更新方向；r_2 和 r_4 为 $[0,1]$ 的随机数，分别用于控制自适应调整因子和当前最优场景对移动距离的影响；$x_{\text{best}}^{(j)}$ 为当前最优场景 x_{best} 中第 j 维场景参数的数值；0.005 为根据调参试验结果得到的移动距离控制因子。

由式(7.20)可知，GCFO 算法在非定向探索过程中仍需要利用当前最优场景的位置点，并通过距离控制因子来限制当前最优解对移动距离的影响。在探索的初期，算法主要侧重于在每个车辆代理的周围进行探索，随着迭代次数的增加，最优场景对移动距离的影响越来越强，使得车辆代理逐渐向最优场景靠拢。该策略一方面能够帮助算法大致判断最优场景所在的方向，便于在更新车辆代理的位置时朝着有希望的区域进行搜索；另一方面可以决定车辆代理朝当前最优场景方向搜索的力度，从而实现探索与利用的平衡。

6. 状态调整

Gipps 模型主要用于宏观调控车辆的行驶状态，因此在 GCFO 算法后期直接使用 Gipps 更新机制计算出的移动距离时可能会遇到如下问题，即当车辆代理与当前最优场景之间的距离非常小时，由 Gipps 更新机制计算出的移动距离较大，导致算法在最优场景附近出现"振荡"效应，甚至跳出当前临界区域，最终无法精确收敛至全局最优场景。

针对上述问题，本节在自适应调整因子的基础上引入鲸鱼优化算法(whale optimization algorithm，WOA)中的螺旋更新机制[10]，使车辆代理以更加精细且连续的步长逐步逼近最优场景。螺旋更新机制的工作过程如下：

$$X_{(i,j)}^{h+1} = x_{\text{best}}^{(j)} + r_5 E \tag{7.21}$$

$$E = \alpha \left| x_{\text{best}}^{(j)} - X_{(i,j)}^h \right| \mathrm{e}^D \cos(2\pi D) \tag{7.22}$$

$$D = r_6 \alpha \tag{7.23}$$

其中，D 为利用阶段的距离调整因子，用于调整螺旋线的旋转半径；r_5 和 r_6 均为[−1,1]的随机数；E 为利用阶段的螺旋线移动距离。

图 7.7 给出的是螺旋更新机制示意图，由式(7.21)～式(7.23)可知，随着迭代次数的增加，自适应调整因子 α 的递减特性能够在优化的后期逐渐缩减螺旋线的半径，使车辆代理以更加精细的步长来连续逼近最优场景，从而实现更加深入的利用。此外，即使在优化前期的探索过程中偶尔引入利用策略时，自适应调整因子 α 也能够以较大的螺旋线半径避免车辆代理较早地陷入局部最优问题。

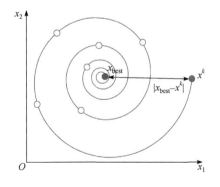

图 7.7　螺旋更新机制示意图

7.2.2 GCFO 算法验证与分析

1. GCFO 算法实施流程

本节详细描述 GCFO 算法的具体实施流程，通过简明的流程图和伪代码来展示如何将 GCFO 算法转化为实际可执行的算法。在 GCFO 算法开始之前，先建立测试场景库 L_{t_1} 和临界测试场景库 L_{c_1}。GCFO 算法首先随机初始化一组位置点，同时选出临界度最小的位置点作为当前最优场景；其次将场景放入符合要求的场景库中，并根据当前的迭代次数计算自适应调整因子 α 和机制切换因子 A，$A>1$ 时算法执行加速逼近操作，$A\leqslant 1$ 时算法执行状态调整操作；随后，算法根据当前执行的操作，分别采取 Gipps 或螺旋更新机制依次计算每个车辆代理需要移动的距离并进行位置更新；然后，为避免更新的位置点出现越界情况，算法会对其进行越界检查与修正，如果发生越界则在未被探索到的区域中随机生成对应数量的新位置点并加以替换；随后循环迭代上述优化过程直至达到最大迭代次数，结束优化并将当前最优场景作为全局最优场景并输出对应的位置点和测试结果。图 7.8 为 GCFO 算法流程图，GCFO 算法伪代码详见算法 7.2。

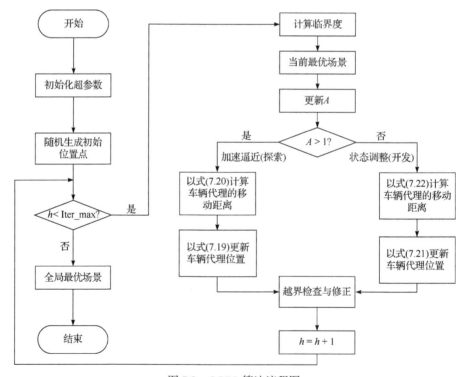

图 7.8　GCFO 算法流程图

算法 7.2　GCFO 算法伪代码

1.	初始化场景库 L_{t_1} 和 L_{c_1}，以及 GCFO 的超参数 N_{agent}、dim、lb、ub、Iter_max、h
2.	随机生成一组初始测试场景，$X: i = 1,2,\cdots,N_{agent}; j = 1,2,\cdots,\text{dim}$
3.	**while** ($h < \text{Iter\_max}$) **do**
4.	将当前测试场景存入 L_{t_1}
5.	根据每个测试场景的位置点计算临界度，并将符合要求的测试场景存入 L_{c_1}
6.	找出目前为止的最优场景
7.	**for** ($i = 1$ to N_{agent}) **do**
8.	**for** ($j = 1$ to n_{div}) **do**
9.	生成 $[0,1]$ 的随机数(r_1, r_2, r_4)和 $[-1,1]$ 的随机数(r_3, r_5, r_6)
10.	以式(7.17)更新机制切换因子 A 的数值
11.	**if** ($A > 1$) **then**
12.	加速逼近(探索)
13.	计算探索阶段的距离调整因子 B 的数值
14.	以式(7.20)计算第 i 个候选解中第 j 个变量需要移动的距离 C
15.	以式(7.19)更新第 i 个候选解中第 j 个变量的位置
16.	**else**
17.	状态调整(利用)
18.	计算利用阶段的距离调整因子 D 的数值
19.	以式(7.22)计算第 i 个候选解中第 j 个变量需要移动的距离 E
20.	以式(7.21)更新第 i 个候选解中第 j 个变量的位置
21.	**end if**
22.	**end for**
23.	**end for**
24.	越界检查与修正
25.	$h = h + 1$
26.	**end while**
27.	返回搜索到的全局最优解及其位置

2. GCFO 算法性能验证与分析

1) 超参数设定

GCFO 算法首先需要根据场景参数空间确定车辆代理的数量 N_{agent} 和最大迭代次数 Iter_max。作为一种群体优化算法，GCFO 的性能表现很大程度上依赖于代理的规模 N_{agent}，如果 N_{agent} 设置过小，那么 GCFO 的性能优势无法充分发挥，难以全面覆盖所有的临界测试场景。然而，过多的代理数量会增加算法的时间和空间复杂度，这不仅会降低优化搜索的效率，还会造成计算资源的浪费，因此需要选择合适的代理数量。这里参考众多优化算法中的经验基准，采取如下方式确定代理的规模：

$$N_{\text{agent}} = \max\left\{30, 10^{-5} \times \Omega\right\} \qquad (7.24)$$

其中，Ω 为在场景参数空间的场景总数。如 7.2.1 节第二部分所述，在二维 Schwefel 测试函数的场景空间中，$\Omega = 4004001$，因此，本章设定 $N_{\text{agent}} = 40$。

同理，最大迭代次数 Iter_max 也决定了 GCFO 算法的性能，过少的迭代次数无法实现全面的搜索。最大迭代次数 Iter_max 的增加虽然有助于生成更多的临界场景，但是仍存在较多问题。GCFO 算法的随机性和不确定性导致随着迭代次数的增加，在优化后期会生成大量重复的测试场景，极大地降低了临界场景生成的效率。为了证明上述结论，这里以二维 Schwefel 函数进行测试，由于场景参数空间较大，最大迭代次数 Iter_max 以 500 的离散步长从 500 增加至 3000，每个数值进行 5 次试验，结果平均值如表 7.3 所示。由表可知，虽然迭代次数的增多会生成更多临界场景，但是临界场景的生成效率会逐渐下降。因此，采取如下方式确定最大迭代次数 Iter_max：

$$\text{Iter\_max} = \max\left\{300, 2.5 \times 10^{-4} \times \Omega\right\} \qquad (7.25)$$

表 7.3　不同迭代次数下 GCFO 算法搜索临界场景的平均结果

序号	Inter_max	临界场景	测试场景	遗漏的临界场景种类	生成效率/%
1	500	8435	18199	4	46.2
2	1000	14718	34046	0	47.3
3	1500	19598	48645	0	40.3
4	2000	24033	62323	0	38.6
5	2500	27628	75210	0	36.7
6	3000	30872	87575	0	35.2

2) 全局优化搜索结果与分析

针对提出的 GCFO 算法在全局搜索方面的性能测试，选取经典的粒子群优化 (particle swarm optimization，PSO) 算法[11]，优化性能出色的 WOA 和蒙特卡罗采样 (Monte Carlo sampling，MCS) 算法作为临界场景生成对比方法。其中，GCFO 算法、PSO 算法和 WOA 采用统一的超参数，即 $N_{\text{agent}} = 40$，Iter_max $= 1000$，MCS 算法在场景空间中随机生成 40000 个不重复的位置点。为了尽可能避免随机性的影响，每个算法连续运行 5 次，测试结果取平均值，得到四种搜索方法的临界场景生成结果如表 7.4 和图 7.9 所示。测试结果表明，本章提出的 GCFO 算法的临界场景生成质量更高。

表 7.4　四种临界测试场景全局搜索算法的试验结果统计表

序号	方法	临界场景数量	测试场景数量	遗漏临界场景种类数量	临界场景生成效率/%
1	GCFO	14763	34108	0	43.28
2	GCFO	14843	34322	0	43.25
3	GCFO	14631	33975	2	43.06
4	GCFO	14662	43029	0	43.09
5	GCFO	14619	34191	1	42.76
平均	GCFO	14703	35925	1	43.09
6	PSO	3777	10932	9	34.55
7	PSO	4029	7394	13	54.49
8	PSO	4507	6726	12	67.01
9	PSO	3896	7482	11	52.07
10	PSO	4600	6812	9	67.53
平均	PSO	4161	7869	11	55.13
11	WOA	1857	6605	7	28.11
12	WOA	1870	6441	4	29.03
13	WOA	2118	7240	5	29.25
14	WOA	1986	7282	3	27.27
15	WOA	2344	7251	3	32.33
平均	WOA	2035	6963	5	29.20
16	MCS	2179	40000	0	5.44
17	MCS	2176	40000	0	5.44
18	MCS	2143	40000	0	5.36
19	MCS	2250	40000	0	5.63
20	MCS	2232	40000	0	5.58
平均	MCS	2196	40000	0	5.49

　　从表 7.4 中可以看出，在生成测试场景和临界场景的数量上，GCFO 算法较 PSO 算法、WOA 和 MCS 算法具有显著的优势，GCFO 算法生成的临界场景数量约为 PSO 算法的 3.5 倍，是 WOA 的 7.2 倍，测试场景数量约为 PSO 算法的 4.6 倍，WOA 的 5.2 倍。

　　在生成的临界场景种类上，MCS 算法没有遗漏任何一类场景，这是因为 MCS 在逻辑场景空间中均匀随机地采样具体测试场景，因此在临界场景的种类上实现了全覆盖，但是每一类的数量非常少。本章提出的 GCFO 算法可以实现临界场景种类的全覆盖，但仍存在容易被遗漏种类，主要分布在图 7.9(a)中左下角，坐标在(−500, −300)和(−300, −500)的附近。通过分析发现，这两类临界场景与全局最优临界场景相距较远，且临界值接近判定阈值(400)，因此它们仅在 GCFO 算法的前期迭代中被随机探索到，随着迭代次数的增加，车辆代理逐渐向全局最优临界场景逼近，导致这两类临界场景被忽略。PSO 算法和 WOA 遗漏的临界场景种类较多，这是因为两者的目的均为尽快地收敛到全局最优临界场景，从而过早地进入利用阶段。

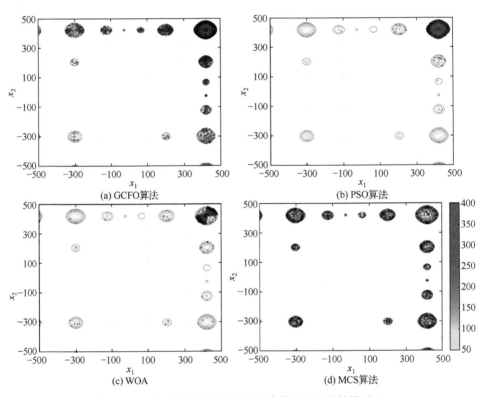

图 7.9　四种临界测试场景全局搜索算法的试验结果对比

在临界场景搜索效率方面，因为 PSO 算法过于重视利用阶段，因此生成的测试场景大多分布在其搜索到的最优场景附近，使得临界场景的生成效率高达 55%。GCFO 算法较好地平衡了探索与利用阶段，其临界场景生成效率也较高，可以达到43%，与 MCS 算法相比提高了 37.6 个百分点，与 WOA 相比提高了 13.9 个百分点。

为进一步验证 GCFO 算法的全局优化性能，图 7.10 展示了四种算法在搜索过程中的测试场景分布。由图可知，GCFO 算法可以对场景参数空间进行广泛的探索，保证测试场景的全面性和临界场景种类的全覆盖；此外，GCFO 算法还可以随着迭代次数的推移从非临界场景向临界场景靠近，并最终收敛到全局最优临界场景，如图 7.10(a)中的虚线圈所示。PSO 算法和 WOA 均可以快速逼近探索到的最优临界场景，并在其周围进行深入利用。但是这种侧重利用而轻视探索的方式会有陷入局部最优临界场景的风险，如图 7.11 所示。经统计，PSO 算法和 WOA 有8.2%的概率陷入局部最优，而 GCFO 算法可以稳定地收敛到全局最优临界场景。

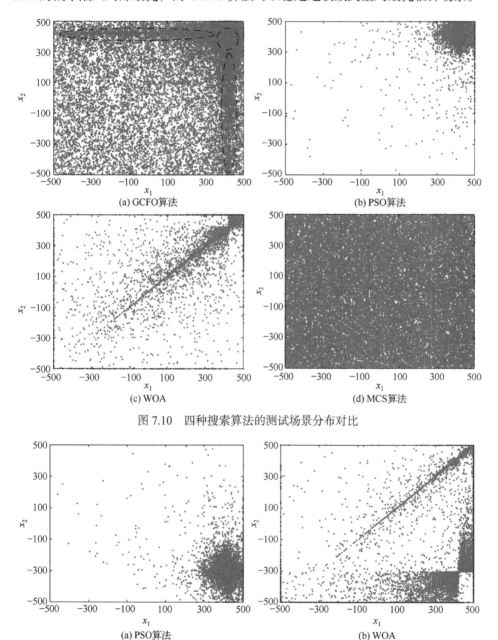

图 7.10　四种搜索算法的测试场景分布对比

图 7.11　PSO 算法与 WOA 陷入局部最优的情况

测试结果表明，GCFO 算法具有良好的全局搜索能力，有效地避免了陷入局部最优，最终能够收敛到全局最优临界场景。在搜索过程中，GCFO 算法能够全面地覆盖逻辑场景空间中所有临界场景的种类，确定每一类临界场景的大致位置和边界，同时保证较高的临界场景搜索效率，加速临界测试场景的生成。

7.3　基于敏感性分析的局部自适应搜索算法

如 7.2 节所述，GCFO 算法具有良好的全局搜索能力，可以找到大多数临界测试场景的种类，并确定每一类的大致位置和边界。然而，GCFO 算法无法全面地搜索到所有临界测试场景，尽管其相较于 PSO 算法、WOA 和 MCS 算法能够生成更多的临界场景，但仅占所有临界场景的 6.7%，因此远无法满足自动驾驶汽车的场景测试需求。为了解决上述问题，本节在 GCFO 生成的临界场景基础上采取局部搜索策略，通过主动学习方法在每类临界场景集合中自适应地搜索并生成更多潜在临界场景。

由于虚拟仿真测试的逻辑场景空间通常是高维度的，而且每个参数的变化对场景临界度的影响是不确定的，所以如果所有维度的参数同时改变会导致"维度灾难"，不利于场景空间的探索。为了解决高维优化问题中参数空间庞大且复杂的挑战，同时提高临界场景的覆盖度和生成效率，本节在自适应搜索过程中引入一种基于密度的 PAWN 敏感性分析方法[12]，通过比较模型输出的累积分布函数(cumulative distribution function，CDF)来确定各输入变量的敏感性，评估输入变量对场景临界度的影响，为自适应搜索提供明确的方向。图 7.12 为基于敏感性分析的临界场景自适应搜索策略。

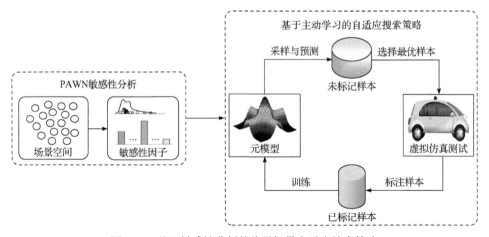

图 7.12　基于敏感性分析的临界场景自适应搜索策略

7.3.1　PAWN 敏感性建模

PAWN 是一种基于密度的敏感性分析方法，用于定量评估输入变量对模型输出的影响，尤其适用于评估复杂的环境模型[13]。PAWN 通过 CDF 来描述模型的输出分布，与估计概率密度函数(probability density function, PDF)相比，计算成本更低，也不需要任何调优参数。在临界场景局部搜索过程中使用 PAWN 敏感性分析主要具备如下优势。

(1) 良好的高维空间处理能力。PAWN 的敏感性指标与输出分布的类型(如对称、多模态或高度偏斜)无关。

(2) 定量的敏感性指标。PAWN 通过定量指标来估计每个输入变量的敏感性，使得资源分配和搜索策略的针对性调整有据可依，有助于提高搜索过程的目标性和效率。

(3) 形式简单，易于实现，计算效率高。PAWN 敏感性分析主要追求三个目标：①因素排序，即依据输入变量对输出不确定性的贡献程度进行排序；②因素固定或筛选，即识别对输出不确定性无显著贡献的输入变量；③因素映射，即识别参数空间中导致特定输出值的区域。为量化每个输入变量对模型输出不确定的相对影响，本节定义一个统计量 T 用来表征 PAWN 的敏感性指数，其数值介于 0 到 1 之间，数值越大表明该输入变量对输出不确定性的贡献越大，而 0 值意味着没有影响。

将场景模型简化为如下公式以便于后续论述：

$$y = f(x) \tag{7.26}$$

其中，向量 $x = [x_1, x_2, \cdots, x_{\text{dim}}]$ 为每一个场景；y 为模型的输出，即该场景的临界度。

PAWN 敏感性分析通过评估消除一个或多个输入变量的不确定性对输出分布造成的影响来定量观测输入变量的敏感性。具体来说，一个变量 x_j 的敏感性是通过比较两种情况下输出 y 的 CDF 来确定的：一种是所有输入变量同时变化时得到的输出 y 的无条件 CDF，本节用 $F_y(y)$ 来表示；另一种是除 x_j 之外的所有变量变化时，x_j 被赋予某一特定数值时得到的条件 CDF，本节用 $F_{y|x_j}(y)$ 来表示。PAWN 主要通过计算这两个分布之间的差异来评估 x_j 的显著性，并量化 x_j 对应的敏感性指数 T_j。

评估过程需要定义两个调谐参数，即样本数量 N_s 和条件点的个数 n_{div}。场景模型越复杂，涉及的不确定因素越多，每个不确定因素的取值范围也越广，导致样本数量越大。然而，PAWN 需要大量的样本数据来保证敏感性分析的准确性。因此，需要在可用计算资源和模型复杂性之间权衡。根据现有方法的试验数据，样本数量通常设置为 500。同理，对于条件点 n_{div}，建议的经验法则为 $10 \leqslant n_{\mathrm{div}} \leqslant 50$。

由于敏感性指数 T_j 的解析计算过于困难，尤其是在高维度的场景空间中，所以本节采用数值近似法来计算每个输入变量的敏感性指数。GCFO 算法搜索到的临界场景为 PAWN 敏感性分析提供了大量的样本数据，根据上述方法，对 GCFO 生成的场景数据进行 PAWN 敏感性分析，具体步骤如下。

(1) 根据 GCFO 临界场景的聚类结果，针对每一个临界场景簇，计算所有临界场景的无条件经验分布 $\hat{F}_y(y)$。

(2) 确定参数 n_{div}，在评估输入变量 x_j 的敏感性时将其取值范围等分成 n_{div} 份，并在每个区间内随机采样且固定 x_j 的数值($x_j = \bar{x}_j^{(1)}, \bar{x}_j^{(2)}, \cdots, \bar{x}_j^{(n_{\mathrm{div}})}$)，从而比较模型输出在不同固定水平下的变化。

(3) 确定参数 N_c，并在 $x_j = \bar{x}_j^{(1)}, \bar{x}_j^{(2)}, \cdots, \bar{x}_j^{(n_{\mathrm{div}})}$ 的情况下，随机从每一个临界场景簇中选取 N_s 个场景，并计算临界度 y 的有条件经验分布 $\hat{F}_{y|x_j}(y)$。

(4) 计算 $\hat{F}_y(y)$ 和 $\hat{F}_{y|x_j}(y)$ 之间的差异，本节采用经典的 Kolmogorov-Smirnov 统计量来估算两个分布之间的距离[14]，计算公式为

$$\widehat{\mathrm{KS}}(x_j) = \max_y \left| \hat{F}_y(y) - \hat{F}_{y|x_j}(y) \right| \tag{7.27}$$

(5) 根据 $\widehat{\mathrm{KS}}(x_j)$ 计算对应的敏感性指数 $\hat{T}_j$，计算方式为

$$\hat{T}_j = \operatorname*{stat}_{x_j = \bar{x}_j^{(1)}, \bar{x}_j^{(2)}, \cdots, \bar{x}_j^{(n_{\mathrm{div}})}} \left[\widehat{\mathrm{KS}}(x_j) \right] \tag{7.28}$$

其中，stat 为用于计算敏感性指数的统计量，通常使用最大值、中值或平均值。

由式(7.27)和式(7.28)可知，尽管 $\widehat{\mathrm{KS}}(x_j)$ 也可以用来判断敏感性，但是其数值高度依赖于 x_j 的取值，因此仅通过 $\widehat{\mathrm{KS}}$ 并不能明确输入变量的敏感性。而敏感性指数 $\hat{T}_j$ 进一步将 $\widehat{\mathrm{KS}}$ 转化为一个定量指标，在消除 $\widehat{\mathrm{KS}}(x_j)$ 对 x_j 依赖的同时，可以辨识出对模型输出影响最大的关键输入变量。综上所述，PAWN 敏感性指数 $\hat{T}_j$ 能够以一种全面的、定量化的且与具体模型无关的方式来确定模型的敏感参数。

7.3.2 基于高斯过程回归的自适应搜索算法

本节基于 PAWN 敏感性分析结果，从边界扩展和梯度缩放两方面进行临界场景自适应搜索。场景边界对评估自动驾驶汽车的安全性至关重要，GCFO 全局优化仅能确定每类临界场景的大致边界，利用敏感性分析结果对输入变量的取值范

围进行适当扩展，有助于提高临界场景的覆盖度。此外，本节提出一种自适应搜索算法，通过高斯过程回归(Gaussian process regression，GPR)元模型来预测和评估未知场景的临界度[15]，以主动学习的方式在未探索区域内筛选更多临界场景[16]。算法在自适应搜索过程中根据敏感性分析结果调整输入变量的重要性，从而聚焦于对场景临界度影响较大的输入变量。

1. 边界扩展

为了在场景簇的边界附近寻找更多的临界场景，根据输入变量的敏感性分析结果对其数值范围进行适当扩充。与 GCFO 算法中的自适应调整因子 α 类似，本节引入扩展因子 β 来根据 $\hat{T}_j$ 调整输入变量 x_j 的扩展程度，其数值变化与 $\hat{T}_j$ 的对应关系如图 7.13 所示：

$$\beta = 0.1\left(\hat{T}_j\right)^{\frac{0.75}{\tanh \hat{T}_j}} \tag{7.29}$$

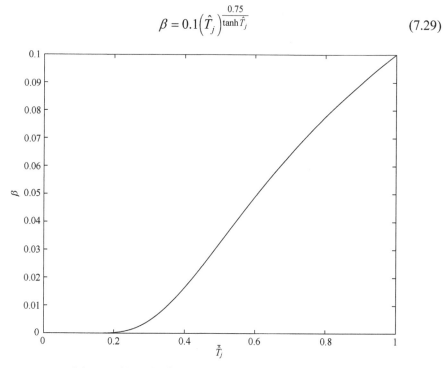

图 7.13　扩展因子与 PAWN 敏感因子间的对应关系

根据式(7.29)，本节设定的边界扩展方式为

$$b_{l\_\text{new}}^j = b_l^j - \beta\left(b_u^j - b_l^j\right), \quad b_{u\_\text{new}}^j = b_u^j + \beta\left(b_u^j - b_l^j\right) \tag{7.30}$$

其中，b_l^j 和 b_u^j 分别为输入变量 x_j 在场景簇内的下界和上界；$b_{l\_\text{new}}^j$ 和 $b_{u\_\text{new}}^j$ 分别

为扩展后的下界和上界。为避免过大的扩展范围所引发的信息过载和搜索方向弱化的问题，本节设定当 PAWN 敏感性指数为 1 时，扩展范围达到最大，下界和上界分别扩展现有数值范围的 10%。

2. GPR 自适应搜索机制

如图 7.12 所示，本节提出的主动学习策略利用已探索的临界场景作为先验知识构建并训练 GPR 元模型，通过该模型在未探索区域内动态选取高临界度场景并进行测试，然后将测试结果反馈至 GPR 元模型并进行迭代训练与搜索，实现在有限的搜索内准确高效地识别并生成逻辑场景空间中剩余的所有临界场景。

GPR 元模型是主动学习策略的核心，其对场景临界度的不确定性估计为搜索过程提供了决策支持。GPR 的优势在于：①作为一种非参数统计方法，GPR 不受函数形式的限制，能够灵活适应高度非线性的函数估计；②通过选用合适的协方差函数，GPR 可以将特定问题的先验知识融入模型中；③GPR 的概率分布不仅可以捕捉函数估计的不确定性，还能对未探测场景的临界度进行定量评估，为筛选临界测试场景提供准确依据。

1) GPR 元模型构建

GPR 元模型主要通过高斯过程(Gaussian process, GP)来描述函数的概率分布，具体来说，假设每个测试场景 x 的临界度函数 $f(x)$ 均为服从 dim 维正态分布的高斯随机变量，则对于一个场景集 X 中所有测试场景，它们的临界度函数会服从一个联合高斯分布，该高斯过程可以表示为

$$f(x) \sim \mathrm{GP}\big(m(x), \, k(x,x')\big) \tag{7.31}$$

令 x 和 x' 为任意两个不同的测试场景，$m(x)$ 为均值函数，$k(x,x')$ 为协方差函数(也称为核函数)，它们的具体形式可表示为

$$m(x) = E\big[f(x)\big] \tag{7.32}$$

$$k(x,x') = E\big[\big(f(x) - m(x)\big)\big(f(x') - m(x')\big)\big] \tag{7.33}$$

由于逻辑场景空间中各变量的取值范围有所不同，为了保证 GPR 模型的稳定性和精度，在训练和测试之前需要对所有场景进行归一化处理。因此，下面提及的所有场景变量均已经过 [0,1] 归一化处理。

2) GPR 元模型训练

GPR 元模型的训练需要确定合适的核函数并估计相关的超参数。核函数是高斯过程的核心，表示场景参数空间中任意两个测试场景临界度之间的相关性。常用的核函数包括径向基函数、平方指数函数和 Matérn 函数等。为了使 GPR 元模

型能够适应高维空间中的场景分布，本节假设高斯过程的均值函数为 $m(x)=0$，并采用 Matérn 函数作为核函数[17]。Matérn 函数可以通过调整平滑度参数 η 的数值来控制 GPR 模型对数据变化的敏感度。Matérn 函数的具体形式为

$$k_M(x,x') = \frac{2^{1-\eta}}{\Gamma(\eta)}\left(\sqrt{2\eta}\frac{x-x'}{l}\right)^\eta \mathcal{J}_\eta\left(\sqrt{2\eta}\frac{x-x'}{l}\right), \quad l,\eta > 0 \tag{7.34}$$

$$\eta = \dim / 2 \tag{7.35}$$

其中，l 和 η 为超参数；l 为尺度参数，决定两个场景之间的相关性随距离变化的速率；$\Gamma(\cdot)$ 为 Gamma 函数，用于归一化；$\mathcal{J}_\eta(\cdot)$ 为第二类贝塞尔函数，为核函数提供相关性随距离变化的具体形式。为了使 Matérn 核函数与逻辑场景空间的维度适配，本节设定平滑度参数 η 的取值为场景维度的 1/2，如式(7.35)所示。

将已经探索到的临界测试场景集 $L_{c\_1} = \left\{(x_i,y_i)\,|\,i=1,2,\cdots,N_c\right\} = \{X,y\}$ 作为 GPR 的训练样本集，可得如下模型：

$$y_i = f(x_i) + \epsilon \tag{7.36}$$

其中，y_i 为每个测试场景经过仿真测试后的临界度；y 为场景集的临界度向量；ϵ 为服从正态分布 $\mathcal{N}\left(0,\sigma_{N_c}^2\right)$ 的观测误差。

结合高斯过程的表达式(7.31)和式(7.36)可以得到临界度向量 y 的先验分布为

$$y \sim N\left(0, K(X,X) + \sigma_{N_c}^2 I_{N_c}\right) \tag{7.37}$$

其中，$K(X,X)$ 为 N_c 阶对称正定的协方差矩阵，也称为核矩阵，其计算过程如下所示：

$$K(X,X) = \begin{bmatrix} k(x_1,x_1) & k(x_1,x_2) & \cdots & k(x_1,x_{N_c}) \\ k(x_2,x_1) & k(x_2,x_2) & \cdots & k(x_2,x_{N_c}) \\ \vdots & \vdots & & \vdots \\ k(x_{N_c},x_1) & k(x_{N_c},x_2) & \cdots & k(x_{N_c},x_{N_c}) \end{bmatrix} \tag{7.38}$$

GPR 通常通过最大化边际似然函数 $p(y|X)$ 来估计 Matérn 核函数的超参数 l。结合 GPR 元模型中临界度向量的先验分布(7.37)，对数边际似然函数的表达式如下：

$$\begin{aligned} L(l) = \ln\left(p(y|X,l)\right) = &-\frac{1}{2}y^{\mathrm{T}}\left(K + \sigma_{N_c}^2 I_{N_c}\right)^{-1}y \\ &-\frac{1}{2}\ln\left(\left|K + \sigma_{N_c}^2 I_{N_c}\right|\right) - \frac{N_c}{2}\ln(2\pi) \end{aligned} \tag{7.39}$$

其中，K 为 $K(X,X)$ 的简写。通过数值优化方法求解如下公式即可计算出超参数 ℓ 的最优估计值：

$$\hat{\ell} = \arg\max_{\ell} \mathcal{L}(\ell) \tag{7.40}$$

3) GPR 元模型预测

由式(7.37)可知，对于待测场景 x_*，其对应的临界度随机变量 f_* 服从如下高斯分布：

$$f_* \sim N\big(0, K(x_*, x_*)\big) \tag{7.41}$$

则训练样本集中的临界度观测值 y 与待测场景的临界度预测值 f_* 服从联合高斯分布，该联合先验分布的表达式为

$$\begin{bmatrix} y \\ f_* \end{bmatrix} \sim N\left(0, \begin{bmatrix} K(X,X) + \sigma_{N_c}^2 I_{N_c} & K(X, x_*) \\ K(x_*, X) & K(x_*, x_*) \end{bmatrix} \right) \tag{7.42}$$

其中，$K(X, x_*) = K(x_*, X)^{\mathrm{T}}$ 为 X 与 x_* 的协方差矩阵。由此得到预测值 f_* 的后验分布为

$$f_* \mid X, y, x_* \sim N\big(\overline{f_*}, \mathrm{cov}(f_*)\big) \tag{7.43}$$

$$\overline{f_*} \overset{\text{def}}{=\!=} E\big[f_* \mid X, y, x_*\big] = K(x_*, X)\big[K(X,X) + \sigma_{N_c}^2 I_{N_c}\big]^{-1} y \tag{7.44}$$

$$\mathrm{cov}(f_*) = K(x_*, x_*) - K(x_*, X)\big[K(X,V) + \sigma_{N_c}^2 I_{N_c}\big]^{-1} K(X, x_*) \tag{7.45}$$

其中，均值 $\overline{f_*}$ 表示待测场景 x_* 的临界度估计值；方差 $\mathrm{cov}(f_*)$ 表示估计的不确定性。

4) 结合 PAWN 的自适应搜索

由于 GCFO 算法生成的临界场景数量较少，用于训练的临界场景稀疏且不均匀地分布在逻辑场景空间中，无法为全面搜索未知区域提供足够的先验知识。因此，为应对上述问题，本节在自适应搜索过程中利用临界度估计值 $\overline{f_*}$ 的一阶梯度 $\nabla_{x_*}\overline{f_*}$ 和方差 $\mathrm{cov}(f_*)$ 作为主动学习的指导信息，以保证临界场景的准确性和全面性。高梯度区域通常分布在 GPR 模型的性能边界附近，使用 $\nabla_{x_*}\overline{f_*}$ 可以在临界场景集的边界处识别和采样潜在的临界场景；而方差作为不确定性的量化指标，描述了 GPR 模型对预测结果的可靠性，高方差的区域通常为先验知识缺乏的稀疏区域。通过优先选择高梯度和高方差区域有助于提高搜索算法的质量，在较少的迭代次数内提高 GPR 元模型的预测准确度和可靠性。

结合 f_* 的后验分布(7.44)，$\nabla_{x_*}\overline{f}_*$ 的计算公式如下：

$$\nabla_{x_*}\overline{f}_* = \nabla_{x_*}K(x_*,X)\left[K(X,X)+\sigma_{N_c}^2 I_{N_c}\right]^{-1}y \tag{7.46}$$

结合 Matérn 核函数，通过计算 $K(x_*,X)$ 中每个元素关于 x_* 的偏导数可得

$$\frac{\partial}{\partial x_*^j}K(x_*,x_i) = \frac{\partial}{\partial x_*^j}\left(\frac{2^{1-\eta}}{\Gamma(\eta)}\left(\sqrt{2\eta}\frac{x_*-x_i}{\ell}\right)^\eta \mathcal{J}_\eta\left(\sqrt{2\eta}\frac{x_*-x_i}{\ell}\right)\right) \tag{7.47}$$

其中，x_*^j 为 x_* 中的第 j 维变量；x_i 是训练集中的第 i 个场景。由此可得出 x_* 的梯度向量为

$$\nabla_{x_*}\overline{f}_* = \left[\frac{\partial K(x_*,X)}{\partial x_*^1}\quad \frac{\partial K(x_*,X)}{\partial x_*^2}\quad \cdots\quad \frac{\partial K(x_*,X)}{\partial x_*^{\dim}}\right]\left[K(X,X)+\sigma_{N_c}^2 I_{N_c}\right]^{-1}y \tag{7.48}$$

为了在搜索过程中保持高梯度与高不确定之间的平衡，本节利用一阶梯度 $\nabla_{x_*}\overline{f}_*$ 和方差 $\mathrm{cov}(f_*)$ 设计了目标函数 $\mathcal{M}_{\mathrm{GPR}}(x_*)$ 用于确定主动学习的采样方向，同时结合 PAWN 敏感性分析结果对场景空间进行梯度缩放，以强调高灵敏度变量对临界度的影响。$\mathcal{M}_{\mathrm{GPR}}(x_*)$ 的表达式为

$$\mathcal{M}_{\mathrm{GPR}}(x_*) = \left(\left|\nabla_{x_*}\overline{f}_* \circ \hat{T}\right|\right)^{0.5}\left(\mathrm{cov}(f_*)\right)^{0.5} \tag{7.49}$$

其中，$\circ$ 为两向量的 Hadamard 乘积；$\hat{T}=\left\{\hat{T}_j \mid j=1,2,\cdots,\dim\right\}$ 为各变量的敏感性指数所组成的 PAWN 敏感性向量。

基于 GCFO 算法生成的临界测试场景，结合 PAWN 敏感性分析结果以及构建的 GPR 元模型，采用算法 7.3 所述的自适应搜索策略即可搜索到剩余所有潜在的临界测试场景。

算法 7.3　PAWN-GPR 自适应搜索算法

输入：临界测试场景库 L_{c_1}，PAWN 敏感性向量 $\hat{T}$，扩展后的上下界 lb^{new}、ub^{new}，GPR 元模型及目标函数 $\mathcal{M}_{\mathrm{GPR}}(x_*)$，临界度函数 $f(\cdot)$，期望样本数 N_{exp}

输出：临界测试场景库 L_c

流程：

1.　确定 L_{c_1} 中的样本数 N_{c_1}，将 L_{c_1} 中所有场景作为初始场景 X_0^L；确定每次迭代的采样数 N_P；

　　确定逻辑场景空间中所有未被探测到的场景集 L_{ut} 及其样本数 N_{ut}

2.　**while** $N_{\mathrm{ut}}>0:$ **do**

3.	拼接 L_c 与 $\left[X_i^L, y_i^L\right]$，即 $L_c = \mathrm{concatenate}\left(L_c, \left[X_i^L, y_i^L\right]\right)$
4.	在已测试样本集 L_c 上训练 GPR 元模型及 $\mathcal{M}_{\mathrm{GPR}}(x_*)$
5.	在 L_{ut} 中随机采样 N_P 个测试场景 X_i^P，其中 $N_P > N_{\exp}$
6.	通过 GPR 元模型对 X_i^P 进行预测，并根据 $\mathcal{M}_{\mathrm{GPR}}\left(X_i^P\right)$ 的顺序筛选出 $N_{\exp}$ 个最大的场景，即
	$$X_{i+1}^L = \underset{X_{i+1}^L \in X_i^P}{\arg\max}\, \mathcal{M}_{\mathrm{GPR}}\left(X_i^P\right)$$
7.	对筛选出的新场景进行虚拟仿真测试，即 $y_{i+1}^L = f\left(X_{i+1}^L\right)$
8.	**end while**
9.	**return** L_c

7.3.3　PAWN-GPR 搜索方法的性能验证

为了确定每类临界测试场景的大致范围与边界，需要首先对 GCFO 算法生成的临界测试场景集 L_{c_1} 进行聚类操作。临界测试场景的种类数量、形状和范围都是未知量，而基于密度的噪点空间聚类(density-based spatial clustering of applications with noise，DBSCAN)算法具有不需预先指定簇的数量、能处理任意形状的聚类、适应不同密度变化、能有效识别与处理噪声点、参数少易实现等优势，因此本节使用 DBSCAN 算法对 L_{c_1} 进行聚类操作。随后基于聚类结果，PAWN-GPR 自适应搜索方法对每一个聚类的临界测试场景进行 PAWN 敏感性分析、GPR 元模型训练与预测以及自适应搜索等步骤，最终找出逻辑场景空间中所有潜在的临界场景。根据 L_{c_1} 中的临界场景分布情况，将 DBSCAN 算法的两项参数，即邻域半径和邻域内最小样本数分别设为 40 和 5，图 7.14 为 GCFO 算法临界场景集的聚类结果。

1. PAWN 的结果与分析

依照式(7.27)分别对 GCFO 算法中的每个临界场景聚类进行 PAWN 敏感性分析，根据每个聚类的覆盖范围，本节设定 $n_{\mathrm{div}} = 10$，并以图 7.14 中的右上角聚类①和右下角聚类②为例对 PAWN 敏感性分析结果进行论述，如图 7.15 和图 7.16 所示，图中的两行分别为两个输入变量 x_1 和 x_2 的敏感性分析结果，其中图 7.15(a) 和图 7.16(a)为相关的散点图，其横轴代表变量在该场景聚类中的数值范围，纵轴代表相关场景的临界度，红色虚线为场景临界度的平均值，反映了相关输入变量对临界值的影响；图 7.15(b)和图 7.16(b)为场景临界度的累积分布函数图像，红色

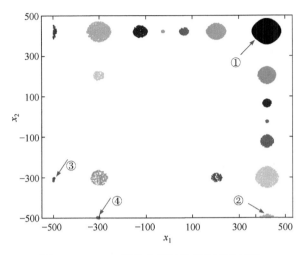

图 7.14　GCFO 算法临界场景集的聚类结果

实线为无条件经验分布 $\hat{F}_y(y)$，剩余的灰色曲线为输入变量 x_j 固定在 n_{div} 个条件点时对应的有条件经验分布 $\hat{F}_{y|x_j}(y)$。条件分布相对于无条件分布的偏移越大，说明 x_j 在该条件点对场景临界度不确定性的影响越大；图 7.15(c) 和图 7.16(c) 为 n_{div} 个条件点对应的 KS 统计量，其中红色虚线为 95% 置信区间所对应的敏感度阈值，图中使用灰色圆点表示每个条件点对应的 KS 值，且每个圆点的灰度与图 7.15(b) 和图 7.16(b) 中相关的条件经验分布曲线的灰度相对应；此外，图 7.15(c) 和图 7.16(c) 中还从 KS 的最大值和中值两方面计算了输入变量 x_j 的灵敏度指数 $\hat{T}_j$，其中，最大值用于发现极端临界场景，中值用于汇总统计。

从图 7.15(c) 中可以发现，输入变量 x_1 和 x_2 在所有条件点处的 KS 值与敏感度阈值线之间均存在明显分离，说明两个输入变量都对场景临界度有显著影响，通过对照图 7.15(b) 中 $\hat{F}_y(y)$ 与 $\hat{F}_{y|x_j}(y)$ 之间的距离也可得到印证。关于 PAWN 敏感性指数 $\hat{T}$，两个输入变量的数值几乎相等，这表明在聚类①中，两个输入变量对场景临界度不确定性的影响效果几乎一致。通过深入分析 Schwefel 测试函数的数值分布可发现，上述现象是因为 Schwefel 函数在该区域内关于 x_1 和 x_2 是完全对称的，因此两个输入变量在聚类①中对场景临界度的贡献是相同的。

由图 7.16 可知，在聚类②中 x_2 的 KS 值与敏感度阈值之间的离散程度比 x_1 更加显著，其敏感度指数的最大值和中值均大于 x_1，结合图 7.15(b) 中非条件分布与条件分布之间的距离也可证实。因此，在聚类②的范围内，x_2 的敏感性比 x_1 更加显著。

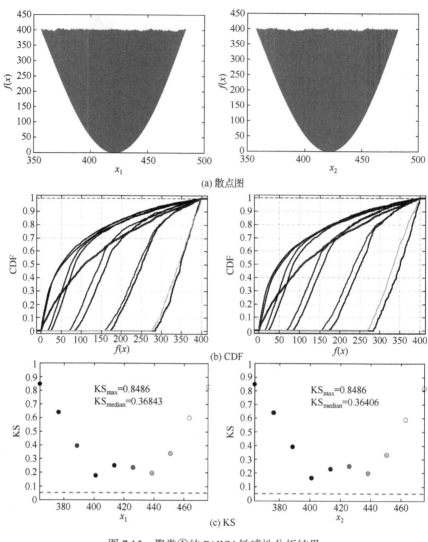

(a) 散点图

(b) CDF

(c) KS

图 7.15　聚类①的 PAWN 敏感性分析结果

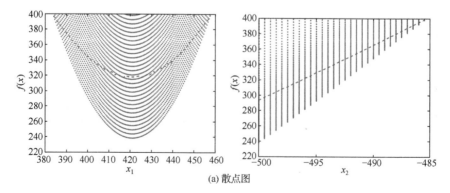

(a) 散点图

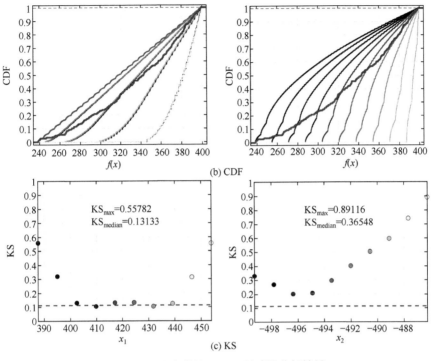

图 7.16　聚类②的 PAWN 敏感性分析结果

2. 临界场景自适应搜索结果与分析

按照 PAWN 的敏感性分析结果，首先要对每个临界场景簇进行边界扩展，确定搜索范围，随后根据 GCFO 算法探测到的临界场景集对该范围进行局部搜索。为了验证基于 GPR 元模型的自适应搜索算法的性能,本节将其与经典的多种子填充(multi-seed fill, MSF)算法、搜索性能出色的 K 最近邻(K-nearest neighbor, KNN)元模型自适应搜索算法，以及 MCS 元模型自适应搜索算法进行详尽的临界场景生成对比试验。其中，本节利用 MATLAB 的 Statistics and Machine Learning Toolbox(统计和机器学习工具箱)求解 GPR 和 KNN 元模型的超参数。GPR、KNN 和 MCS 在主动学习过程中采用统一的采样参数设置。MSF 算法从现有临界场景集中随机选取 5 个临界场景作为起始种子点，通过递归的方式探索每个种子的八连通区域。为避免随机性的影响，每个算法连续运行 5 次。首先以聚类①作为案例对 4 种自适应搜索算法的性能进行验证与分析，聚类①中包含测试场景 63001 个、临界测试场景 45987 个，测试结果如表 7.5 和图 7.17 所示。

表 7.5 四种自适应搜索方法在聚类①中的试验结果统计表

序号	方法	临界场景数量	临界场景覆盖率/%	测试场景数量	临界场景生成效率(识别准确率)/%	算法迭代/递归次数	算法运行时间/s
1	GPR	45965	99.95	45973	99.98	22	74.99
2	GPR	45977	99.97	45985	99.98	24	89.99
3	GPR	45973	99.96	45981	99.98	23	77.39
4	GPR	45968	99.95	45976	99.98	21	74.77
5	GPR	45977	99.97	45986	99.98	23	76.33
平均	GPR	45972	99.96	45980	99.98	23	78.70
6	KNN	45964	99.94	51765	88.79	13	581.43
7	KNN	45987	100	51803	88.79	15	656.99
8	KNN	45987	100	51762	88.77	16	665.23
9	KNN	45986	99.99	51846	88.84	17	709.05
10	KNN	45987	100	51753	88.69	16	666.80
平均	KNN	45982	99.99	51786	88.78	15	655.90
11~15	MCS	45987	100	63011	72.99	8	—
平均	MCS	45987	100	63011	72.99	8	0.12
16~20	MSF	45987	100	63011	36.49	126022	—
平均	MSF	45987	100	63011	36.49	126022	0.20

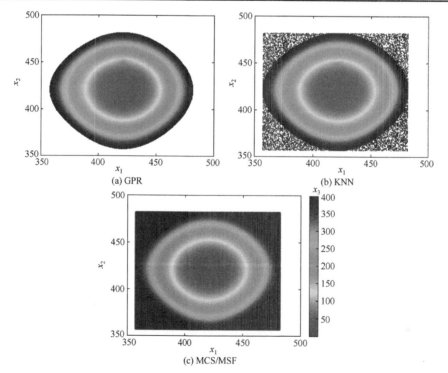

图 7.17　四种自适应搜索方法在聚类①中的临界场景生成结果对比

　　试验结果表明，上述四种自适应搜索方法均可以全面地覆盖所有临界场景，其中 MCS 算法和 MSF 算法的临界场景覆盖率高达 100%，而 KNN 算法和 GPR 算法稍有逊色，在搜索过程中会遗漏少许临界场景，但两者的平均覆盖率仍可达到 99.99% 和 99.96%。在生成的测试场景数量上，MCS 算法和 MSF 算法的数量与搜索区域内的场景总量相等，说明两种算法本质上是遍历搜索区域内的所有场景，因此两者的临界场景生成效率非常低，分别仅为 72.99% 和 36.49%。其中，MSF 算法为了保证不遗漏任何测试场景，搜索区域内的所有场景需要被递归两次，因此 MSF 算法的临界场景生成效率约为 MCS 算法的 1/2。此外，MSF 算法的深层递归机制通常伴随着极高的空间复杂度，需要占用大量的计算资源，当搜索规模较大的区域时，通常会达到硬件设备的极限，造成内存溢出。

　　图 7.18 统计了四种自适应搜索方法在聚类①中生成的场景数量。试验结果表明，基于 KNN 和 GPR 元模型的自适应搜索算法可以在采样过程中识别临界场景来减少生成的非临界场景数量，进而提高临界场景的生成效率。然而，尽管 KNN 算法的临界场景生成效率可达到 88.79%，但平均仍会生成 5803 个非临界场景，占其生成测试场景的 11%。相比之下，GPR 算法具有显著的优势，其生成的测试场景数量与生成的临界场景数量相近，平均仅生成 8 个非临界场景，与 KNN 算法和 MCS 算法的非临界场景数量相比减小了 3~4 个数量级，表明经过目标函数 $\mathcal{M}_{\mathrm{GPR}}$ 训练和超参数优化后的 GPR 元模型可以准确地识别区域内的临界场景，使得基于 GPR 元模型的自适应搜索算法的临界场景生成率高达 99.98%，比 KNN 元模型提高了 11.2 个百分点，比 MCS 算法提高了 27.0 个百分点。

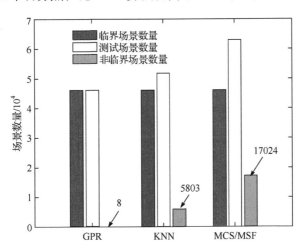

图 7.18　四种自适应搜索方法在聚类①中生成的场景数量统计图

　　为进一步验证 GPR 自适应搜索算法的性能，本节在整个逻辑场景空间中运行上述四种算法来搜索所有临界测试场景(共 218733 个)。表 7.6 和图 7.19 为四种算法的试验结果。

表 7.6　四种自适应搜索方法在逻辑场景空间中的试验结果统计表(平均值)

序号	方法	临界场景数量	临界场景覆盖率/%	测试场景数量	临界场景生成效率(识别准确率)/%	非临界测试场景数量	算法运行时间/s
1	GPR	217792	99.57	218064	99.88	271	615.92
2	KNN	217816	99.58	277075	78.61	59259	2556.55
3	MCS	217818	99.58	290438	74.99	72620	7.97
4	MSF	217818	99.58	290438	37.49	72620	1.09

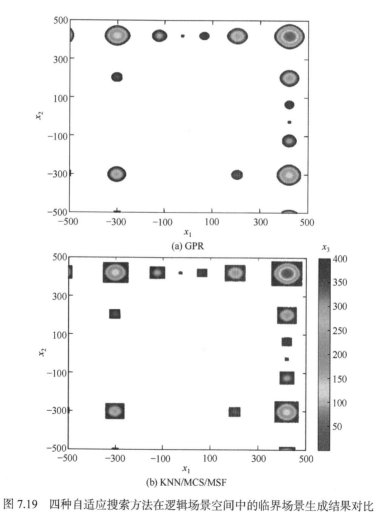

(a) GPR

(b) KNN/MCS/MSF

图 7.19　四种自适应搜索方法在逻辑场景空间中的临界场景生成结果对比

试验结果表明，四种算法均可保持较高的临界场景覆盖率，但仍未完全覆盖所有临界场景。通过分析发现,遗漏的临界场景位于图 7.14 中左下角的聚类③和聚类④中,该结果与 7.3.3 节中的结论一致,其原因在于 GCFO 算法在这两个区域内生成的临界场景数量非常少,而准确的 PAWN 敏感性分析需要大量样本数据,从而导致自适应搜索的范围缩小,使得这两个区域内的临界场景被遗漏。在临界场景生成效率方面,KNN 算法会受到搜索区域规模的影响,生成较多数量的非临界场景,约占其生成测试场景总数量的 21%。相较于 KNN 算法,GPR 算法生成的非临界场景减小了 4~5 个数量级,临界场景生成效率比 KNN 算法提高了 21.2%。

此外,本节还统计了四个算法的运行时间。GPR 算法的执行时间在 10s 左右,而 KNN 算法执行时间的波动范围较大,为 1~700s。通过分析发现,该现象与搜索区域的数据规模相关。在训练过程中 GPR 算法比 KNN 算法更加耗时,因为 GPR 算法在训练中涉及核矩阵的计算和逆运算,其核矩阵的规模会随着数据点的数量呈平方增长,而 KNN 算法在训练过程仅需存储数据;在预测阶段,KNN 算法比 GPR 算法更加耗时,GPR 算法仅需根据已训练好的核矩阵计算新场景的临界值,而 KNN 算法则需要计算新场景与所有训练样本之间的距离。因此,当处理与聚类①相似的大规模场景数据时,KNN 自适应搜索算法的计算负荷急剧增加。关于 MCS 算法和 MFS 算法,尽管它们的运行时间都在毫秒级,但在试验过程中仅以 Schwefel 作为测试函数,没有考虑每个场景进行仿真测试所需要耗费的时间。因此,虽然 GPR 算法和 KNN 算法的运行过程需要耗费一些时间,但是通过减小 4~5 个数量级的非临界场景可以极大地缩短整体测试时间,提高测试效率。

综上所述,本节提出的 PAWN-GPR 自适应局部搜索方法可以在搜索过程中准确地识别所有临界测试场景,通过减少非临界测试场景的数量提高临界场景的生成效率。

7.4 跟驰场景加速生成方法验证

本节以自动驾驶汽车的 ACC 功能为测试对象,以跟驰工况作为仿真测试的功能场景,以纵向碰撞工况作为临界测试场景,以 BTN 为搜索目标,在虚拟仿真环境下验证本节提出的临界场景加速生成方法的性能。

7.4.1 测试场景描述

如图 7.1 所示,逻辑场景描述如下:两辆普通乘用车在同一车道内前后行驶,其中,EV 为搭载 ACC 功能的被测自动驾驶汽车,跟随其前方的 LV 行驶。LV 以纵向速度 v_{LV} 匀速行驶,EV 的纵向初始速度为 v_{EV},其在 ACC 的控制下以加速度 a_{EV} 跟随 LV,两车的初始纵向距离为 d_{rel}。本节设定以智能驾驶员模型(IDM)作为被测自动驾驶汽车 ACC 功能的核心控制算法[18,19],其数学描述为

$$a_{IDM} = a_{max} \left[1 - \left(\frac{v_{EV}}{v_{exp}} \right)^{\delta} - \left(\frac{s^*(v_{EV}, \Delta v)}{d_{rel}} \right)^2 \right] \tag{7.50}$$

$$s^*(v_{EV}, \Delta v) = s_0 + \max \left\{ 0, v_{EV}T + \frac{v_{EV}\Delta v}{2\sqrt{a_{max} dec_{com}}} \right\} \tag{7.51}$$

$$\Delta v = v_{EV} - v_{LV} \tag{7.52}$$

其中，a_{IDM} 为 IDM 算法计算出的加速度；a_{max} 为 EV 的最大加速度；v_{exp} 为车辆自由行驶时的期望速度；δ 为无量纲的加速度指数；s^* 为车辆的期望跟车距离；Δv 为两车的相对速度；T 为安全时距(与车辆反应时间不同)；dec_{com} 为保持乘客舒适性的车辆减速度。IDM 算法的车辆安全距离为

$$d_{safe} = s_0 + v_{EV}T \tag{7.53}$$

由于 EV 及其 IDM 算法被视为黑盒，在测试过程中仅能获取 EV 的速度和位置信息，因此本节以 v_{LV}、v_{EV} 和 d_{rel} 作为逻辑场景的输入变量。随后需要确定各个输入变量的数值范围以构成逻辑场景空间，并对所有输入变量离散化从而生成具体测试场景。目前我国乘用车 ACC 系统支持的最高车速为 150km/h[20]，因此逻辑场景空间中 EV 和 LV 的速度范围均为[1,42] m/s。此外，根据 2006 年提出的国家标准《智能运输系统　自适应巡航控制系统　性能要求与检测方法》(GB/T 20608—2006)以及 2018 年修正的用于 ACC 系统测试的国际标准 ISO 15622[21,22]，本节设定的 IDM 算法的参数设置如表 7.7 所示，并通过该参数设置确定逻辑场景空间中 d_{rel} 的取值范围为[2,100]m。考虑到逻辑场景中具体测试场景的数量会影响虚拟仿真测试的总体时间，本节设定上述三个变量的离散步长均为 1，具体如表 7.8 所示。

表 7.7　IDM 算法的参数设置

参数	数值	单位	参数	数值	单位
v_{exp}	42.0	m/s	a_{max}	2.0	m/s²
T	1.0	s	dec_{com}	1.5	m/s²
s_0	2.0	m	dec_{max}	5	m/s²
δ	4	—	t_d	0	s

表 7.8　跟驰场景的变量取值范围

参数	单位	最小值	最大值	离散步长
v_{LV}	m/s	1	42	1
v_{EV}	m/s	1	42	1
d_{rel}	m	2	100	1

7.4.2　试验结果与分析

本节以遍历测试结果作为评价基准，验证本节所提出的临界场景加速生成方法的性能。首先在虚拟仿真测试平台中搭建跟驰场景，并对逻辑场景空间中所有的具体场景进行遍历仿真测试，一共进行 174636 次场景测试，其中发现临界测试场景 29781 个，如图 7.20 所示，图 7.20(a)为逻辑场景空间中所有具体测试场景的分布图，其中蓝色点为非临界场景，红色点为临界场景，图 7.20(b)为所有临界测试场景的分布图，颜色条用来表示测试场景的临界度数值，此处采用测试过程中 BTN 的最大值作为该场景临界度。

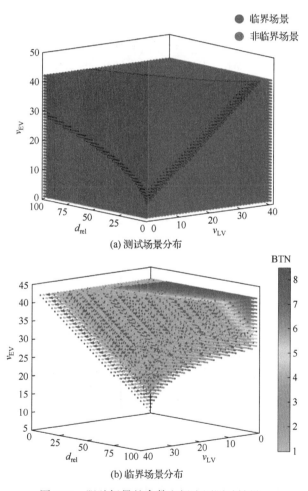

(a) 测试场景分布

(b) 临界场景分布

图 7.20　跟驰场景的参数空间遍历测试结果

随后在 PreScan 中通过本节提出的 GCFO-GPR 临界测试场景优化搜索方法进行加速测试，为避免随机性的影响，测试场景加速生成方法连续运行 5 次，测试结果取平均值。首先采用 GCFO 算法对逻辑场景空间进行全局优化搜索，其超参数设置为代理数量 $N_{agent} = 30$，$Iter\_max = 500$。GCFO 算法共生成 9134 个测试场景，其中临界场景 3986 个，临界场景的覆盖率为 17.38%，生成效率为 47.64%，测试结果如图 7.21 所示。可以看出，GCFO 算法可以初步确定临界测试场景的范围。

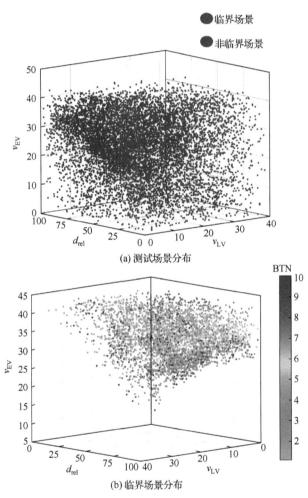

图 7.21　跟驰场景下的 GCFO 全局优化搜索结果

随后，对 GCFO 算法生成的临界场景进行 PAWN 敏感性分析，确定自适应搜索的探索边界。图 7.22 和图 7.23 为 GCFO 算法临界场景数据集的敏感性分析结果。结合图 7.20(a)对 v_{LV}、v_{EV} 和 d_{rel} 的 KS 值进行分析可得，在较小的 d_{rel} 情况下车辆更容易发生碰撞，此时 d_{rel} 和 v_{EV} 对测试场景 BTN 的影响较为显著，随着距离的增大，临界场景的 BTN 主要由两车的初始速度决定。对于两车的速度，

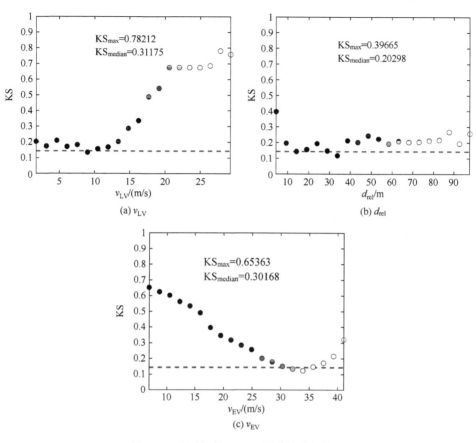

图 7.22　跟驰场景 PAWN 敏感性分析结果

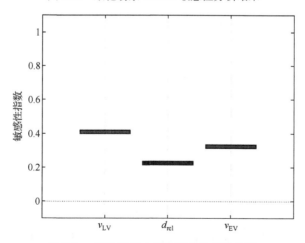

图 7.23　跟驰场景中各变量的敏感性指数

当 v_{LV} 数值较小时，其对应的临界场景数量较多，随着车速的提升，临界场景数量在逐渐递减，导致相应的有条件经验分布 $\hat{F}_{y|x_j}$ 曲线更加陡峭；同理，随着 v_{EV} 的提升，对应的临界场景数量也逐渐增加，因此 v_{EV} 的 KS 数值变化趋势与 v_{LV} 相反。综上所述，按敏感性由高到低排列，v_{LV}、v_{EV} 和 d_{rel} 的敏感性指数分别为 0.419、0.346 和 0.219，表明在跟车场景中，前车的初始速度对场景 BTN 的影响程度最显著。

接下来，利用 GCFO 算法生成的临界场景数据集训练 GPR 元模型并进行自适应搜索。经过 82 次迭代搜索，GPR 元模型在自适应搜索过程中共进行 30881 次场景测试，搜索到 25758 个临界场景，临界场景的覆盖率为 86.49%，生成效率为 83.41%，测试结果如图 7.24 所示。与遍历测试相比，GCFO-GPR 优化搜索方法共减少了约 $5×10^5$ 次非临界场景搜索与测试，该方法的临界场景覆盖率为 99.80%，生成效率为 74.58%，比遍历测试提高了约 57.53%。

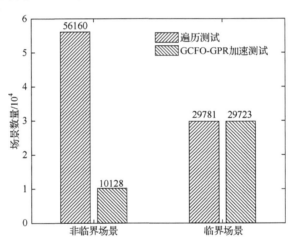

图 7.24 遍历测试和 GCFO-GPR 加速测试方法的场景数量统计图

为进一步验证 BTN 在临界场景识别准确率方面的性能，本节在临界场景优化搜索过程中以 TTC^{-1} 为搜索目标进行 5 次对比试验，试验结果的平均统计数据如表 7.9 和图 7.25 所示。可以看出，以 BTN 为临界度的全局优化搜索质量优于 TTC^{-1}，BTN 的临界场景覆盖率和生成效率均比 TTC^{-1} 有所提升。通过分析发现，以 TTC^{-1} 为测试目标容易使 GCFO 算法陷入局部最优，导致其生成的测试场景重复较多，而临界场景数量较少，进而导致临界场景生成效率虚高。

TTC^{-1} 的优化搜索质量较低的原因在于其主要用于表示 EV 以当前速度匀速行驶时发生碰撞的风险，但 TTC^{-1} 并未全面考虑 EV 的行驶状态和运动能力，使得每个临界场景对应的 TTC^{-1} 数值各不相同,因此无法通过特定的数值表征发生碰撞的工况。与之相比,BTN 的定义中明确表示,当 BTN > 1 时,本车会与前车发生碰撞。因此,以 BTN 作为搜索目标能够为场景加速生成算法提供明确的优化方向,从而提高临界场景的生成效率和覆盖率,而 TTC^{-1} 识别到的大多为高风险场景,即极有可能发生碰撞的测试场景。

表 7.9 跟驰场景 BTN 和 TCC^{-1} 的优化搜索结果对比

搜索方法	搜索指标	临界场景数量	测试场景数量	临界场景覆盖率/%	临界场景生成效率/%
GCFO	BTN	3964	8970	17.31	44.19
	TTC^{-1}	2602	5806	8.74	44.82
GPR	BTN	25758	30881	86.49	87.41
	TTC^{-1}	25449	34394	85.46	77.99
GCFO-GPR	BTN	29723	39851	99.80	74.58
总计	TTC^{-1}	28052	40200	94.19	69.78

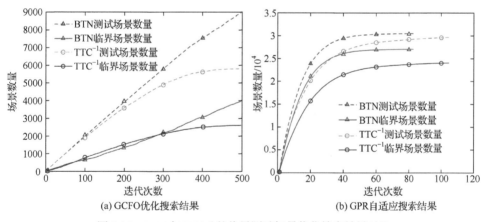

(a) GCFO优化搜索结果　　(b) GPR自适应搜索结果

图 7.25 BTN 与 TTC^{-1} 的临界测试场景优化搜索结果对比

综上所述,本节提出的以 BTN 为搜索指标的临界场景加速生成方法可以提供明确的搜索方向,有助于在跟驰场景中为 ACC 功能测试提供全覆盖的临界场景,并通过减少非临界场景的搜索次数来提高临界测试场景的生成效率,进而节约测试时间成本。

参 考 文 献

[1] Zhang X H, Tao J B, Tan K G, et al. Finding critical scenarios for automated driving systems: A systematic mapping study. IEEE Transactions on Software Engineering, 2023, 49(3): 991-1026.

[2] O'Kelly M, Sinha A, Namkoong H, et al. Scalable end-to-end autonomous vehicle testing via

rare-event simulation. https://arxiv.org/abs/1811.00145 v3[2025-3-10].

[3] 马依宁, 姜为, 吴靖宇, 等. 基于不同风格行驶模型的自动驾驶仿真测试自演绎场景研究. 中国公路学报, 2023, 36(2): 216-228.

[4] 李江坤, 邓伟文, 任秉韬, 等. 基于场景动力学和强化学习的自动驾驶边缘测试场景生成方法. 汽车工程, 2022, 44(7): 976-986.

[5] 陈君毅, 李如冰, 邢星宇, 等. 自动驾驶车辆智能性评价研究综述. 同济大学学报(自然科学版), 2019, 47(12): 1785-1790, 1824.

[6] Wang C, Popp C, Winner H. Acceleration-based collision criticality metric for holistic online safety assessment in automated driving. IEEE Access, 2022, 10: 70662-70674.

[7] Nilsson J, Ödblom A C E, Fredriksson J. Worst-case analysis of automotive collision avoidance systems. IEEE Transactions on Vehicular Technology, 2016, 65(4): 1899-1911.

[8] Shah D, Lee C, Kim Y H. Modified Gipps model: A collision-free car following model. Journal of Intelligent Transportation Systems, 2025, 29(1): 18-31.

[9] Inage S I, Ohgi S, Takahashi Y. Proposal and validation of an optimization method using Monte Carlo method for multi-objective functions. Mathematics and Computers in Simulation, 2024, 215: 146-157.

[10] Mirjalili S, Lewis A. The whale optimization algorithm. Advances in Engineering Software, 2016, 95: 51-67.

[11] Yang Q, Song G W, Chen W N, et al. Random contrastive interaction for particle swarm optimization in high-dimensional environment. IEEE Transactions on Evolutionary Computation, 2024, 28(4): 933-949.

[12] Pianosi F, Wagener T. A simple and efficient method for global sensitivity analysis based on cumulative distribution functions. Environmental Modelling & Software, 2015, 67: 1-11.

[13] Coppola A, D'Aniello C, Pariota L, et al. Assessing safety functionalities in the design and validation of driving automation. Transportation Research Part C: Emerging Technologies, 2023, 154: 104243.

[14] Puy A, lo Piano S, Saltelli A. A sensitivity analysis of the PAWN sensitivity index. Environmental Modelling & Software, 2020, 127: 104679.

[15] Feng S, Feng Y H, Sun H W, et al. Testing scenario library generation for connected and automated vehicles: An adaptive framework. IEEE Transactions on Intelligent Transportation Systems, 2020, 23(2): 1213-1222.

[16] Mullins G E, Stankiewicz P G, Hawthorne R C, et al. Adaptive generation of challenging scenarios for testing and evaluation of autonomous vehicles. Journal of Systems and Software, 2018, 137: 197-215.

[17] Wang K S, Abdulah S, Sun Y, et al. Which parameterization of the Matérn covariance function? Spatial Statistics, 2023, 58: 100787.

[18] Feng S, Feng Y H, Yu C H, et al. Testing scenario library generation for connected and automated vehicles, part I: Methodology. IEEE Transactions on Intelligent Transportation Systems, 2020, 22(3): 1573-1582.

[19] Feng S, Feng Y H, Sun H W, et al. Testing scenario library generation for connected and

automated vehicles, part II: Case studies. IEEE Transactions on Intelligent Transportation Systems, 2021, 22(9): 5635-5647.

[20] 易侃. 乘用车自适应巡航系统测试与评价研究. 重庆: 重庆交通大学, 2018.

[21] 全国智能运输系统标准化技术委员会, 智能运输系统　自适应巡航控制系统　性能要求与检测方法. GB/T 20608—2006. 北京: 中国标准出版社, 2006.

[22] ISO. Intelligent transport systems—Adaptive cruise control systems—Performance requirements and test procedures. Geneva: International Organization for Standardization, 2018.

第 8 章 整车在环测试应用案例：运动规划与控制系统的测试及评价

8.1 自动驾驶运动规划与控制系统参考轨迹生成

自动驾驶系统的运动规划与控制模块能够依据感知数据规划出一条或多条潜在行驶路径，并依据既定准则从中筛选出一条理想的轨迹进行跟踪。由于不同系统在轨迹选择标准上存在差异(如对安全性、舒适度和燃油效率等指标的权重分配不一)，即便在相同的交通环境下，也会产生各异的行驶轨迹。同时，受限于车辆控制器的计算能力和实时性需求，通常采用次优解法，难以实现最佳轨迹的选取。针对这些挑战，本节提出一种方法，即在测试场景中离线生成最优轨迹作为评价标准，以此来量化评估自动驾驶系统的运动规划与控制性能。本节依次介绍三个主要步骤：首先是多自由度动力学模型的构建方法，接着是轨迹规划技术，最后是参考轨迹的生成策略。

本节主要围绕自动驾驶运动规划与控制系统的三个核心组成部分展开：自动驾驶运动规划、自动驾驶运动控制以及自动驾驶运动执行。具体来说，本节采用EM-Planner[1]方法进行局部轨迹规划，利用模型预测控制(model predictive control，MPC)[2]控制器实现轨迹跟踪，并生成用于评估的参考轨迹，其系统架构展示于图 8.1。

自动驾驶运动规划构成了自动驾驶运动控制的基础环节。它利用自动驾驶汽车感知系统收集的数据，包括道路结构、路面状况、障碍物和其他交通参与者等信息，以及连续时间域内的轨迹预测，生成当前及局部驾驶环境下的期望轨迹。目前，常见的运动规划方法包括基于图搜索的 A^* 算法[3]、Dijkstra 算法[4]以及基于曲线拟合的贝塞尔曲线、样条曲线，还有基于势场理论[5,6]的人工势场法等。

自动驾驶运动控制部分则负责跟踪由运动规划生成的期望轨迹。在本节中，该模块通过跟踪规划出的最优轨迹来生成评估参考轨迹，这将成为评价自动驾驶运动规划与控制性能的标准。通过这一过程，规划轨迹的跟踪生成了标准的参考轨迹。

最后，自动驾驶运动执行部分负责控制自动驾驶汽车的各种执行机构，实现对车辆位置、姿态、速度、加速度等状态量的实时跟踪与调整，确保车辆按照规划的轨迹精确行驶。

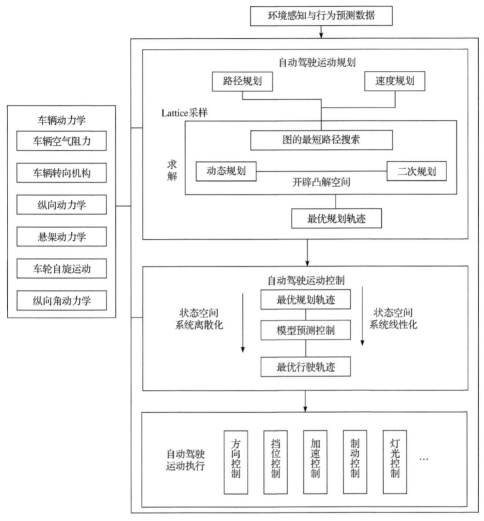

图 8.1 用于生成测评参考轨迹的自动驾驶汽车运动控制系统架构

为了方便描述车辆动力学建模的过程，依据车辆的构成特点，建立了以下六个参考系：一个固定于地面、不随车辆移动的惯性参考系 G，一个固定于车身的车身参考系 A，以及四个分别固定于四个车轮的车轮参考系 W_k (k =1,2,3,4)。这些参考系的定义如下。

惯性参考系 G：以空间中的某个固定点作为原点 O_G(通常选择与车辆质心重合的点)，Z_G 轴垂直于水平面向上；X_G 轴和 Y_G 轴遵循右手定则，且与 Z_G 轴共同定义一个平面，该平面与水平面重合。

车身参考系 A：以车辆质心作为原点 O_A，Z_A 轴垂直于水平面向上；X_A 轴沿着车身的纵向，指向车头方向；Y_A 轴指向车辆的左侧。车身参考系 A 始终位于车辆质心的位置。

车轮参考系 W_k：每个车轮参考系的原点 O_k 位于第 k 个车轮与地面的接触中心；Z_k 轴垂直于地面，竖直向上；X_k 轴位于车轮所在平面与地面的交线上，指向车轮的行驶方向；Y_k 轴的方向根据右手法则确定，与 Z_k 轴和 X_k 轴共同构成一个直角坐标系。

车辆行驶过程中，存在与空气的相对运动，因此会受到空气的作用力与作用力矩，车辆在行驶过程中受到的空气阻力 f 与空气阻力矩 M 如式(8.1)所示：

$$
\begin{cases}
f_{xs} = \dfrac{1}{2} \rho_r C_{xs} S^W V_r^2 \\[2mm]
f_{ys} = \dfrac{1}{2} \rho_r C_{ys} S^W V_r^2 \\[2mm]
f_{zs} = \dfrac{1}{2} \rho_r C_{zs} S^W V_r^2 \\[2mm]
M_{xs} = \dfrac{1}{2} \rho_r C_{mxs} S^W L^W V_r^2 \\[2mm]
M_{ys} = \dfrac{1}{2} \rho_r C_{mys} S^W L^W V_r^2 \\[2mm]
M_{zs} = \dfrac{1}{2} \rho_r C_{mzs} S^W L^W V_r^2
\end{cases}
\tag{8.1}
$$

其中，ρ_r 为空气的密度；C_{is} $(i = x, y, z)$ 分别是空气阻力在三个方向(通常是车辆坐标系中的横向、纵向和垂直方向)的系数；C_{mis}、C_{mys}、C_{mzs} 则是相应方向上的空气阻力矩系数；S^W 为车辆的迎风面积，即车辆正面投影到垂直于风速方向平面上 d 的面积；L^W 为车辆在迎风方向上的长度；V_r^2 为车辆相对于空气的速度大小。

建立十七自由度车辆动力学模型，根据转向系统约束模型，构建转向机构动力学模型如式(8.2)所示：

$$
\begin{cases}
l_d = \dfrac{l_{sw}(\Psi_s + \Psi_s^1)}{i_s} \\[3mm]
\Psi_i^{sw} = \dfrac{M_i^{sw}}{K_i^{sl}} + \dfrac{l_d}{l_i^s}
\end{cases}
\tag{8.2}
$$

其中，l_d 转向轮连接杆的位移；l_{sw} 为转向摇杆的长度；Ψ_s 为方向盘转角；Ψ_s^1 为以主销为参考轴轮胎转角；i_s 为转向机构总体传动比；Ψ_i^{sw} 为第 i 个前轮的转向角；M_i^{sw} 为第 i 个前轮相对于主销的力矩；K_i^{sl} 为第 i 个前轮与转向机构连接的总体刚度；l_i^s 为第 i 个前轮所连接的转向连杆的长度。

根据轮胎机构约束与魔术公式，构建车辆轮胎动力学模型如式(8.3)所示：

$$\begin{cases} (I_1^w + I_{1r}^w)\dot{\Omega}_1 = -f_1^{wx}r_m r_{m1} + T_1 \\ (I_2^w + I_{2r}^w)\dot{\Omega}_2 = -f_2^{wx}r_m r_{m2} + T_2 \\ (I_3^w + I_{3r}^w)\dot{\Omega}_3 = -f_3^{wx}r_m r_{m3} + T_3 \\ (I_4^w + I_{4r}^w)\dot{\Omega}_4 = -f_4^{wx}r_m r_{m4} + T_4 \end{cases} \quad (8.3)$$

其中，I_1^w、I_2^w、I_3^w、I_4^w 各自表示四个车辆轮胎的自旋转动惯量；I_{1r}^w、I_{2r}^w、I_{3r}^w、I_{4r}^w 各自表示四个车辆轮胎驱动半轴的自旋转动惯量；Ω_i 则表示第 i 个轮胎关于驱动半轴的自旋角速度；f_i^{wx} 表示第 i 个轮胎沿接地轨迹所受的反作用力；r_m 代表车辆运动半径；r_{mi} 为第 i 个车辆轮胎的运动半径；T_i 表示施加在第 i 个轮胎上的力矩之和。

由悬架约束模型与虚功定理(在一个动力系统内，内力做的虚功与外力做的虚功可以抵消)，构建簧下质量运动动力学模型如式(8.4)和式(8.5)所示：

$$F_i^{az} = m_i a_i^z = f_i^s + f_i^z + m_i g_z \quad (8.4)$$

$$\begin{cases} a_i^z = \dot{w}_i - q_{avv}u_{ai} + p_{avv}v_{ai} \\ f_i^s = -f_f - K_i^s d_i - C_i^s D_i + S_i^f \\ f_i^z = C_i^{gw}K_i^t(R - r_i^d) \end{cases} \quad (8.5)$$

在上述公式中，F_i^{az} 为第 i 个车辆轮胎对应的簧下质量在 z_i 轴方向的惯性力；m_i 为第 i 个车辆轮胎对应的簧下质量；a_i^z 为第 i 个车辆轮胎对应的簧下质量在 Z_A 轴方向的轴向加速度；u_{ai}、v_{ai} 相对应的是第 i 个车辆轮胎对应的簧下质量的 X_A、Y_A 轴向速度；q_{avv}、p_{avv} 分别为第 i 个车辆轮胎对应的簧下质量的 X_A、Y_A 轴向角速度；f_i^s 为第 i 个车辆轮胎对应的悬架的受力；f_f 为摩擦力；K_i^s 为第 i 个车辆轮胎对应的悬架刚度；C_i^s 为第 i 个车辆轮胎所对应的阻尼系数；d_i 与 D_i 分别为第 i 个车辆轮胎对应的悬架扰动度与扰动速度；S_i^f 为第 i 个车辆轮胎对应的悬架的抗侧倾力，它的取值由式(8.6)确定；f_i^z 为第 i 个车辆轮胎的垂直方向载荷；C_i^{gw} 为第 i 个车辆轮胎的方向余弦矩阵；K_i^t 为轮胎刚度；R 为轮胎最大半径。

$$s_i^f = \begin{cases} \dfrac{-K_{srf}(d_1 - d_2)}{B_f^2}, & 1 \leqslant i \leqslant 2 \\ \dfrac{-K_{srr}(d_3 - d_4)}{B_r^2}, & 3 \leqslant i \leqslant 4 \end{cases} \quad (8.6)$$

其中，K_{srf} 为前轮悬架的侧倾刚度；K_{srr} 为后轮悬架的侧倾刚度；B_f、B_r 分别为前后轮轮距。

在此基础上基于上述模型以及空气阻力，分别在 X_G、Y_G、Z_G 不同方向上建立力平衡与力矩平衡方程，搭建车身动力学模型如式(8.7)所示：

$$\begin{cases} F^{ax} = \sum F_x, \quad F^{ay} = \sum F_y, \quad F^{az} = \sum F_z \\ M^{ax} = \sum M_x, \quad M^{ay} = \sum M_y, \quad M^{az} = \sum M_z \end{cases} \tag{8.7}$$

其中，F^{ax}、F^{ay}、F^{az} 分别为 x、y、z 方向上的力；M^{ax}、M^{ay}、M^{az} 分别为 x、y、z 方向上的力矩。

联立式(8.1)、式(8.3)、式(8.4)以及式(8.7)，可以得到十七自由度车辆动力学模型对应的微分方程组如式(8.8)所示：

$$\begin{cases} \dot{\Omega}_1 = \dfrac{T_1 - f_1^{wx} rr_{m1}}{I_1^w + I_{1r}^w} \\[2mm] \dot{\Omega}_2 = \dfrac{T_2 - f_2^{wx} rr_{m2}}{I_2^w + I_{2r}^w} \\[2mm] \dot{\Omega}_3 = \dfrac{T_3 - f_3^{wx} rr_{m3}}{I_3^w + I_{3r}^w} \\[2mm] \dot{\Omega}_4 = \dfrac{T_4 - f_4^{wx} rr_{m4}}{I_4^w + I_{4r}^w} \\[2mm] ma_{xm} + \sum\limits_{i=1}^4 m_i a_i^x = \sum\limits_{i=1}^4 f_i^x + \sum\limits_{i=1}^4 f_i^{xs} + m_a g_x \\[2mm] ma_{ym} + \sum\limits_{i=1}^4 m_i a_i^y = \sum\limits_{i=1}^4 f_i^y + \sum\limits_{i=1}^4 f_i^{ys} + m_a g_y \\[2mm] ma_{zm} = \sum\limits_{i=1}^4 f_i^s + \sum\limits_{i=1}^4 f_i^{zs} + m_a g_z \\[2mm] M^{axm} + M^{axu} = M_{xs} + M_{xss} + M_{gx} \\[1mm] M^{aym} + M^{ayu} = M_{ys} + M_{yss} + M_{gy} \\[1mm] M^{azm} + M^{azu} = M_{zs} + M_{zss} + M_{gz} \\[1mm] m_1 a_1^z = f_1^s + f_1^z + m_1 g_z \\[1mm] m_2 a_2^z = f_2^s + f_2^z + m_2 g_z \\[1mm] m_3 a_3^z = f_3^s + f_3^z + m_3 g_z \\[1mm] m_4 a_4^z = f_4^s + f_4^z + m_4 g_z \end{cases} \tag{8.8}$$

其中，f_i^x、f_i^y 为第 i 个车辆轮胎的水平与横向方向载荷；M^{axm}、M^{aym}、M^{azm} 分别为车辆质心的纵向、侧向、垂向加速度带来的力矩；M_{gx}、M_{gy}、M_{gz} 分别为纵向、侧向、垂向重力加速度带来的力矩。

在动态交通环境下，自动驾驶的运动轨迹规划面临的是一个高维且非凸的难题，其直接求解的复杂性极高。目前，百度 Apollo[7]在其规划层采用的 EM-Planner 算法已广泛应用于自动驾驶的研究和商业实践中。该算法通过解耦三维轨迹规划[8]问题，将空间-距离-时间(space-length-time，SLT)问题分解为空间-距离(space-length，SL)和空间-时间(space-time，ST)两个子问题，分别在 S-L 图和 S-T 图中进行路径规划和速度规划的求解，这两个子问题是相互迭代求解的。

由于路径规划和速度规划的可行解空间都是非凸的，解决策略如下：首先，使用 Lattice 方法对解空间进行离散化采样。这涉及根据轨迹点的平滑性和曲率等要求定义相邻轨迹点之间的"距离"，从而将问题转化为图的最短路径问题。

接着，应用动态规划算法求解图中的最短路径问题，得到的解称为粗解。这个粗解的作用是在非凸的解空间中寻找一个凸解的子空间。最后，在得到的凸解空间中，将问题转换为二次规划问题进行优化求解，从而得到最终的规划轨迹。

采用笛卡儿坐标系来描述运动中的自动驾驶汽车的行驶状态和环境状况往往不够便捷和精确。为了更好地解决这个问题，BMW 公司的 Moritz Werling 提出了 Frenet 坐标系[9]，这种坐标系能够在两个方向上描述运动物体的轨迹，并在自动驾驶算法研究中得到了广泛的应用。Frenet 坐标系的一个关键特点是其基于一条参考线来对物体的位置和运动进行描述，这使得它在处理车辆轨迹规划问题时更为高效和直观。

Frenet 坐标系与笛卡儿坐标系的映射关系可以描述如下：对于在笛卡儿坐标系 $O\text{-}XYZ$ 中的点 $Q(x_{\text{les}\_Q}, y_{\text{les}\_Q})$，通过从点向参考线 L_{ref} 投影为点 Q'，记点 Q 与 Q' 之间的距离为 l，记参考线起点到投影点 Q' 之间的长度为 s，那么在 Frenet 坐标系下，点 $Q(x_{\text{les}\_Q}, y_{\text{les}\_Q})$ 的表述为 (s, l)。

Frenet 坐标系的核心在于参考线，这条参考线用于表征车辆自身以及其他交通参与者的相对位置和运动。在自动驾驶的规划周期内，道路路径点集合 $R(x_{\text{res}\_i}, y_{\text{res}\_i})(i = 1, 2, \cdots, n^l)$ 的参考线可以通过解决一个二次型问题来确立。在生成参考线的过程中，考虑到自动驾驶运动轨迹规划的需求，通常需要考虑以下三个主要代价因素。

(1) 与原始路径点相似代价 J_{diff}，该代价函数表征构建的参考线与原始路径的差异程度，为

$$
\begin{aligned}
J_{\text{diff}} &= \sum_{i=1}^{n^l} \left[\left(x_{1\_i} - x_{\text{res}\_i} \right)^2 + \left(y_{1\_i} - y_{\text{res}\_i} \right)^2 \right] \\
&= \sum_{i=1}^{n^l} \left(x_{1\_i}^2 + y_{1\_i}^2 \right) + \sum_{i=1}^{n^l} \left(-2x_{1\_i} x_{\text{res}\_i} - 2y_{1\_i} y_{\text{res}\_i} \right) + \sum_{i=1}^{n^l} \left(x_{\text{res}\_i}^2 + y_{\text{res}\_i}^2 \right)
\end{aligned}
\tag{8.9}
$$

其中，J_{diff} 为与原始路径点相似的代价函数；x_{res_i}、y_{res_i} 为道路路径点集合的横、纵坐标；x_{1_i}、y_{1_i} 为在 Frenet 坐标系下参考线上点的横、纵坐标。

式(8.9)中，由于第三项为常数项，在优化求解中可以忽略。进一步，式(8.9)可转化为式(8.10)：

$$
\begin{aligned}
J_{\text{diff}} = {} & \begin{bmatrix} x_{1\_1} & y_{1\_1} & \cdots & x_{1\_n^1} & y_{1\_n^1} \end{bmatrix}
\begin{bmatrix} 1 & 0 & \cdots & 0 \\ 0 & 1 & \cdots & 0 \\ \vdots & \vdots & & \vdots \\ 0 & 0 & \cdots & 1 \end{bmatrix}
\begin{bmatrix} x_{1\_1} \\ y_{1\_1} \\ \vdots \\ x_{1\_n^1} \\ y_{1\_n^1} \end{bmatrix} \\
& - 2\begin{bmatrix} x_{1\_1} & y_{1\_1} & \cdots & x_{1\_n^1} & y_{1\_n^1} \end{bmatrix}
\begin{bmatrix} x_{\text{res}\_1} \\ y_{\text{res}\_1} \\ \vdots \\ x_{\text{res}\_n^1} \\ y_{\text{res}\_n^1} \end{bmatrix}
\end{aligned}
\tag{8.10}
$$

令 $X_l = \begin{bmatrix} x_{1\_1} & y_{1\_1} & \cdots & x_{1\_n^1} & y_{1\_n^1} \end{bmatrix}^{\text{T}}$，$A_1 = \begin{bmatrix} 1 & 0 & \cdots & 0 \\ 0 & 1 & \cdots & 0 \\ \vdots & \vdots & & \vdots \\ 0 & 0 & \cdots & 1 \end{bmatrix}$，且 A_1 维度为 $2n^l \times 2n^l$，

$f_{\text{diff}} = \begin{bmatrix} -2x_{\text{res}\_i} & -2y_{\text{res}\_i} & \cdots & -2x_{\text{res}\_n^1} & -2y_{\text{res}\_n^1} \end{bmatrix}^{\text{T}}$，则路径与原始路径点的相似代价可以表述为

$$
J_{\text{diff}} = X_l^{\text{T}} A_1^{\text{T}} A_1 X_l + f_{\text{diff}}^{\text{T}} X_l
\tag{8.11}
$$

其中，J_{diff} 为原始路径点相似代价函数；x_{1_n}、y_{1_n} 表示参考线上点的横、纵坐标；x_{res_i}、y_{res_i} 为道路路径点集合的横、纵坐标。

(2) 规划参考线路径的紧凑代价 J_{compact}，该代价函数表征了构建的参考线上路径点的离散程度，为

$$J_{\text{compact}} = \sum_{i=1}^{n}\left[\left(x_{1\_i} - x_{1\_i+1}\right)^2 + \left(y_{1\_i} - y_{1\_i+1}\right)^2\right]$$

$$= \begin{bmatrix} x_{1\_1} & y_{1\_1} & \cdots & x_{1\_n^1} & y_{1\_n^1} \end{bmatrix} \begin{bmatrix} 1 & 0 & 0 & 0 & \cdots & 0 \\ 0 & 1 & 0 & 0 & \cdots & 0 \\ -1 & 0 & 1 & 0 & \cdots & 0 \\ 0 & -1 & 0 & 1 & \cdots & 0 \\ \vdots & \vdots & \vdots & \vdots & & \vdots \\ 0 & 1 & 0 & -1 & \cdots & 1 \end{bmatrix} \begin{bmatrix} x_{1\_1} \\ y_{1\_1} \\ \vdots \\ x_{1\_n^1} \\ y_{1\_n^1} \end{bmatrix} \tag{8.12}$$

令 $A_2 = \begin{bmatrix} 1 & 0 & 0 & 0 & \cdots & 0 \\ 0 & 1 & 0 & 0 & \cdots & 0 \\ -1 & 0 & 1 & 0 & \cdots & 0 \\ 0 & -1 & 0 & 1 & \cdots & 0 \\ \vdots & \vdots & \vdots & \vdots & & \vdots \\ 0 & 1 & 0 & -1 & \cdots & 1 \end{bmatrix}$，且 A_2 维度为 $2n^l \times \left(2n^l - 2\right)$，则参考线路径点

的紧凑代价可以表述为

$$J_{\text{compact}} = X_1^{\text{T}} A_2^{\text{T}} A_2 X_1 \tag{8.13}$$

(3) 参考线平滑代价 J_{smooth}，该代价函数表征参考线路径的平滑程度，为

$$J_{\text{smooth}} = \sum_{i=1}^{n}\left[\left(x_{1\_i} + x_{1\_i+2} - 2x_{1\_i+1}\right)^2 + \left(y_{1\_i} + y_{1\_i+2} - 2y_{1\_i+1}\right)^2\right]$$

$$= \begin{bmatrix} x_{1\_1} & y_{1\_1} & \cdots & x_{1\_n^1} & y_{1\_n^1} \end{bmatrix} \begin{bmatrix} 1 & 0 & 0 & 0 & 0 & \cdots & 0 \\ 0 & 1 & 0 & 0 & 0 & \cdots & 0 \\ -2 & 0 & 1 & 0 & 0 & \cdots & 0 \\ 0 & -2 & 0 & 1 & 0 & \cdots & 0 \\ 1 & 0 & -2 & 0 & 1 & \cdots & 0 \\ \vdots & \vdots & \vdots & \vdots & \vdots & & \vdots \\ 0 & 1 & 1 & 0 & -2 & \cdots & 1 \end{bmatrix} \begin{bmatrix} x_{1\_1} \\ y_{1\_1} \\ \vdots \\ x_{1\_n^1} \\ y_{1\_n^1} \end{bmatrix} \tag{8.14}$$

令 $A_3 = \begin{bmatrix} 1 & 0 & 0 & 0 & 0 & \cdots & 0 \\ 0 & 1 & 0 & 0 & 0 & \cdots & 0 \\ -2 & 0 & 1 & 0 & 0 & \cdots & 0 \\ 0 & -2 & 0 & 1 & 0 & \cdots & 0 \\ 1 & 0 & -2 & 0 & 1 & \cdots & 0 \\ \vdots & \vdots & \vdots & \vdots & \vdots & & \vdots \\ 0 & 1 & 1 & 0 & -2 & \cdots & 1 \end{bmatrix}$，且 A_3 的维度为 $2n^l \times \left(2n^l - 4\right)$，则参考线

路点的平滑代价可以表述为

$$J_{\text{smooth}} = X_l^{\text{T}} A_3^{\text{T}} A_3 X_l \tag{8.15}$$

综上，联立式(8.11)~式(8.15)，得到最终参考线的代价函数如式(8.16)所示：

$$
\begin{aligned}
J_l &= w_{\text{diff}} J_{\text{diff}} + w_{\text{compact}} J_{\text{compact}} + w_{\text{smooth}} J_{\text{smooth}} \\
&= X_l^{\text{T}} \left(w_{\text{diff}} A_1^{\text{T}} A_1 + w_{\text{compact}} A_2^{\text{T}} A_2 + w_{\text{smooth}} A_3^{\text{T}} A_3 \right) X_l + w_{\text{diff}} f_{\text{diff}}^{\text{T}} X_l
\end{aligned}
\tag{8.16}
$$

令 $H_l = 2\left(w_{\text{diff}} A_1^{\text{T}} A_1 + w_{\text{compact}} A_2^{\text{T}} A_2 + w_{\text{smooth}} A_3^{\text{T}} A_3 \right)$，那么公式为标准二次型。其中，$w_{\text{diff}}$、$w_{\text{compact}}$、$w_{\text{smooth}}$ 分别为参考线相似代价、紧凑代价、平滑代价所占的权重，反映参考线生成过程中相似性、紧凑性以及平滑性的重要程度。此外，参考线应当与原始路径点不宜过远，因此增加约束条件 $X_l - X_{\text{ref}\infty} \leqslant \delta$，其中，$X_{\text{ref}}$ 为参考路径点坐标构成的向量。令 δ_{dm} 为设置的距离裕度，则参考线的构建模型为

$$
\begin{aligned}
\min_{X_l} J_l &= \frac{1}{2} X_l^{\text{T}} H_l X_l + f_{\text{diff}}^{\text{T}} w_{\text{diff}} X_l \\
\text{s.t.} & \|X_l - X_{\text{ref}}\|_\infty \leqslant \delta_{\text{dm}}
\end{aligned}
\tag{8.17}
$$

在 Frenet 坐标系下进行轨迹规划比较便捷，但最终输出给控制层的量一般需要转换为笛卡儿坐标系描述。因此，给出 Frenet 坐标系描述与笛卡儿坐标系描述的坐标转换关系是十分必要的。车辆参数从笛卡儿坐标系描述转换为 Frenet 坐标系描述通过式(8.18)完成，车辆参数从 Frenet 坐标系描述转换为笛卡儿坐标系描述通过式(8.19)完成：

$$
\begin{cases}
s = s_r \\[2mm]
\dot{s} = \dfrac{v_{\text{les\_}x} \cos(\theta_{\text{les\_}x} - \theta_r)}{1 - k_r l} \\[4mm]
\ddot{s} = \dfrac{a_{\text{les\_}x} \cos(\theta_{\text{les\_}x} - \theta_r) - \dot{s}_1^2 \left[l_1' \left(k_{\text{les\_}x} \dfrac{1 - k_r l_1}{\cos(\theta_{\text{les\_}x} - \theta_r)} - k_r \right) - (k_r' l_1 - k_r l_1') \right]}{1 - k_r l_1} \\[5mm]
l_1 = \text{sign}\left((y_{\text{les\_}x} - y_r)\cos\theta_r - (x_{\text{les\_}x} - x_r)\sin\theta_r \right) \sqrt{\left(x_{\text{les\_}x} - x_r \right)^2 + \left(y_{\text{les\_}x} - y_r \right)^2} \\[3mm]
l_1' = (1 - k_r l_1)\tan(\theta_{\text{les\_}x} - \theta_r) \\[3mm]
l_1'' = -(k_r' l_1 - k_r l_1')\tan(\theta_{\text{les\_}x} - \theta_r) + \dfrac{1 - k_r l_1}{\cos^2(\theta_{\text{les\_}x} - \theta_r)} \left(\dfrac{k_{\text{les\_}x} - k_{\text{les\_}x} k_r l_1}{\cos(\theta_{\text{les\_}x} - \theta_r)} - k_r \right)
\end{cases}
\tag{8.18}
$$

$$
\begin{cases}
x_{\mathrm{les\_}x} = x_r - l_1 \sin\theta_r \\[4pt]
y_{\mathrm{les\_}x} = y_r + l_1 l' \cos\theta_r \\[4pt]
\theta_{\mathrm{les\_}x} = \arctan\!\left(\dfrac{e}{1 - k_r l_1}\right) + \theta_r \\[6pt]
v_{\mathrm{les\_}x} = \sqrt{\left[s_1(1 - k_r l_1)\right]^2 + \left(s_1 l_1'\right)^2} \\[6pt]
a_{\mathrm{les\_}x} = \ddot{s}_1 \dfrac{1 - k_r l_1}{\cos(\theta_{\mathrm{les\_}x} - \theta_r)} + \dfrac{s_1^2}{\cos(\theta_{\mathrm{les\_}x} - \theta_r)}\left[l_1'\!\left(\dfrac{k_{\mathrm{les\_}x} - k_{\mathrm{les\_}x} k_r l_1}{\cos(\theta_{\mathrm{les\_}x} - \theta_r)} - k_r\right) - (k_r' l_1 - k_r l_1')\right] \\[8pt]
k_{\mathrm{les\_}x} = \left\{\left[l_1'' + (k_r' l_1 + k_r l_1')\tan(\theta_{\mathrm{les\_}x} - \theta_r)\right]\dfrac{\cos^2(\theta_{\mathrm{les\_}x} - \theta_r)}{1 - k_r l_1} + k_r\right\}\dfrac{\cos(\theta_{\mathrm{les\_}x} - \theta_r)}{1 - k_r l_1}
\end{cases}
\tag{8.19}
$$

在 Frenet 坐标系统中，s_1 代表纵向坐标，而 l_1 代表横向坐标；对应地，参考轨迹上的匹配点具有一系列参数，记作 x_r、y_r、θ_r、k_r。在 Frenet 坐标系的动态描述中，$\dot{s}$ 表示纵向坐标随时间变化的一阶导数，$\ddot{s}$ 则表示其二阶导数；同样，l_1' 和 l'' 分别描述横向坐标相对于纵向坐标的一阶和二阶导数。在笛卡儿坐标系中，点的位置由坐标 $x_{\mathrm{les\_}x}$、$y_{\mathrm{les\_}x}$ 表示，而车辆的方向角、速度、加速度分别由 $\theta_{\mathrm{les\_}x}$、$v_{\mathrm{les\_}x}$ 和 $a_{\mathrm{les\_}x}$ 表示。此外，描述路径弯曲程度的曲率在笛卡儿坐标系中用 $k_{\mathrm{les\_}x}$ 表示。

考虑到自动驾驶车辆的实时位置，以其在基准轨迹上的映射点作为坐标起点，构建一个 Frenet 坐标系统。在此系统中，所有固定障碍物和慢速移动的障碍物都被转换到 Frenet 坐标下。为了确保路径规划的连贯性，这里以前一规划周期内基准轨迹上的车辆位置映射点作为基准点，标记为 P。在此基础上，将该基准点投影至当前规划周期的基准轨迹上，形成新的映射点，记作 $P^0(s_0, l_0)$，并将其作为本次规划周期的起始点。据此构建的 *S-L* 曲线如图 8.2 所示。

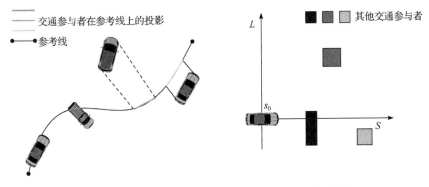

(a) Frenet坐标系中的静态障碍物　　　　　　(b) *S-L*图

图 8.2　Frenet 坐标系中的静态障碍物及 *S-L* 图

在 S-L 图中沿 L 轴通过 Lattice 采样对可行解空间进行离散化处理，为了后续便于表述，做以下约定：s_i 表示所有已确定的具体轨迹点中横坐标为 s_i 的点；s_{ij} 则表示采样产生的横坐标为 s_i 的沿 L 轴纵向分布的第 j 个路径采样点（$i = 0,1,2,\cdots;\ j = 0,1,2,\cdots$），一般仅在进行动态规划时用到。为保证路径的平顺性，任意两个相邻路径点（s_i,l_i）和（s_j,l_j）通过五次多项式进行平滑连接，其边界条件如式(8.20)所示：

$$\begin{cases} f(s_i) = l_i, & f'(s_i) = \begin{cases} \tan(\partial_{\text{ego}}), & i = 0 \\ 0, & i \neq 0 \end{cases}, & f''(s_i) = 0 \\ f(s_j) = l_j, & f'(s_j) = 0, & f''(s_j) = 0 \end{cases} \tag{8.20}$$

其中，∂_{ego} 为 Frenet 坐标系描述下自车的航向角；$f(s)$ 为五次多项式平滑处理后的函数表达式，且当（s_i,l_i）为采样点时，$f(s_i) = l_i$；$f'(s_j)$、$f''(s_j)$ 分别为 $f(s_i)$ 的一阶、二阶导数。

值得一提的是，由于通过动态规划求得的粗解仅用于在解空间中寻找凸解空间，最终最优解还要在得到的凸的可行解空间中进行搜索，因此此处五次多项式的边界条件可以简化设为式(8.20)，便于计算。经过 Lattice 采样离散化后的 S-L 图如图 8.3 所示，对于任意两个采样点 s_i 和 s_k，其距离定义为采样点之间的路径代价函数 $J_{\text{path}}(s_i,s_k)$，如式(8.21)所示：

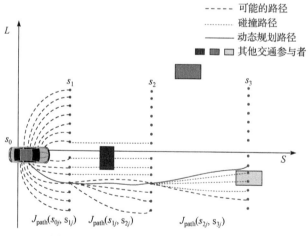

图 8.3　经过 Lattice 采样离散化的 S-L 图

$$J_{\text{path}}(s_i,s_k) = w_{\text{path\_1}} \sum f'^2(s_i) + w_{\text{path\_2}} \sum f''^2(s_i) + w_{\text{path\_3}} \sum f'''^2(s_i) \\ + \sum g((s_i - s)^2 + (l_i - l)^2) + \sum l_i^2 \tag{8.21}$$

其中，$w_{\text{path\_1}}$ 为倾向于直线的权重，其值越大表示五次多项式 $f(x)$ 越倾向于接近直线；$w_{\text{path\_2}}$ 为曲率的权重；$w_{\text{path\_3}}$ 为曲率的变化率的权重；$(s,1)$ 为障碍物位置；$g(s)$ 为障碍物代价函数，其形式如式(8.22)所示，其中，$\text{dis}_1=2$，$\text{dis}_2=0.5$。

$$g(s)=\begin{cases} 0, & s>\text{dis}_1 \\ 2s+1, & \text{dis}_2 \leqslant s \leqslant \text{dis}_1 \\ +\infty, & s<\text{dis}_2 \end{cases} \tag{8.22}$$

进一步，根据公式构建的代价函数，在一个规划周期内的路径规划问题可以转化成图的最短路径搜索问题，即已知规划起点路径点 s_0 与规划终点路径点 s_T，最小化代价函数 $J_{\text{path}}(s_0,s_T)$，进而找到最小代价路径，如图 8.4 所示。

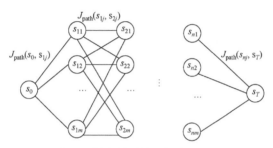

图 8.4　转化的图的最短路径问题

通过动态规划方法对图 8.4 中的最短路径[10]问题进行求解，状态转移方程如式(8.23)所示：

$$J_{\text{path}}(s_0,s_{ij})=(J_{\text{path}}(s_0,s_{1j-1})+J_{\text{path}}(s_{1j-1},s_{ij})+J_{\text{path}}(s_0,s_{2j-1})+J_{\text{path}}(s_{2j-1},s_{ij}),\cdots) \tag{8.23}$$

动态规划得到的解是粗解，该解只应用于在非凸的可行解空间中找寻一个凸的可行解的空间，以利于后续通过二次规划寻找最优解。对于动态规划求得的粗解 $(s_1,s_2,\cdots)$，其每个 s_i 对应的 l_i 的取值范围组成了凸的解空间，如图 8.5 所示。

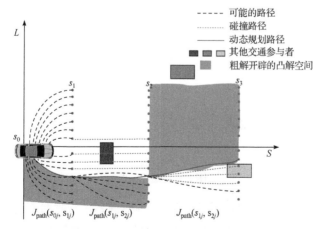

图 8.5　通过动态规划所求粗解开辟的凸的可行解空间

在粗解开辟出的凸的可行解空间中，通过二次规划进一步进行优化，规划出最优路径。考虑影响行驶路径的多种因素，定义路径代价函数为 $J_{\text{path\_syn}}$：

$$J_{\text{path\_syn}} = w_{\text{ref}} \sum_{i=1}^{m^l} l_i^2 + w_{\text{dl}} \sum_{i=1}^{m^l} l_i'^2 + w_{\text{ddl}} \sum_{i=1}^{m^l} l_i''^2 + w_{\text{dddl}} \left(l_{i+1}'' - l_i'' \right)^2 \tag{8.24}$$

其中，w_{ref}、w_{dl}、w_{ddl}、w_{dddl} 分别为参考路径相似性权重、曲率权重、曲率变化率权重与三阶导数代价；m^l 为路径点个数；$l_i' = f'(s_i)$，$l_i'' = f''(s_i)$，为了便于计算，将 l_i' 进行泰勒级数展开，有

$$l_{i+1} = l_i + l_i' \Delta s + \frac{1}{2} l_i'' \Delta s^2 + \frac{1}{6} \left(\frac{l_{i+1}'' - l_i''}{\Delta s} \right) \Delta s^3 \tag{8.25}$$

其中，Δs 为沿 S 轴的距离采样间隔，对式(8.25)求导得到式(8.26)：

$$l_{i+1}' = l_i' + l_i'' \Delta s + \frac{1}{2} \left(\frac{l_{i+1}'' - l_i''}{\Delta s} \right) \Delta s^2 \tag{8.26}$$

将式(8.26)进行变换，得到式(8.27)：

$$\begin{bmatrix} 1 & \Delta s & \frac{1}{3}\Delta s^2 & -1 & 0 & \frac{1}{6}\Delta s^2 \\ 0 & 1 & \frac{1}{2}\Delta s & 0 & -1 & \frac{1}{2}\Delta s \end{bmatrix} \begin{bmatrix} l_i \\ l_i' \\ l_i'' \\ l_{i+1}' \\ l_{i+1}'' \end{bmatrix} = \begin{bmatrix} 0 \\ 0 \end{bmatrix} \tag{8.27}$$

令 $Z_{\text{part}} = \begin{bmatrix} 1 & \Delta s & \frac{1}{3}\Delta s^2 & -1 & 0 & \frac{1}{6}\Delta s^2 \\ 0 & 1 & \frac{1}{2}\Delta s & 0 & -1 & \frac{1}{2}\Delta s \end{bmatrix}$，$l^o$ 为被优化向量，其维度为 $3m^l$，m^l 为路径点个数。且 $l = \left(l_1 \ l_1' \ l_1'' \ \cdots \ l_m' \ l_m'' \right)^{\text{T}}$。则有 $Zl^o = 0$，且 Z 具备如图 8.6 所示形式，并且其维度为 $\left(2m^l - 2 \right) \times \left(3m^l \right)$。

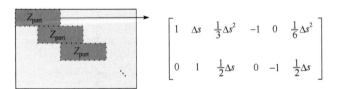

图 8.6　Z 的形式

在任意路径点 s_i 沿 L 轴的采样邻域(范围根据车辆行驶曲率约束确定)内，其 l_{ij} 的上界的最小值为 $l_{i\_\max}$，下界的最大值为 $l_{i\_\min}$。车辆在第 i 个路径点的左前角

的横向位置 $l^f_{i\_\text{left}}$ ，右前角的横向位置 $l^f_{i\_\text{right}}$ ，左后角、右后角横向位置为 $l^t_{i\_\text{left}}$ 、 $l^t_{i\_\text{right}}$ ，则车身碰撞约束如式(8.28)所示：

$$\begin{cases} l^f_{i\_\text{left}} = l_i + h_f \sin\partial + \dfrac{w_{mw}}{2}\cos\partial \\[2mm] l^f_{i\_\text{right}} = l_i + h_f \sin\partial - \dfrac{w_{mw}}{2}\cos\partial \\[2mm] l^t_{i\_\text{left}} = l_i - h_t \sin\partial + \dfrac{w_{mw}}{2}\cos\partial \\[2mm] l^t_{i\_\text{right}} = l_i - h_t \sin\partial - \dfrac{w_{mw}}{2}\cos\partial \end{cases} \tag{8.28}$$

其中，h_f 为车辆质心与车头最大距离；h_t 为车辆质心与车尾最大距离；w_{mw} 为车身最大宽度。由于 ∂ 是 Frenet 坐标系描述的车辆航向角，其值一般较小，此时 $\sin\partial \approx \tan\partial = l'_i$，$\cos\partial \approx 1$。则车身碰撞约束见式(8.29)：

$$\begin{bmatrix} l_{i\_\min} \\ l_{i\_\min} \\ l_{i\_\min} \\ l_{i\_\min} \end{bmatrix} \leqslant \begin{bmatrix} l_i + h_f l'_i + \dfrac{w}{2} \\[2mm] l_i + h_f l'_i - \dfrac{w}{2} \\[2mm] l_i - h_t l'_i + \dfrac{w}{2} \\[2mm] l_i - h_t l'_i - \dfrac{w}{2} \end{bmatrix} \leqslant \begin{bmatrix} l_{i\_\max} \\ l_{i\_\max} \\ l_{i\_\max} \\ l_{i\_\max} \end{bmatrix} \tag{8.29}$$

将 公 式 $X_{\text{part}} = \begin{bmatrix} 1 & 1 & 1 & 1 & -1 & -1 & -1 & -1 \\ h_f & h_f & -h_t & -h_t & -h_f & -h_f & h_t & h_t \\ 0 & 0 & 0 & 0 & 0 & 0 & 0 & 0 \end{bmatrix}^{\text{T}}$ 、 $b^o_{\text{part}} = \Big[l_{i\_\max} - \dfrac{w}{2}$

$l_{i\_\max} + \dfrac{w}{2} \quad l_{i\_\max} - \dfrac{w}{2} \quad l_{i\_\max} + \dfrac{w}{2} \quad l_{i\_\max} + \dfrac{w}{2} \quad l_{i\_\max} - \dfrac{w}{2} \quad l_{i\_\max} + \dfrac{w}{2} \quad l_{i\_\max} - \dfrac{w}{2}\Big]^{\text{T}}$

则有 $Xl^o \leqslant b^o$，且 X 与 b^o 应具备如图 8.7 所示形式，且 X 的维度为 $8m^l \times 3m^l$，b^o 的维度为 $8m^l$。

联立公式，路径规划的优化模型如式(8.30)所示：

$$\min_{l_i} J_{\text{path\_syn}} = w_{\text{ref}} \sum_{i=1}^{m^l} l_i^2 + w_{\text{dl}} \sum_{i=1}^{m^l} l'^2_i + w_{\text{ddl}} \sum_{i=1}^{m^l} l''^2_{ii}$$
$$+ w_{\text{dddl}} (l''_{i+1} - l''_i)^2 \tag{8.30}$$

$$\text{s.t.} \begin{cases} Zl^o = 0 \\ Xl^o \leqslant b^o \end{cases}$$

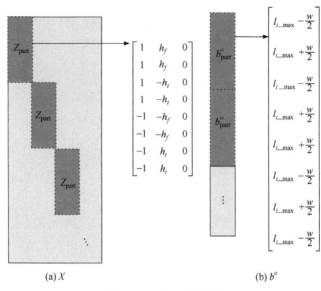

(a) X　　　　　　　　　　　　　　　　(b) b^o

图 8.7　X 与 b^o 的形式

　　基于路径规划生成的结果，得到一个在笛卡儿坐标系下的有序路径 path。在此假设下，每个规划周期内，周边动态障碍物的移动被假定为匀速直线运动或匀加速直线运动。以先前规划周期的终点作为当前周期的规划起点，采用路径 path 中的纵坐标 S 作为图表的纵轴，时间 T 作为横轴，从而构建出一个 S-T 图。在该图中，同样需要在 Frenet 坐标系内描绘出动态障碍物的潜在冲突轨迹，具体如图 8.8 所展示。

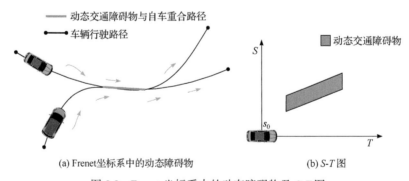

(a) Frenet坐标系中的动态障碍物　　　　　　(b) S-T 图

图 8.8　Frenet 坐标系中的动态障碍物及 S-T 图

　　值得注意的是，在速度规划过程中，由于动态障碍物的移动模式具有不确定性，且速度规划与路径规划是交替进行的，若在某一规划周期内无法通过速度调整来规避障碍物，则在紧接着的下一个规划周期，路径规划将重新调整行驶路线。因此，对整个行驶过程进行全面的速度规划是不必要的。通常，只需针对一个特定时间段进行速度规划，通常这个时间段选取为 8s。

在 $S\text{-}T$ 图中进行离散化采样，速度规划一般采样密度很大，因此相邻的采样点不需要通过高次多项式进行连接，通过直线连接即可满足需求，如图 8.9 所示。同样为了后续便于表述，做以下约定：s_i 表示所有已确定的具体轨迹点中横坐标为 s_i 的点；s_{ij} 则表示采样产生的横坐标为 s_i 的沿 S 轴纵向分布的第 j 个轨迹采样点($i=0,1,2,\cdots; j=0,1,2,\cdots$)。采用路径规划的方法转换成图的最短路径问题后，通过动态规划方法进行求解。任意两个轨迹点的代价函数通过式(8.31)描述：

$$J_{\mathrm{vel}}(s_i, s_k) = w_{\mathrm{vel}\_1} \sum_{i=0}^{m^v} (\dot{s}_i - v_{\mathrm{ref}})^2 + w_{\mathrm{vel}\_2} \sum_{i=0}^{m^v} \ddot{s}_i^2 + w_{\mathrm{vel}\_3} \sum_{i=0}^{m^v} \dddot{s}_i^2 + w_{\mathrm{vel}\_4} g^t(s) \qquad (8.31)$$

其中，m^v 为沿路径 path 的两个轨迹点的时间间隔；v_{ref} 为规划的预期速度，其值一般由相关交通法规约束；w_{vel_1} 为跟踪期望速度的代价权重；w_{vel_2} 为加速度平滑性的代价权重；w_{vel_3} 为跃度(jerk)平滑性的代价权重；w_{vel_4} 为障碍物避险权重；$g^t(s)$ 为动态障碍物代价函数。

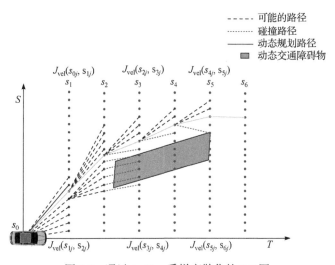

图 8.9　通过 Lattice 采样离散化的 $S\text{-}T$ 图

在图 8.10 所示的凸的可行解空间中进行二次规划，定义代价函数，并考虑车辆执行器、车身尺寸等约束，速度规划的优化模型如式(8.33)所示。其中，w_{ref}、w_{acc}、w_{jerk} 分别为轨迹相似性权重、加速度平滑性权重以及跃度平滑性权重；$v_{\max}$ 为当前环境最大限速；$a_{y\_\max}$ 为规划的路径的最大切向加速度；k_c 为规划的路径的最大曲率；$s_{i\_\min}$、$s_{i\_\max}$ 分别为第 i 个轨迹点上速度规划可行解空间的上下边界。

$$\min_{s_i} J_{\mathrm{vel\_syn}} = w_{\mathrm{ref}} \sum_{i=0}^{m} (s_i - s_{\mathrm{ref}})^2 + w_{\mathrm{acc}} \sum_{i=0}^{m^v} \ddot{s}^2 + w_{\mathrm{jerk}} \sum_{i=0}^{m^v} \dddot{s}^2 \qquad (8.32)$$

$$
\text{s.t.}\begin{cases}
s_i \leqslant s_{i+1} \\
s_{i\_\min} \leqslant s_i \leqslant s_{i\_\max} \\
\dot{s}_i \leqslant v_{\max} \\
\dot{s}_i \leqslant \sqrt{\dfrac{a_{y\_\max}}{k_c}} \\
-a_{y\_\max} \leqslant \ddot{s}_l \leqslant a_{y\_\max}
\end{cases}
\tag{8.33}
$$

利用动态规划技术，得到了一个初步解，这个初步解所形成的凸形可行解区域如图 8.10 所展示。在这个由初步解确定的可行区域内，综合考虑轨迹的连贯性、加速度的平稳性以及加加速度(跃度)的平滑性，进而把速度规划问题转换为一个在凸空间内的二次规划问题。

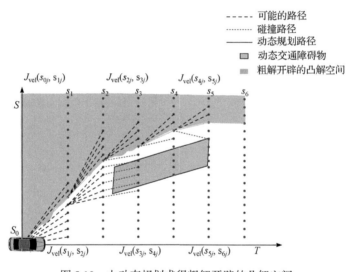

图 8.10　由动态规划求得粗解开辟的凸解空间

在前面构建了自动驾驶车辆的动力学状态空间系统，该系统呈现出非线性特征，导致计算过程相当复杂。因此，首先需要对车辆动力学模型所构成的状态空间系统执行线性化操作，以便简化后续的计算过程。

对于根据车辆动力学模型构建的非线性状态空间系统，其状态量 $x(k)$ 与 $u(k)$ 满足：

$$
\dot{x}_s = f\big(x(k), u(k)\big)
\tag{8.34}
$$

其中，$k = 0, 1, 2, \cdots$。当 $k = r^s$ 时，得到式(8.35)：

$$
\dot{x}_s = f\big(x(r^s), u(r^s)\big)
\tag{8.35}
$$

在点 $(x(r^s), u(r^s))$ 处进行泰勒级数展开并只保留一阶项，忽略高阶项得

$$\dot{x}_s = f\left(x\left(r^s\right), u\left(r^s\right)\right) + \frac{\partial f}{\partial x_s}\Big|_{\substack{x=x(r^s)\\ u_s=u(r^s)}} \left(x_s - x\left(r^s\right)\right)$$
$$+ \frac{\partial f}{\partial u_s}\Big|_{\substack{x=x(r^s)\\ u_s=u(r^s)}} \left(u_s - u\left(r^s\right)\right) \tag{8.36}$$

将式(8.35)与式(8.36)做差得式(8.37)：

$$\tilde{x} = a_t \tilde{x} + b_t \tilde{u} \tag{8.37}$$

其中，$a_t = \dfrac{\partial f}{\partial x}\Big|_{\substack{x=x(r^s)\\ u=u(r^s)}}$；$b_t = \dfrac{\partial f}{\partial u}\Big|_{\substack{x=x(r^s)\\ u=u(r^s)}}$；$\tilde{x} = x - x(r^s)$；$\tilde{u} = u - u(r^s)$ 对连续状态空间方程进

行离散化，即对式(8.37)所示连续状态方程按时间周期 T_{MPC} 进行采样，得到
式 (8.38)：

$$\tilde{x} = \frac{\tilde{x}(k+1) - \tilde{x}(k)}{T_{\text{MPC}}} = a_t \tilde{x}(k) + b_t \tilde{u}(k) \tag{8.38}$$

$$\tilde{x}(k+1) = \left(T_{\text{MPC}} a_t + E\right)\tilde{x}(k) + T_{\text{MPC}} b_t \tilde{u}(k) \tag{8.39}$$

令 $a = T_{\text{MPC}} a_t + E$，$b = T_{\text{MPC}} b_t$，可得离散后的线性时变状态空间方程如式 (8.40)
所示：

$$\tilde{x}(k+1) = a\tilde{x}(k) + b\tilde{u}(k) \tag{8.40}$$

建立状态向量 $\xi(k) = \left(\tilde{x}(k)\, \tilde{u}(k-1)\right)^{\text{T}}$，则式(8.40)所述状态空间方程可以表示为

$$\xi(k+1) = \begin{bmatrix} \tilde{x}(k+1) \\ \tilde{u}(k) \end{bmatrix} = \begin{bmatrix} a\tilde{x}(k) + b\tilde{u}(k) \\ \tilde{u}(k) \end{bmatrix}$$

$$= \begin{bmatrix} a\tilde{x}(k) + b\tilde{u}(k) + b\tilde{u}(k-1) - b\tilde{u}(k-1) \\ \tilde{u}(k-1) + \tilde{u}(k) - \tilde{u}(k-1) \end{bmatrix}$$

$$= \begin{bmatrix} \begin{bmatrix} a & b \end{bmatrix} \begin{bmatrix} \tilde{x}(k) \\ \tilde{u}(k-1) \end{bmatrix} \\ \begin{bmatrix} 0 & I_{N_u} \end{bmatrix} \begin{bmatrix} \tilde{x}(k) \\ \tilde{u}(k-1) \end{bmatrix} \end{bmatrix} + \begin{bmatrix} b \\ I_{N_u} \end{bmatrix} \begin{bmatrix} \tilde{u}(k) - \tilde{u}(k-1) \end{bmatrix} \tag{8.41}$$

$$= \begin{bmatrix} a & b \\ 0 & I_{N_u} \end{bmatrix} \begin{bmatrix} \tilde{x}(k) \\ \tilde{u}(k-1) \end{bmatrix} + \begin{bmatrix} b \\ I_{N_u} \end{bmatrix} \begin{bmatrix} \tilde{u}(k) - \tilde{u}(k-1) \end{bmatrix}$$

$$= \begin{bmatrix} a & b \\ 0 & I_{N_u} \end{bmatrix} \xi(k) + \begin{bmatrix} b \\ I_{N_u} \end{bmatrix} \Delta\tilde{u}(k)$$

令 $A_m = \begin{bmatrix} a & b \\ 0 & I_{N_u} \end{bmatrix}$，$B_m = \begin{bmatrix} b \\ I_{N_u} \end{bmatrix}$，其中 $b = T_{\text{MPC}} b_t$，I_{N_u} 为状态空间，见式(8.41)。

输出方程如式(8.42)和式(8.43)所示，C_0 为输出矩阵。

$$\xi(k+1) = A_m \xi(k+1) + B_m \Delta \tilde{u}(k) \tag{8.42}$$

$$\eta(k) = \begin{bmatrix} I_{N_x} & 0 \end{bmatrix} \begin{bmatrix} \tilde{x}(k) \\ \tilde{u}(k-1) \end{bmatrix} = C_0 \xi(k) \tag{8.43}$$

定义预测时域为 N_p，控制时域为 N_c，$\xi(k)$ 为状态量。其中，$N_p \geqslant N_c$，分别对状态方程与输出方程进行 N_p 步推导，可得到状态方程与输出方程的预测模型如式(8.44)～式(8.47)所示：

$$
\begin{cases}
\xi(k+N_c) = A_m^{N_c} \xi(k) + A_m^{N_c-1} B_m \Delta \tilde{u}(k) \\
\qquad + A_m^{N_c-2} B_m \Delta \tilde{u}(k+1) + \cdots + A_m^0 B_m \Delta \tilde{u}(k+N_c-1) \\
\xi(k+N_p) = A_m^{N_p} \xi(k) + A_m^{N_p-1} B_m \Delta \tilde{u}(k) \\
\qquad + A_m^{N_p-2} B_m \Delta \tilde{u}(k+1) + \cdots + A_m^0 B_m \Delta \tilde{u}(k+N_p-1) \\
\eta(k+N_c) = C_0 A_m^{N_c} \xi(k) + C_0 A_m^{N_c-1} B_m \Delta \tilde{u}(k) \\
\qquad + C_0 A_m^{N_c-2} B_m \Delta \tilde{u}(k+1) + \cdots + C_0 A_m^0 B_m \Delta \tilde{u}(k+N_c-1) \\
\eta(k+N_p) = C_0 A_m^{N_p} \xi(k) + C_0 A_m^{N_p-1} B_m \Delta \tilde{u}(k) \\
\qquad + C_0 A_m^{N_p-2} B_m \Delta \tilde{u}(k+1) + \cdots + C_0 A_m^0 B_m \Delta \tilde{u}(k+N_p-1)
\end{cases} \tag{8.44}
$$

$$Y = \begin{bmatrix} \eta(k+N_c) & \eta(k+N_c) & \cdots & \eta(k+N_c) & \cdots & \eta(k+N_p) \end{bmatrix}^{\mathrm{T}} \tag{8.45}$$

$$\Psi = \begin{bmatrix} C_0 A_m & C_0 A_m^2 & \cdots & C_0 A_m^{N_c} & \cdots & C_0 A_m^{N_p} \end{bmatrix}^{\mathrm{T}} \tag{8.46}$$

$$
\Theta = \begin{bmatrix}
C_0 B_m & 0 & 0 & \cdots & 0 \\
C_0 A_m B_m & C_0 B_m & 0 & \cdots & 0 \\
\vdots & \vdots & \vdots & & \vdots \\
C_0 A_m^{N_c-2} B_m & C_0 A_m^{N_c-2} B_m & C_0 A_m^{N_c-2} B_m & \cdots & C_0 A_m^{N_c-2} B_m \\
\vdots & \vdots & \vdots & & \vdots \\
C_0 A_m^{N_c-2} B_m & C_0 A_m^{N_c-2} B_m & C_0 A_m^{N_c-2} B_m & \cdots & C_0 A_m^{N_c-2} B_m
\end{bmatrix}
$$

$$\Delta U = \begin{bmatrix} \Delta \tilde{u}(k) & \Delta \tilde{u}(k+1) & \Delta \tilde{u}(k+2) & \cdots & \Delta \tilde{u}(k+N_c-1) \end{bmatrix}^{\mathrm{T}} \tag{8.47}$$

联立式(8.41)～式(8.47)，得到系统输出量的预测方程如式(8.48)所示：

$$Y_{\text{out}} = Y \xi(k) + O \Delta U \tag{8.48}$$

在已知当前时刻的状态量 $\xi(k)$ 与控制时域 N_c 内的各控制增量 ΔU 情况下，可通过式(8.48)预测未来预测时域 N_p 内的系统输出量 Y_{out}。下面将对前面描述的预测模型进行转换，通过将预测模型转换成标准二次型问题，进行求解，对规划出的轨迹进行控制跟踪。

由于所采用的车辆状态量是误差形式，所以定义系统输出量的参考值 Y_r 为元素值全为零的列向量：

$$
\begin{aligned}
Y_r &= \begin{bmatrix} \eta_r(k+1) & \eta_r(k+2) & \cdots & \eta_r(k+N_c) & \cdots & \eta_r(k+N_p) \end{bmatrix}^{\mathrm{T}} \\
&= \begin{bmatrix} 0 & 0 & \cdots & 0 \end{bmatrix}^{\mathrm{T}}
\end{aligned}
\tag{8.49}
$$

其中，N_c 为控制时域；N_p 为预测时域。

令 $E_1 = \Psi\xi(k)$，$Q_Q = I_{N_p} \otimes Q$，$R_R = I_{N_p} \otimes R$，其中，I_{N_p} 为维度为 N_p 的矩阵；$\otimes$ 表示求 Kronecker 积；Q 为半正定的状态量加权矩阵，其元素决定了对状态跟踪的期望程度，即元素越大表示希望状态跟踪偏差应越快减小。则可设计目标函数为

$$
J_{\mathrm{control}} = \tilde{Y}^{\mathrm{T}}Q_Q\tilde{Y} + (\Delta U)^{\mathrm{T}}R_w\Delta U = (Y-Y_r)^{\mathrm{T}}Q_Q(Y-Y_r) + (\Delta U)^{\mathrm{T}}R_w\Delta U
\tag{8.50}
$$

其中，R_w 为正定的控制量加权矩阵，其元素决定了对控制量跟踪的期望程度，即元素越大表示希望控制量跟踪偏差应当越快减小。

将式(8.48)代入式(8.50)得到式(8.51)：

$$
\begin{aligned}
J_{\mathrm{control}} &= \begin{bmatrix} (\Psi\xi(k)+\theta\Delta U)-Y_r \end{bmatrix}^{\mathrm{T}}Q_Q\begin{bmatrix} (\Psi\xi(k)+\theta\Delta U)-Y_r \end{bmatrix} + (\Delta U)^{\mathrm{T}}R_R\Delta U \\
&= (\Delta U)^{\mathrm{T}}\left(O^{\mathrm{T}}Q_QO+R_R\right)\Delta U + 2E_1^{\mathrm{T}}Q_QO\Delta U + D
\end{aligned}
\tag{8.51}
$$

其中，$D = E^{\mathrm{T}}Q_QE_1 - Y_rQ_Q\Theta\Delta U + Y^{\mathrm{T}}Q_QY - 2Y^{\mathrm{T}}Q_QE_1$，$D$ 为常数，ΔU 为当前时刻的状态量 $\xi(k)$ 与控制时域 N_c 内的各控制增量，在对目标函数进行优化求解时可以进行简化处理。进一步，令 $H_Q = e^{\mathrm{T}}Q_Q\Theta + R_R$，$g = E_1^{\mathrm{T}}Q_Q\Theta$。那么目标函数 J_{control} 可转化为二次型的形式，见式(8.52)：

$$
\min_{\Delta U} J_{\mathrm{control}} = 2\left(\frac{1}{2}(\Delta U)^{\mathrm{T}}H_Q\Delta U + g^{\mathrm{T}}\Delta U\right)
\tag{8.52}
$$

式(8.52)等价于式(8.53)：

$$
\min_{\Delta U} J_{\mathrm{control}} = \frac{1}{2}(\Delta U)^{\mathrm{T}}H_Q\Delta U + g^{\mathrm{T}}\Delta U
\tag{8.53}
$$

对于控制量 $\tilde{u}(k)$ 与控制增量 $\Delta\tilde{u}(k)$，二者满足递推关系，见式(8.54)：

$$
\begin{cases}
\tilde{u}(k) = \tilde{u}(k-1) + \Delta\tilde{u}(k) \\
\tilde{u}(k+1) = \tilde{u}(k) + \Delta\tilde{u}(k+1) = \tilde{u}(k-1) + \Delta\tilde{u}(k) + \Delta\tilde{u}(k+1) \\
\qquad\qquad\qquad\vdots \\
\tilde{u}(k+N_c-1) = \tilde{u}(k+N_c-2) + \Delta\tilde{u}(k+N_c-1) = \tilde{u}(k-1) + \sum_{i=0}^{N_c-1}\Delta\tilde{u}(k+i)
\end{cases}
\tag{8.54}
$$

将式(8.54)写成方程组形式，便于后续计算，如式(8.55)所示：

$$
U = \begin{bmatrix} \tilde{u}(k) \\ \tilde{u}(k+1) \\ \tilde{u}(k+2) \\ \vdots \\ \tilde{u}(k+N_c-1) \end{bmatrix} = \begin{bmatrix} \tilde{u}(k-1) \\ \tilde{u}(k-1) \\ \tilde{u}(k-1) \\ \vdots \\ \tilde{u}(k-1) \end{bmatrix} + \begin{bmatrix} I_2 & 0 & 0 & \dots & 0 \\ I_2 & I_2 & 0 & \dots & 0 \\ I_2 & I_2 & I_2 & \dots & 0 \\ \vdots & \vdots & \vdots & & 0 \\ I_2 & I_2 & I_2 & \dots & I_2 \end{bmatrix} \begin{bmatrix} \Delta\tilde{u}(k) \\ \Delta\tilde{u}(k+1) \\ \Delta\tilde{u}(k+2) \\ \vdots \\ \Delta\tilde{u}(k+N_c-1) \end{bmatrix} \quad (8.55)
$$

其中，令 $U_t = \begin{bmatrix} \tilde{u}(k-1) \\ \tilde{u}(k-1) \\ \tilde{u}(k-1) \\ \vdots \\ \tilde{u}(k-1) \end{bmatrix}$，$A_{I_2} = \begin{bmatrix} I_2 & 0 & 0 & \cdots & 0 \\ I_2 & I_2 & 0 & \cdots & 0 \\ I_2 & I_2 & I_2 & \cdots & 0 \\ \vdots & \vdots & \vdots & & 0 \\ I_2 & I_2 & I_2 & \cdots & I_2 \end{bmatrix}$，$\Delta U_t = \begin{bmatrix} \Delta\tilde{u}(k) \\ \Delta\tilde{u}(k+1) \\ \Delta\tilde{u}(k+2) \\ \vdots \\ \Delta\tilde{u}(k+N_c-1) \end{bmatrix}$。则

式(8.55)可以改写为

$$
U = U_t + A_{I_2}\Delta U_t \quad (8.56)
$$

根据执行器的约束对每个控制周期控制量的最小值与最大值对实际控制量进行约束，有

$$
U_{\min} = \begin{bmatrix} \tilde{u}_{\min} \\ \tilde{u}_{\min} \\ \tilde{u}_{\min} \\ \vdots \\ \tilde{u}_{\min} \end{bmatrix} \leqslant \begin{bmatrix} \tilde{u}(k) \\ \tilde{u}(k+1) \\ \tilde{u}(k+2) \\ \vdots \\ \tilde{u}(k+N_c-1) \end{bmatrix} \leqslant \begin{bmatrix} \tilde{u}_{\max} \\ \tilde{u}_{\max} \\ \tilde{u}_{\max} \\ \vdots \\ \tilde{u}_{\max} \end{bmatrix} = U_{\max} \quad (8.57)
$$

代入 A_{I_2}、U_t、ΔU_t 以及式(8.55)，得到式(8.58)：

$$
\begin{cases} A_{I_2}\Delta U_t \leqslant U_{\max} - U \\ -A_{I_2}\Delta U_t \leqslant -U_{\min} + U_t \end{cases} \quad (8.58)
$$

综上所述，通过 MPC 控制器对之前章节规划得到的轨迹进行跟踪的优化模型如式(8.59)所示：

$$
\min_{\Delta U} J_{\text{control}} = \frac{1}{2}(\Delta U)^{\text{T}} H_Q \Delta U + g^{\text{T}} \Delta U \quad (8.59)
$$

8.2 基于整车在环测试平台的测试试验与结果分析

本节基于自动驾驶整车在环测试平台构建了 CarSim、PreScan 以及 MATLAB 的联合测试环境，通过两种典型标准工程测试场景进行实车测试和验证。本节通过 CarSim 建立车辆动力学模型，通过 PreScan 搭建工程测试交通场景，通过

MATLAB 设计运动规划与控制算法，构建联合测试平台，如图 8.11 所示。

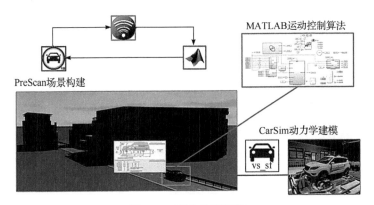

图 8.11　联合仿真框架

　　根据自动驾驶运动规划与控制性能测试需求设计工程测试交通场景，通过交通仿真场景构建软件 PreScan 搭建高保真工程测试交通场景，搭建的工程测试交通场景样例如图 8.12 所示。

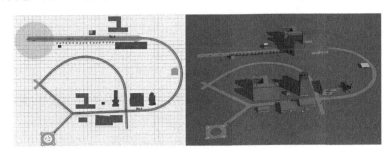

图 8.12　通过 PreScan 搭建的工程测试交通场景样例

　　基于实际在道路模拟系统上运行的自动驾驶汽车，使用 CarSim 进行动力学建模。该模型随后被映射至由 PreScan 构建的工程测试交通场景中，从而创建被测自动驾驶汽车的数字孪生体。车辆的参数详见表 8.1。

表 8.1　被测自动驾驶汽车车辆参数设定

参数	取值
簧上质量/kg	1820
簧下质量/kg	200
车身宽度/mm	1870
前轮轮胎高度/mm	320
前后轴距/mm	2947
车身高度/mm	1475

续表

参数	取值
后轮轮胎高度/mm	300
车辆航向转动惯量/(kg·m²)	4095
前/后悬架左右轮距/mm	1624
车轮有效滚动半径/mm	353

根据前面所述的轨迹规划方法在 MATLAB 的 SimuLink 模块构建自动驾驶路径规划与速度规划算法模型，控制模块采用 MPC 模型，MPC 模型的推导与参考轨迹生成方法类似，在此不做赘述。如图 8.13 所示，左侧为 PreScan 生成的被测自动驾驶汽车模组，右侧为构建的运动规划与控制算法模型。

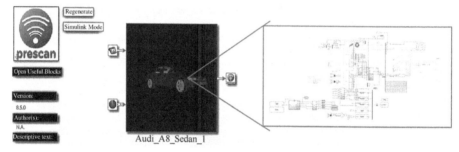

图 8.13　自动驾驶运动规划与控制算法模型

根据自动驾驶汽车测试章程以及自动驾驶汽车运动规划与控制系统运行特性，设置标准工程测试场景，分别对自动驾驶汽车运动规划与控制静、动态避障性能进行测试，采用前面所述的方法生成测评参考轨迹，为后续通过云模型进行评价奠定基础。

为测试被测自动驾驶汽车的静态障碍物避障绕行能力，根据测试需求设置交叉口静态障碍物测试场景参数。场景参数设计如表 8.2 所示。

表 8.2　交叉口静态障碍物场景参数

参数	取值
车道数目/个	4
车道宽度/m	3.5
静态障碍物数目/个	4
静态障碍物体积/m×m×m	1×1×1

根据表 8.2 中所列参数，在联合仿真平台中搭建工程测试场景如图 8.12 所示，被测自动驾驶汽车的预期行驶轨迹为图 8.14 中红色线段所示。

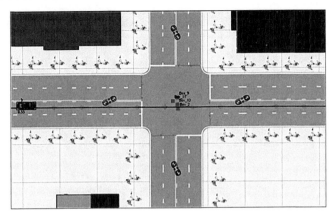

图 8.14　交叉口静态障碍物工程测试场景

在构建的交叉口静态障碍物工程测试场景中，具备 8.1 节所述规划控制算法模块的被测自动驾驶车辆能够根据路况规划合适的轨迹进行绕行避障，图 8.15 为图中位置所规划的轨迹，其中，红色立方体表示障碍物，红色线条所示轨迹表示通过动态规划得出的粗解，绿色线条所示的轨迹表示通过二次规划后得到的最终解。

(a) 被测车辆行驶位置

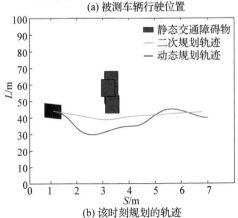

(b) 该时刻规划的轨迹

图 8.15　被测车辆行驶位置以及该时刻规划的轨迹

通过 MPC 算法对规划的轨迹进行跟踪, 轨迹跟踪结果如图 8.16 所示。其中, 红色线条表示根据轨迹规划算法求解的最优参考轨迹, 蓝色的点表示通过 MPC 控制器执行后得到的轨迹跟踪点。被测自动驾驶汽车对于交叉口静态障碍物场景采取的避障措施是向右换道, 进行绕行后换道沿初始车道行驶。

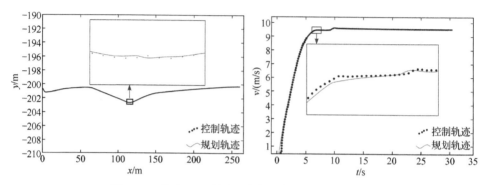

图 8.16　通过 MPC 算法对规划的轨迹进行跟踪控制

采集测试过程中被测自动驾驶汽车的方向盘转角数据。在测试全过程, 方向盘转角变化平稳, 在避障绕行区域方向盘最大偏转角度不超过 55°, 如图 8.17 所示。因此, 被测自动驾驶汽车行驶过程中横向控制较为平稳, 基本符合驾驶平稳性要求。

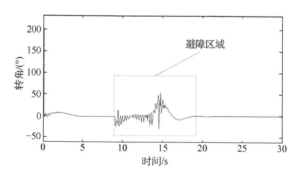

图 8.17　控制轨迹中的被测自动驾驶汽车方向盘转角

为测试被测自动驾驶汽车对动态交通参与者避让能力, 设置了包含前车换道、动态交通参与者横向穿行等场景的组合场景。根据测试需求设置动态交通参与者交互场景参数, 包括场景参数以及动态交通参与者参数, 参数设计如表 8.3 所示。根据表中所列场景参数以及交通参与者参数, 在联合仿真平台中搭建工程测试场景如图 8.18 所示, 动态交通参与者 A～E 的轨迹如图中所示。

表 8.3　动态交通参与者交互场景参数

参数	取值或配置
主干道车道数目/个	4
支干道车道数目/个	2
车道宽度/m	3.5
动态交通参与者数目/个	5
交通参与者 A 型号	Honda Pan Motorcycle
交通参与者 B 型号	Fiat Bravo Hatchback
交通参与者 C 型号	BMW X5 SUV
交通参与者 D 型号	Lexus LS 600h
交通参与者 E 型号	Citroën C3 Hatchback
交通参与者 A 的平均行驶速/(m/s)	5
交通参与者 B 的平均行驶速/(m/s)	8
交通参与者 C 的平均行驶速/(m/s)	7.5
交通参与者 D 的平均行驶速/(m/s)	15
交通参与者 E 的平均行驶速/(m/s)	15

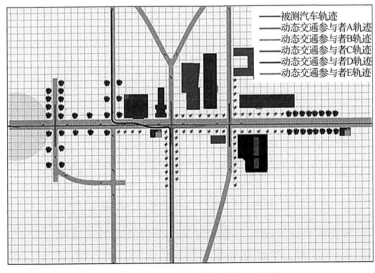

图 8.18　动态交通参与者交互场景

在构建的动态交通参与者的交互场景中，对被测自动驾驶汽车的避让能力进行了测试，重点在于验证其速度规划和控制能力。被测自动驾驶汽车的速度轨迹规划是实时完成的，通过选取代表性场景来分析被测自动驾驶汽车的行为。图 8.19～图 8.23 展示了特定位置规划出的轨迹，其中紫色区域代表动态交通参与者在 S-T 图上的投影，蓝色线条表示通过动态规划获得的初步轨迹解，而绿色线条则展示了经过二次规划优化后的最终轨迹解。

图 8.19 为被测自动驾驶汽车行驶至第一个交叉口与交通参与者 A 的行驶轨迹产生碰撞冲突的情景。由于交通参与者 A 的速度较慢，在 S-T 图中的投影长度较长。此时，被测自动驾驶汽车采取减速避让行为，待交通参与者 A 通过后穿过路口。

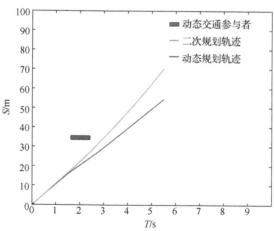

图 8.19　被测自动驾驶汽车减速避让交通参与者 A

图 8.20 为被测自动驾驶汽车行驶至第二个交叉口与交通参与者 D 的行驶轨迹产生碰撞冲突的情景。交通参与者 D 换道至被测自动驾驶汽车所在车道，位置在被测自动驾驶汽车前方。被测自动驾驶汽车采取保持一定距离，减速跟驰的避

让行为，直到前车换道或超出被测自动驾驶汽车的感知范围。

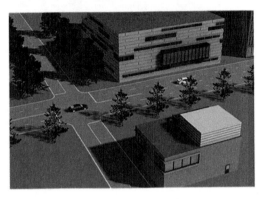

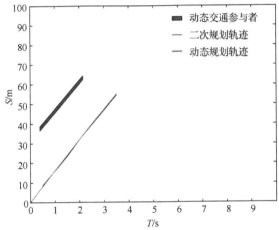

图 8.20　被测自动驾驶汽车减速跟驰避让交通参与者 D

　　图 8.21 为被测自动驾驶汽车行驶至第三个交叉口与交通参与者 B、E 的行驶轨迹产生碰撞冲突的情景。交通参与者 E 行驶速度较快，在 $S\text{-}T$ 图中的投影长度较短，因此被测自动驾驶汽车采取减速避让交通参与者 E 的行为；交通参与者 B 行驶速度较慢，在 $S\text{-}T$ 图中的投影长度较长，被测自动驾驶汽车采取加速超越交通参与者 B 的行为。根据表 8.3 中的场景参数设置，交通参与者 B 的预设平均速度为 8m/s，交通参与者 E 的预设平均速度为 15m/s，最终被测自动驾驶汽车将做出避让交通参与者 E 的同时加速超越交通参与者 B 的决策通过该位置。

　　图 8.22 所示情景承接图 8.21 所示情景，交通参与者 B 仍旧以相对较低的速度横穿主干道，但是交通参与者 E 在路口右转并逐渐换道至被测自动驾驶汽车所在车道。此时，被测自动驾驶汽车做出的规划为调整行驶速度，保持超越横

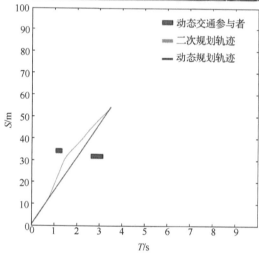

图 8.21 被测自动驾驶汽车避让交通参与者 B、E

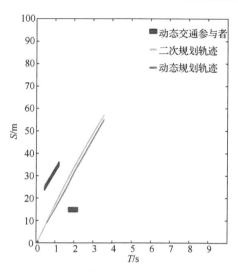

图 8.22　被测自动驾驶汽车跟驰交通参与者 E

穿主干道的交通参与者 B 的同时，对交通参与者 E 采取跟驰行为，直到交通参与者 E 换道或加速超出被测自动驾驶汽车的感知范围。

图 8.23 所示情景承接图 8.22 所示情景，在被测自动驾驶汽车调整行驶速度跟驰交通参与者 E 的过程中，交通参与者 E 突然进行减速并向右换道驶离被测自动驾驶汽车所在车道，此时被测自动驾驶汽车与交通参与者 E 之间的行车间距快速缩小，但由于交通参与者 E 速度已经较低，因此在 S-T 图中的投影较长，还将较长时间占据被测自动驾驶汽车所在车道。此时，被测自动驾驶汽车采取的措施为向左侧偏转临时占用对向车道并加速超越交通参与者 E。由于此时被测自动驾驶汽车相对于减速后的交通参与者 E 具备较高的行驶速度，所以被测自动驾驶汽

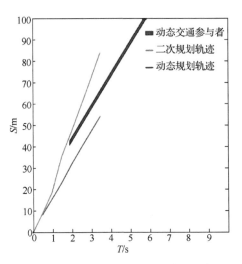

图 8.23　被测自动驾驶汽车临时占用对向车道超车交通参与者 E

车的规划兼顾驾驶平稳性与安全性。通过 MPC 算法对规划轨迹进行跟踪，结果如图 8.24 所示。其中，红色线条表示自动驾驶汽车根据轨迹规划算法求解的测评参考速度轨迹，蓝色的点表示通过 MPC 算法执行后汽车的行驶轨迹点，试验表明，通过 MPC 算法能够较好地实现对参考速度轨迹的跟踪，进而完成对工程测试场景中由动态交通参与者产生的碰撞冲突的避让。

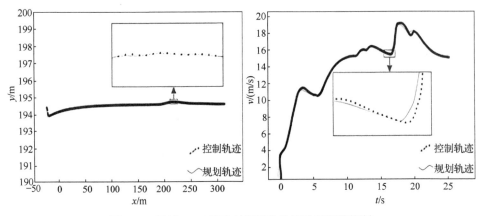

图 8.24　通过 MPC 算法对规划的轨迹进行跟踪控制

　　采集测试过程中被测自动驾驶汽车的加速踏板深度与制动踏板深度的数据，对被测自动驾驶汽车纵向控制进行分析。在整个测试过程中，除起步阶段，加速踏板与制动踏板的深度均未超过最大深度的 60%，如图 8.25 所示。因此，被测自动驾驶汽车行驶过程中纵向控制较为平稳，基本符合驾驶平稳性要求。

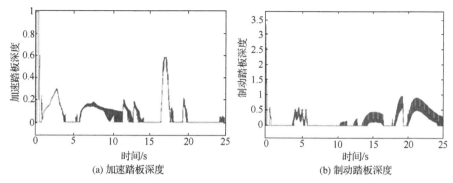

(a) 加速踏板深度　　　　　　　　　　　(b) 制动踏板深度

图 8.25　控制过程中的被测自动驾驶汽车加速踏板与制动踏板深度的变化

这里以前面构建的工程测试场景为基础，设置三组对照试验，并以生成的测评参考轨迹为依据，通过之前提出的基于云模型的自动驾驶运动规划与控制综合评价方法对三组对照试验中的测试车辆 AV1、AV2、AV3 进行综合评价与结果分析。

分别在工程测试场景中对测试车辆 AV1、AV2、AV3 进行测试，生成相应行驶轨迹。在设置的动态交通参与者交互场景中测试结果如图 8.26 所示，从上至下依次是测试车辆 AV1、AV2、AV3 的测试结果。图中蓝色曲线为测评参考轨迹、黑色点表示测试车辆的行驶轨迹。

根据采集的测试车辆 AV1、AV2、AV3 的行驶轨迹，结合前面叙述的综合评价方法，分别对测试车辆 AV1、AV2、AV3 的行驶轨迹进行评价。对于单一指标，通过归一化方法将正向指标与负向指标统一转化为无量纲的正向数值，然后通过正态云模型对自动驾驶运动规划与控制的单一指标进行评价与分析，轨迹跟踪稳定性指标 Z_1、舒适经济性指标 Z_2、轨迹跟踪精度指标 Z_3 的正态云模型评价结果分别如图 8.27～图 8.29 所示。

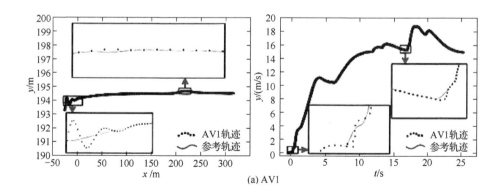

(a) AV1

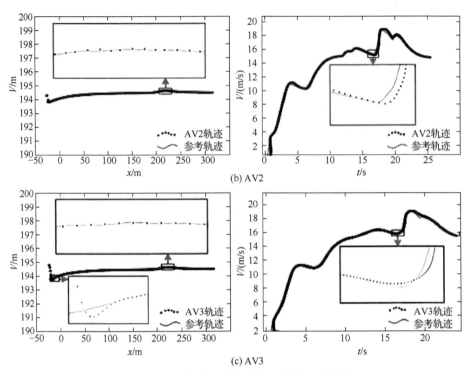

图 8.26　动态交通参与者交互场景测试结果

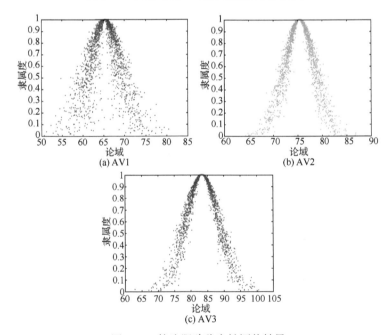

图 8.27　轨迹跟踪稳定性评价结果

由图 8.27 可知，测试车辆 AV3 的轨迹跟踪稳定性均值表现最好，测试车辆 AV2 次之，测试车辆 AV1 最差。此外，测试过程中测试车辆 AV2 评价云滴都集中在均值附近，其评价云滴分布较为紧凑，其稳定性表现较好；测试车辆 AV1 次之；测试车辆 AV3 评价云滴分布的紧凑程度较差，稳定性最差。最后，测试车辆 AV1 的评价云滴较厚，测试数据随机性因素最多，其评价结果的不确定性最大，测试车辆 AV3 的平均轨迹稳定性最差，且测试评价结果不确定性较大，相比之下，测试车辆 AV2 评价云滴较薄，其测试数据随机性因素较少，测评结果的不确定性较小。

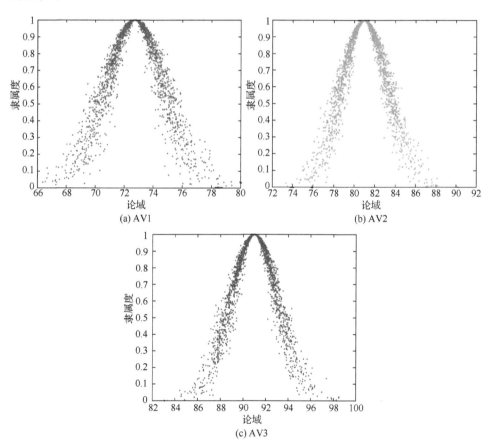

图 8.28　舒适经济性评价结果

由图 8.28 可以看出，测试车辆 AV3 的舒适经济性均值表现最好，测试车辆 AV2 次之，测试车辆 AV1 最差。此外，测试过程中测试车辆 AV1、AV2、AV3 的评价云滴都分布在均值附近，其评价云滴分布较为紧凑，均具备较高的稳定性，其中测试车辆 AV2 的舒适经济性和稳定性略低。最后，测试车辆 AV1 的评价云滴较厚，其测试数据随机性因素最多，测评结果的不确定性最大，测试车辆 AV2、AV3 次之。

由图 8.29 可以看出，测试车辆 AV1 的轨迹跟踪精度均值表现最好，测试车辆 AV2 次之，测试车辆 AV3 最差。其次，在测试过程中，测试车辆 AV1 的评价云滴都集中在均值附近，其评价云滴分布较为紧凑，稳定性最好，测试车辆 AV2 的稳定性次之，测试车辆 AV3 稳定性表现最差。此外，测试车辆 AV1 的平均轨迹跟踪精度虽然最好，但是其评价云滴较厚，测试数据中随机性因素较多，其评价结果的不确定性较高。相比之下，测试车辆 AV2 的测评结果不确定性较小并且稳定性较高，测试车辆 AV3 的测评结果的不确定性在 AV1 与 AV2 之间。根据组合权重，进行自动驾驶运动规划与控制的综合评价与分析。综合评价结果如图 8.30 所示。

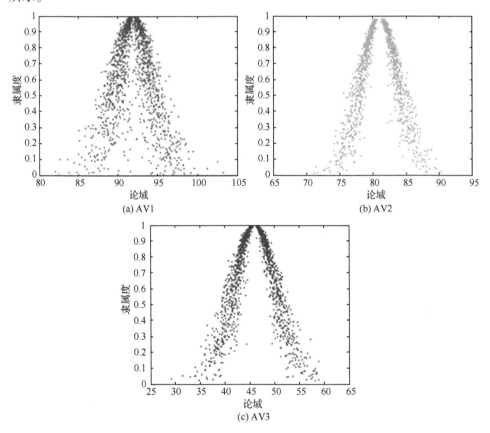

(a) AV1

(b) AV2

(c) AV3

图 8.29　轨迹跟踪精度评价结果

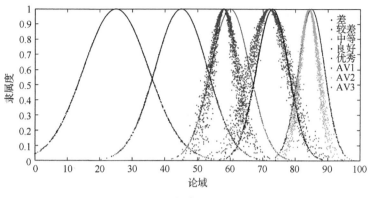

图 8.30　综合评价结果

在所进行的综合评价中，测试车辆 AV2 的表现最为出色，达到了优秀的标准。其评价云滴分布集中，围绕评价云滴均值，显示出较高的稳定性，且评价云滴的厚度较小，表明测评结果的不确定性较低。测试车辆 AV1 的评价结果位居第二，大致符合良好标准，但其评价云滴的分布紧凑程度较差，稳定性不佳，且评价云滴较厚，使得其测评结果的不确定性在三辆测试车辆中最高。而测试车辆 AV3 的综合评价结果最不理想，其测评结果的不确定性和稳定性介于 AV1 和 AV2 之间。

参 考 文 献

[1] Fan H Y, Zhu F, Liu C C, et al. Baidu Apollo EM motion planner. https://arxiv.org/abs/1807.08048[2025-3-18].

[2] Chen Z B, Lai J Q, Li P X, et al. Prediction horizon-varying model predictive control (MPC) for autonomous vehicle control. Electronics, 2024, 13(8): 1442.

[3] Meng T C, Yang T H, Huang J, et al. Improved hybrid A-star algorithm for path planning in autonomous parking system based on multi-stage dynamic optimization. International Journal of Automotive Technology, 2023, 24(2): 459-468.

[4] Sun Y H, Fang M, Su Y X. AGV path planning based on improved Dijkstra algorithm. Journal of Physics: Conference Series, 2021, 1746(1): 012052.

[5] Song B Y, Wang Z D, Zou L. An improved PSO algorithm for smooth path planning of mobile robots using continuous high-degree Bezier curve. Applied Soft Computing, 2021, 100: 106960.

[6] Wu H X, Zhang Y, Huang L X, et al. Research on vehicle obstacle avoidance path planning based on APF-PSO. Proceedings of the Institution of Mechanical Engineers, Part D: Journal of Automobile Engineering, 2023, 237(6): 1391-1405.

[7] Feng M J, Zhang H. Application of Baidu Apollo open platform in a course of control simulation experiments. Computer Applications in Engineering Education, 2022, 30(3): 892-906.

[8] Yu W Q, Lu Y G. UAV 3D environment obstacle avoidance trajectory planning based on improved artificial potential field method. Journal of Physics: Conference Series, 2021, 1885(2): 022020.

[9] Jiang T Z, Liu L P, Jiang J Y, et al. Trajectory tracking using Frenet coordinates with deep deterministic policy gradient. https://arxiv.org/abs/2411.13885[2025-1-15].

[10] Bernstein A, Nanongkai D, Wulff-Nilsen C. Negative-weight single-source shortest paths in near-linear time. The 63rd Annual Symposium on Foundations of Computer Science, Denver, 2022: 600-611.